安徽省省级重点学科　教育学原理
安徽省省级重点学科　课程与教学论　资助
安徽师范大学　教材建设基金

卓/越/教/师/教/育/系/列/教/材

AOYU KEXUE YANJIU FANGFA YU ANLI

教育科学研究：方法与案例

辛治洋　张志华⊙编著

中国科学技术大学出版社

内 容 简 介

本书从教育研究与教育生活、教育实践的一般关系入手，全面分析和阐述了教育研究的选题和研究设计、论证、资料收集方法和报告方法、教育研究成果的写作规范等具体问题。本书经历了五年的课堂试用和修改过程，不断完善，适用于本科生、研究生和各类教育研究者阅读和参考。

图书在版编目(CIP)数据

教育科学研究：方法与案例/辛治洋，张志华编著．—合肥：中国科学技术大学出版社，2012.6(2019.1 重印)

(卓越教师教育系列教材)

ISBN 978-7-312-02964-6

Ⅰ．教… Ⅱ．①辛…②张… Ⅲ．教育科学—科学研究 Ⅳ．G40-03

中国版本图书馆 CIP 数据核字(2012)第 101177 号

出版 中国科学技术大学出版社

安徽省合肥市金寨路 96 号，230026

网址：http://press.ustc.edu.cn

印刷 香河利华文化发展有限公司

发行 中国科学技术大学出版社

经销 全国新华书店

开本 710 mm×960 mm 1/16

印张 21.25

字数 351 千

版次 2012 年 6 月第 1 版

印次 2019 年 1 月第 4 次印刷

定价 43.00 元

总　　序

卓越教师培养：从计划到行动

教育部组织实施的卓越教师培养计划是我国基础教育深化改革的要求，也是全面推进素质教育的要求，具有时代精神和现实意义。《中国教育改革与发展规划纲要》指出："通过研修培训、学术交流、项目资助等方式，培养教育教学骨干、'双师型'教师、学术带头人和校长，造就一批教学名师和学科领军人才。"造就一批中小学教学骨干和教学名师，不仅体现在有关教师发展的理念上，更体现在具体的行动之中。卓越教师培养计划恰恰是这个行动的重要内容，它对于引导和深化高校教师教育改革，促进人们对教师教育问题的理性思考，推进教师教育的系统培养观念，具有积极的意义和作用。

卓越教师培养需要职前教育的奠基。打好基础，有两层含义。一是理论基础。它是指师范生具有广博而精深的专业知识、系统而科学的教育理论知识、国家教育政策与法律知识以及教师职业道德方面的要求。这个理论基础，是从目前中小学教育教学改革的实际需要出发来确定的。从这个意义上看，高等师范院校的课程与教学改革，需要考虑中小学教育教学改革的发展与需要，应该是基于中小学教育教学的问题出发来设计课程与教学内容。二是专业技能基础。一名合格的中小学教师应该具备的基本技能以及对这些技能的训练，对于在校的师范生来说是非常必要的。基本技能的训练可以在学校专门进行，也可以采取高校与中小学的合作培养，建立高校与中小学的合作关系。概言之，打好基础意味着要为师范生的未来发展，为其成长为卓越教师做好准备。

实施卓越教师计划，要突破理论的限制，即要弄清楚卓越教师应该具有哪些优异的品质，实际上表现出了哪些方面的优异品质。高等师范院校在实施这项计划时，要注意研究中小学卓越教师所表现出来的优异品质，并据此来设计和安排教师教育课程。因此，立足于实践的改善，需要启动相关研究计划。虽然研究的对象是中小学的优秀教师，但着眼点应该前置到高校教师教育的课程与教学改革上来。

实施卓越教师计划，还需要突破非系统思维的限制。不仅要关注职前培养，更要关注并有效地参与到职后培训工作中去，最重要的是培训要有针对性，真正提升教师培训的质量。卓越教师培养计划是一项系统工程，应该贯穿到教师教育的全部过程。这个计划如果不涉及和包括职后教育，则可能就是不完善的。

本套卓越教师教育教材，既关涉对教师教育理论的思考与探讨，通过对学科前沿的准确把握，将教育科学研究的最新成果以知识综合化的形式呈现出来，也注重对教育实践问题的理解与思考，以期那些已经从事教育教学实践工作的中小学教师在面对实践问题时，通过本教材的阅读而有所启发、有所感悟、有所收获。

理论总是普遍的和一般的，而实践永远发生在具体的情境中，因而是个别的和独特的。真正的优秀教师恰恰在于他们能够通过其实践智慧而将理论所提出的普遍原理恰到好处地用在教育实践之中。期待这套教材的出版能够对高等师范院校的教师教育理论研究和教师教育实践有所助益。

朱家存

2012年4月20日

序

“教育研究方法”课程的教材建设，是我国许多教育理论工作者魂牵梦绕的事业。近三十年来，正式出版的教育研究方法教材多达二百余本，即为明证。

其实，教育研究方法的教材并不好写，究其原因，大致有三个方面：一是教育现象普遍存在，凡是与教育相干的人都有一定的感受和体验。按道理来说，发言的人越多，越有利于科学研究精神的彰显。但实际情况并非如此。一方面，言说者往往站在自身利益和立场做论证，难以采用客观的研究方法和对话方式；另一方面，一些教育管理者往往位高言重，拍脑袋行事，不是将教育决策建立在科学论证的基础上。二是 20 世纪 90 年代以来，科研评价体制使得很多社会科学研究者单兵作战。这样，编出来的“教育研究方法”教材往往是公开知识，而具体的研究方法和经验却成了难以交流的个人知识。三是随着改革开放的深入，许多外国的科研范式和方法被介绍进中国，但如何实现传统方法框架体系与现代西方新观点、新范式的融合统一，是很多教材一直想解决但却难以解决的问题。

辛治洋博士是一位勤奋好学、颇具研究灵感的青年才俊，也是我们省级重点学科“教育学原理”学术团队的重要学术骨干。由他来承担“教育研究方法”教材编写的任务是顺理成章的事情，经过多年的努力，他终于不辱使命，高质量地完成了预定任务。通观教材，有如下特点：

一、创新度高

1. 体系创新

本教材一改同类教材从教育研究的概念、类型、意义以及发展历程等方面着手的习惯，而从教育研究与教育生活以及教育理论与教育实践的关系入手，揭示了教育研究与教育实际的关系，继而论述教育研究的选题与设计、论证方法、研究方法和写作、答辩等，这些部分构成一个有机的整体，一气呵成。其中论证方法、写作步骤和量的统计等构成此体系的一个亮点，更增强了体系的创新性。

2. 内容创新

本教材内容的创新之处在于细致地论述了教育研究的论证方法，并阐述了什么样的论证才是有效的论证，以及列举了一些违背思维基本规律的实例，这对于论文写作具有很好的指导作用。在教育研究的写作部分，该教材从标题、关键词、摘要、导论到结语、参考文献、附录、致谢、答辩等都比较细致地进行了论述，甚至对投稿也给予了考虑，所以对高校毕业生及广大教育工作者的论文写作具有切实的指导作用。

3. 方法创新

本教材列举了大量研究案例，每个案例都能充分地说明问题，而且案例大都来自高校学生在研究中或写作中经常出现的问题，内容鲜活、生动，让读者读起来有身临其境的感觉。

二、可读性强

本教材句子结构平实，用词简洁，紧密结合教育研究的实际，平易近人，通俗易懂，并且案例丰富、生动有趣，例如，案例《西游记》、公交车让座等的研究方法，让读者在故事中不知不觉地感悟到教育研究的丰富知识和多种方法。

三、适用性广

本教材经历了五年的课堂试用过程，效果显著，能较好地满足高等学校教学之需。另外，教材内容涉及选题、设计、论证方法、研究方法和论文的写作及答辩等，适用于本科生、研究生和各类教育研究者阅读和参考，更适合于他们进行教育研究。不仅如此，本教材的一大特色还在于它适用于高校毕业生在论文写作及答辩时进行参考，操作性很强。

当然，所有的教材都很难做到完美无缺，《教育科学研究：方法与案例》似也有可斟酌之处和值得改进的地方。例如材料较为丰富，但是否欠简练？教材呈现的新内容较多，是否能做到完全客观、准确？但是我相信，作者一定能根据教材使用的反馈情况进一步地扬长避短，使它更加完善、成熟。

王守恒

2011 年 10 月于安徽师范大学教育科学学院

目　　录

第一章　教育研究概述

“教育研究方法”作为一门课程，不仅需要传授教育研究的规范，更需要在教学中形成一些态度与信念。如果初学者缺少教育研究方法的正确信念，往往会先入为主地认为某些教育中的判断理所当然，但又莫名其妙。这些判断经常包括：认为教育研究与日常生活没有必然关系；认为教育研究的结论（教育理论）对教育实践有着绝对的指导关系，等等。本章的主要目的就是澄清这两个方面的认识，为学习具体的教育研究方法做好铺垫。

第一节　教育研究与教育生活的关系

教育研究与教育生活密不可分。所谓教育生活，指属于教育的或关于教育的各种生活。这样的生活，从空间上讲，既是校园内的，也是校园外的；从时间上讲，既是未成年人的，也是成年人的。总之，只要有教育发生，就有教育生活，也就有了教育研究。如果能习得科学的教育研究方法，将有助于我们将教育生活中那些自发的研究行为变成自觉的研究行为。

一、思考教育生活就是研究教育生活

我们在平常的生活中，喜欢对一些事情发出疑问，这些疑问一般包括三个部分：

"为什么"、"是什么"和"怎么办"。实际上,教育研究主要也是从这三个角度开展工作,实现了对教育生活的全覆盖,并由此赋予了教育研究独特的功能。①

(一) 研究教育生活中的"为什么"

"为什么"指教育事件中的某个主体做出某个行为的必要性,也指教育研究者关注某个教育现象,研究某个教育问题,提出某种思维方式的必要性。这种教育生活是人们对某种教育生活所设置的理想化状态,是人们的理想和假设。研究者的任务是要将这种只存在于他们脑海中的理想的教育生活通过研究论证,展现在大众面前,使大众意识到这种情况出现的必要性。之所以要研究"为什么",前提就是在现实情况下还没有出现这种情况;或者出现了这种情况,但大众并没有意识到这种情况出现的必要。所以,如果这种教育生活在现实生活中存在着,或者引起了人们的足够重视,那么就没必要再次做出"为什么"的研究。

例如,有研究者提出"教育均衡发展问题是政治问题"②,主要是针对很长时间以来,教育决策者往往把教育均衡发展问题当成一个自然或者经济问题,而缺少一种政治责任感的现象而提出来的命题。研究者通过分析义务教育的本质属性是公共性,影响和促进教育均衡发展的主要力量是政治力量等问题,提出了用政治的视角看待教育均衡发展问题的必要性。再例如,有学者提出"教师有偿家教不应立法禁止",③主要是针对很多地方教育政策和法规以"部分从事有偿家教的在职教师利用家教过分追逐个人利益,利用工作之便牟取私利"等影响学校教育质量和教师道德形象等为理由全面禁止教师从事有偿家教的现实。该研究认为,应正视在职教师从事有偿家教"持续繁荣"的事实,不能因部分不良现象的存在而因噎废食,且立法禁止存在法理不通、诚信劳动无损师德、正当家教互惠多赢的问题。所以,该论文主要是从"为什么"的角度阐发教师从事有偿家教的合理性。

(二) 研究教育生活中的"是什么"

"是什么"也包括"有什么",指教育研究中所提出的或习惯中所使用的"概念、变

---

① 刘良华教授在《教育研究方法:专题与案例》(华东师范大学出版社 2007 年版)中将教育研究区分为理论研究、实证研究和应用研究。笔者认为,该区分方法对于后两者是清晰的,实证研究重在认识现状,应用研究重在变革现状。而理论研究与后两者不在一个平面上。实际上,如果将后两者归纳为"事实研究",那前者应该表述为"价值研究"。当然,这些区分只是为了表明该研究的侧重点不同,而并非某研究成果的唯一研究取向。

② 朱家存.促进教育公平的问题研究[M].待出版.

③ 黄道主,岳伟.教师有偿家教不应立法禁止[J].中国教育学刊,2010(10).

量、陈述和格式”①是否真实地反映实际的教育情况，也指出现某种教育现象的相关要素和条件。之所以要研究“是什么”，就是希望对某种教育状况做出理性的描述和充分表述，但不清楚哪些条款才能够充分表达该状况；或者期望某种教育状况发生但尚不清楚是否可能有条件发生，其相关要素是否具备。

例如，“公民教育”是近几年来的热门词汇，虽然中央文件和有关学者充分论述了公民教育的必要性，但开展公民教育却阻力较大。有学者认为，这是因为对公民教育的概念及其内涵的把握不准造成的，主张从“公民”概念的特殊性与普适性特点探寻公民教育概念的基本内涵，②也有学者认为，公民教育的悖论式存在是其遭遇的最大困境。③ 此外，有学者还从公民教育项目在学校中的尴尬地位、主持者对项目认识的差异、学生的公民实践能力储备不同、来自家长的参差态度、政府部门和社会大众的态度以及项目的经费问题分析了区域性推进公民教育的障碍。④ 可以说，正是因为很多研究缺少“是什么”的研究，尽管必要性说得天花乱坠，实施策略也分条呈现，但研究结果却难以被人接受和实施。再例如，在“中国教育的问题是公立学校的问题”的论证中，研究者主要是从公立学校产生的历史及其在教育系统中绝对的重要地位；在公立学校产生及发展的过程中，教育系统中的主流问题大都与其相关；中国多次的教育体制改革都与公立学校有关等方面说明我国的教育问题是公立学校的问题。⑤

（三）研究教育生活的“怎么办”

“怎么办”指从事某种教育变革的方式方法，乃至具体的行为步骤、注意事项，也包括某种思维原则与思考方法。研究教育生活中的“怎么办”就是将某种可能的教育生活变为现实。

如有研究者在“高等院校如何助推教师专业发展”⑥一文中，提出了树立教师专业化理念、完善教师专业发展制度、加大教育教学评估力度等策略，这就属于论证“怎么办”的研究。

研究“怎么办”的前提是这种变革与思维的条件已经具备，且具备变革的必要性。

---

① ［美］乔纳森・H・特纳. 社会学理论的结构［M］. 吴曲辉，等，译，杭州：浙江人民出版社，1987：6－10. 概念通常以定义揭示概念的内涵。变量指明现象程度差异。概念之间的联结构成理论陈述。格式即理论框架。

② 檀传宝. 论“公民”概念的特殊性与普适性：兼论公民教育概念的基本内涵［J］. 教育研究，2010(5).

③ 何雪莲. 论公民教育的可能困境［J］. 教育科学研究，2008(12).

④ 潘莉. 区域性推进中小学公民教育的实践考察［D］. 南京：南京师范大学，2008.

⑤ 劳凯生. 中国教育的问题是公立学校的问题［J］. 教育研究，2010(2).

⑥ 魏捷. 高等院校如何助推教师专业发展［J］. 教育研究，2010(5).

这一点需要特别强调，因为在很多初学者的习作中，往往将一些没有可能性和必要性的问题作为可行性问题来研究，或者将一些阶段性特征的问题(当这个阶段过去后，此特征自然消解)当成需要解决的问题来解决，这都是不恰当的。如有初学者希望研究如何解决学生的隐性辍学问题。我们知道，导致学生隐性辍学的原因很多，有些是畸形的就业市场、严峻的就业环境以至于“读书无用论”思想倾向等社会原因，有些原因是属于某具体隐性辍学者在某个具体课堂里面的个别原因，不具备一般性。在这种情况下，希望由学校教育来解决学生的隐性辍学问题，这是一种典型的“教育万能论”的思维方式。尽管研究者能提出很多实施策略，但却不具备可行性。之所以很多初学者喜欢把寻找教育变革的策略作为自己的研究主题，而不问这种变革是否可能与必要，很有可能是受到了普通教育中议论文三段论——提出问题、分析问题、解决问题——的影响。做学术论文不能为了讲究形式上的完善，而“强说愁滋味”。

当然，上述三个角度也并非严格意义上的区分。有时候该文从立意上是论述“为什么”，但如果换个角度看，该文也有可能通过论述“是什么”或“怎么办”，从而回答“为什么”，反之亦然。有初学者可能会问到，是不是在每一项研究中都必须涉及这三个向度的问题？答案当然是否定的，只有一个庞大的研究才需要回答三个向度的问题。而一个稍微简单的课题只需要回答其中的某一个问题。当然，回答问题需要有前提条件。其中，“为什么”的回答就是回答“是什么”的前提条件，“是什么”的回答就是“怎么办”的前提条件。前提性的问题要么是众所周知的，要么是别人已经有了比较科学的研究结论的。这些只需要在研究报告的前言部分做简单说明就可以，不需要做重复研究。

二、教育研究的要素是教育生活的要素

只要有教育生活，就免不了对这种生活展开思考，并交流自己对某个教育问题的思考成果。很多刚从事教育研究的人往往认为教育研究是特别高深的事情而畏手畏脚，其实不然。大家都明白，论证一个问题，需要提出一个论点，并为证明这个论点提供论据，然后按照一定的逻辑关系，把论点和论据组织起来，证明论点是正确可信的。思考和交流的教育生活过程与教育研究的提出论点、寻找论据、展开论证的过程并无二致。无论是教育生活中的价值问题还是事实问题，无论该教育生活是已经发生的、正在发生的，还是尚未发生的，都有着教育研究的身影。这一点不以人的主观意志为转移。也正是在这个意义上，思考教育的过程就是教育研究的过程，交流思考成果的过程就是发表教育研究成果的过程。

一般而言,教育研究的论点有两种:一种是关于事实的,即判断事情的真假(或有与无);一种是关于价值的,即判断事情的善恶(或好与坏)。而关于寻找证据的方法,我们根据事情发生的时间和特征又可以进行区分(图1-1)。

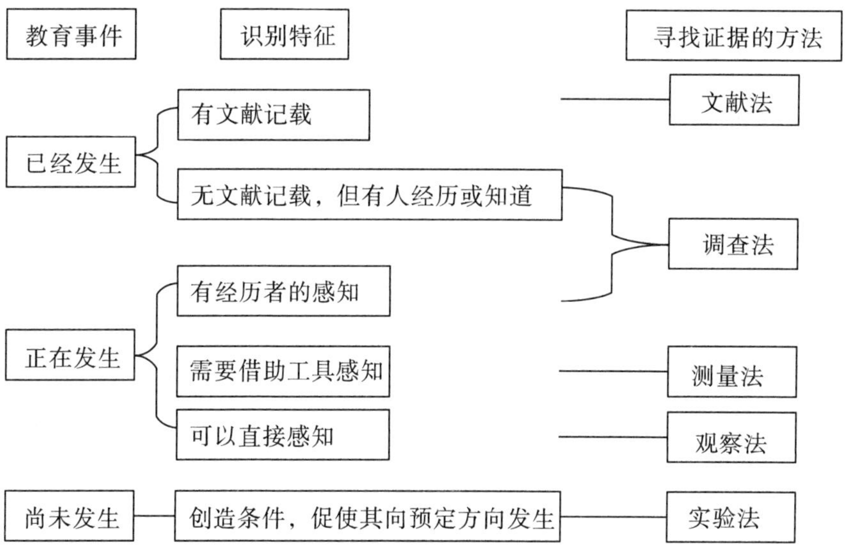

图1-1　寻找证据的方法

案例1-1　《西游记》中的研究方法

请根据上述原理,分析:

(1)下述哪些人物进行的是事实判断,哪些人物进行的是价值判断?

(2)为了进行下述判断,这些人物分别采用了哪些寻找证据的方法?

《西游记》第五十八回　二心搅乱大乾坤　一体难修真寂灭

● 模样与大圣无异:也是黄发金箍,金睛火眼;身穿也是锦布直裰,腰系虎皮裙;手中也拿一条金箍铁棒;足下也踏一双麂皮靴;也是这等毛脸雷公嘴,朔腮别土星,查耳额颅阔,獠牙往外生。……沙僧见两个相貌声音更无一毫差别,皂白难分……

● 菩萨唤木叉与善才上前,悄悄吩咐:"你俩一个帮助一个,等我暗念紧箍儿咒,看那个害疼的便是真,不疼的便是假。"

● 沙僧搀住一个,叫道:"二哥,你也搀住一个。"果然搀住,落下云头,径至草舍门外。三藏见了,就念紧箍儿咒,二人一齐叫苦道:"我们这等苦斗,你还咒我怎的？莫念！莫念！”那长老本心慈善，遂住了口不念，却也不认得真假。

● 玉帝即传旨宣托塔李天王，教：“把‘照妖镜’来照这厮谁真谁假，教它假灭真存。”天王即取镜照住，请玉帝同众神观看。镜中乃是两个孙悟空的影子。

● 阴君闻言，即唤管簿判官一一从头查勘，更无个“假行者”之名。再看那毛虫文簿，那猴子一百三十条已是当年孙大圣得道之时，大闹阴司，消死名一笔勾之，自后来凡是猴属，尽无名号。

● 他（谛听）若伏在地上，一霎时，将四大部洲山川社稷，洞天福地之间，蠃虫、鳞虫、毛虫、羽虫、昆虫、天仙、地仙、神仙、人仙、鬼仙可以照鉴善恶，察听贤愚。……“怪名虽有，但不可当面说破，又不能助力擒它。”

● “尔等俱是一心，且看二心竞斗而来也。”……“尔等法力广大，只能普阅周天之事，不能遍识周天之物，亦不能广会周天之种类也。”……“与真悟空同像同音者，六耳猕猴也。”

来源：http://www.ahtvu.ah.cn/lab/Gmz/西游记（三）.pdf.

参考答案：

（1）

沙僧：事实判断，“无一毫差别，皂白难分”；

菩萨：事实判断，“害疼的便是真，不疼的便是假”；

玉帝：事实判断，“谁真谁假，教它假灭真存”；

阴君：事实判断，“更无个‘假行者’之名”；

谛听：价值判断，“照鉴善恶，察听贤愚”；

如来：价值判断，“尔等俱是一心，且看二心竞斗而来也”。

（2）

沙僧是通过直接观察法：相貌声音无一毫差别，皂白难分；

菩萨和三藏是通过实验法：等我暗念紧箍咒，害疼的便是真，不疼的便是假；

李天王通过测验法：把照妖镜拿来照照，谁真谁假，教它假灭真存；

阴君是通过文献法：从头勘察，更无个“假行者”之名；

谛听是通过调查法：怪名虽有，但不可当面说破，又不能助力擒它；

如来是通过观察法：尔等俱是一心，且看二心竞斗而来也。

当然，尽管教育研究的角度、判断和方法都类似于大众对教育的议论，但毕竟教育研究是一个纯学术化的活动，它不仅体现在专门的研究领域上，也体现在研究方法的科学性、研究思路的严谨性上。而这些职业性的学术精神和素养需要专门的学术训练才能实现，学习者需要端正学习态度，“大胆假设、小心求证”，力求以专业活动的信度和效度获得职业地位。

第二节　教育理论与教育实践的关系

与直接的教育实践工作相比，教育研究工作实际上是一种理论研究工作。教育理论与教育实践之间到底是什么关系呢？一直以来，教育理论界和实践界围绕此问题争论不休。有学者认为，教育理论和实践相互联系，教育理论可以指导实践，实践为教育理论的形成和修正提供素材和检验标准。然而，也有学者认为，“指导说”和“检验说”缺乏现实的依据。当下，很多教育理论自说自话，缺乏对教育实践的关注和影响，教育实践也无法影响和检验教育理论的合理性。笔者认为，上述两种观点都存在偏颇。教育理论和教育实践的关系既非简单的“指导论”，也非流行的“脱离论”。要澄清教育理论与教育实践的关系，首先需要对教育理论与教育实践的特定含义做出分析。

一、教育理论与教育实践的含义

这里说的教育理论，不是指某个人对教育的某种意识，而是指通过经验归纳或逻辑演绎得来的关于教育问题的成果形态，是一种普遍适用的客观性结论。同理，教育实践是指有意识改造教育状态和对象等的活动，而不是个人无意识的习惯行为或盲目服从别人要求的行为。这里的“有意识”，指实践主体要有自知之明，明白自己的行为到底意味着什么，能够选择且选择做有价值的事情。经常有教育实践人员抱怨教育理论脱离了实践活动，如说“素质教育讲得轰轰烈烈”，但不符合中国的特殊国情和老百姓的心理要求，所以“应试教育扎扎实实”。但如果仔细分析，我们往往发现，这不是教育理论脱离了教育实践，而是教育实践脱离了教育理论。为什么大家都觉得素质教育好却不能实现，当然需要理论工作者认真研究，但教育实践人员也不能以“领导要求”、“百姓呼声”和“自己习以为常”作为消极应付素质教育理念的理由，要求教育理论迎合教育实际状况，而不是以教育理论的思考为出发点，改变现实的不合理状况。

通过上述名词解释，我们可以排除不需要讨论但却经常蒙蔽讨论者眼睛的一些关

于教育理论和教育实践含义的错误认识:

(1) 从基本态度上讲,教育理论与教育实践分别代表了教育理论工作者与教育实践工作者两支队伍。实践工作者有自己的理性判断,有自己独立的意志,而不是受到理论工作者操纵或指挥的“机器人”。理论工作者没有权利,也没有能力对实践工作居高临下、指手画脚,“理论不能指导实践”的说法是对实践工作者工作能力、工作地位等的一种尊重。

(2) 有些理论与中小学教师的实践关系不大,而与教育管理者或教育理论工作者的实践关系密切。如:元教育学。这方面的理论成果是专供理论工作者自身阅读和思考的,它一般不适用于实践工作者。再比如探讨义务教育均衡发展的理论,该理论更多牵涉的是中上层教育管理者的行为,与普通教师和基层教育管理者的关系不大。

如果从最终的研究成果角度考察,教育研究一般都可以作“基础研究”和“应用研究”的区分。有的研究是指向发展普遍性认识和发现普遍性规律的,目的在于为现有的学科知识体系创造或增添新内容,这种研究活动可以被看成是基础研究;有的研究指向解决目前的实际问题,这种研究活动可以被看成是应用研究。此外,我们还可以从读者群来做两者的区分。一般来说,基础研究的读者群主要还是该学科的研究者,而应用研究的读者群则主要是该科学门类中的具体工作者。当然,在教育科研中,基础研究与应用研究的区别只具有相对意义,而不是绝对的划分标准。一般来说,基础研究与应用研究有时很难区分,因为每一种研究均有其应用的成分,即使十分理论化的学术研究亦有其应用价值。因此在做此分类时,仅能就相对程度区分系属基础研究或应用研究。此外,基础研究不一定就没有实际的用途,应用研究也可能直接引起对基础理论的怀疑、发现或创造。

(3) 很多实践工作者把发表的论文当成理论。论文当然是理论的重要载体,然而某些号称“优秀”、“核心”的杂志、期刊中的论文质量参差不齐。有些是为了评职称而拼凑的,有些是杂志社为了赚取版面费而不顾质量要求刊登的。这些论文并不是教育理论的载体,也与教育实践无关。

(4) 与中小学实践工作密切相关的理论不等于教育工作中的操作手册。如有些理论着重探讨素质教育的必要性与可能性问题,它虽然不能直接指导教师应该怎么做,但却能开拓大家的思路,弄明白做事的意义与可能,从而使教师做起事情来更富有信心和力量。有些教育理论的确着重于“怎么做”的探讨,这样的理论或是对实践一般情况的解决办法,或是对某种特殊实践的思考。然而,不同的实践工作者面临不同的实践环境和实践条件,即使是操作手册,它对于不同情境中的工作者而言,也只是具有参考价值，而不是指导价值。

二、教育理论与教育实践的相对关系

(一) 教育理论的目的追求与教育实践的特点相反

教育研究到底有什么用？很多初学者对此很是茫然，往往以为教育的研究就是研究教育工作应该如何开展等内容。研究具体的行为方式当然是教育研究的重要内容，但却不是唯一的内容。在汉语语境中，“研究”与凭主观之见、随意地对问题或现象进行探索和判断有着根本的区别，“研究”是有目的、有组织的系统探索，而且必须具备“采用科学的方法”这一特点。从获取知识的途径和解决问题的方法来看，人们主要采取以下四种方法：其一，诉诸传统，认为传统是这样，那么就认为是对的，就是要接受的；其二，根据权威，权威者所说的就是对的，就是应该奉行不悖的；其三，依照个人经验，认为过去个人所经历的经验才是准确的、可依靠的；其四，根据逻辑的力量，综合运用演绎或归纳的方法，寻找可靠结论。从上面四点可以看出，越靠近前面，越难以让人采信，而越靠后面，越让人有行动的信心。越靠近后者，其下述特征越明显：

第一，对必然性的寻求。教育研究者的主要精力应在于发现某种教育理念或教育活动发生的逻辑脉络，释放偶然性的无关变量，从而从必然性的角度提出某教育实践的应然性。如关于公民教育的地位，有学者认为“公民教育是全部教育的转型”①，也有学者认为“公民教育是传统德育的历史性转型”②，两位学者从不同的角度阐述了公民教育在现代教育中的不同地位。观点孰是孰非是可以争论的，但提出观点的动机却是一致的：在现代教育中为公民教育确定应然的地位。

第二，对客观性的寻求。教育研究者不能让自己的判断带有主观色彩。需要通过事实还原和逻辑推理，让普通大众都觉得“是”才行，从而提出某教育现象的客观真实性。

第三，对普遍性的寻求。教育研究者需要寻找某种普遍适用的教育实践步骤或方法，从而提出某教育实践的可行性。

而教育实践的特点却恰恰与此相反：

---

① 檀传宝. 论公民教育是全部教育的转型：公民教育意义的现代化视角分析[J]. 安徽师范大学学报：人文社会科学版，2010(5).

② 李萍，钟明华. 公民教育：传统德育的历史性转型[J]. 教育研究，2002(10).

第一，偶然性。教育生活的发生尽管大都是人主观设计的结果，但人的设计不可能遍布教育事件的所有时空。而且计划往往跟不上变化，偶然性是教育生活的本质特性之一。

第二，主观性。人的教育活动往往是“有条件要上，没有条件创造条件也要上”，带有很强的主观性。

第三，情境性。影响事件发生的原因是复杂的，生活中的情境也是千变万化的。教育实践者不可能为教育生活的每种可能设置程序。有时候，问题提出时是一个情境，而事情发生时又是另外一个情境了。既然是这样，答非所问或者不一定按说的去做，也就有其合理的解释了。

（二）教育理论的展开过程与教育实践的旨趣相反

教育理论研究的过程是“小题大做”。从整个事件的某个局部出发，思考教育生活中的某个价值的合理性或某个事实的真实性。教育实践是为了解决教育问题的，它往往需要判断出主要的教育目的，然后制定围绕此目的的行为细则，并予以实施。但是教育实践却因为面临情境的复杂性、人的动机的复杂性、行为表现的多样性等多重影响，不可能面面俱到。这样，教育实践只能是抓大放小，或者是“大事化小，小事化了”。追求效率是教育实践的唯一目的。当然，如果判断不准，教育实践也经常是“拣了芝麻，丢了西瓜”。

案例 1-2　公交车上的让座案例

在理论上，我们至少可以分析下面这些问题。

一、专座问题

A. 给“老幼病残孕”设专座体现了社会主义大家庭的道德风尚。不管什么时候，普通乘客都不应该坐专座。

B. 设专座是一种基本的人道精神，它没有社会制度的区别。

C. 如果专座没人坐，而普通乘客却没有普通位置可坐时，他是可以坐专座的。旁出的问题是，假设红灯显示但视线范围内却没有左右向的车辆经过的时候，横穿马路有错吗？

D. 如果专座是空着的，不管普通位置是否空着，普通乘客都可以就近坐专座。

E. 公交车上没必要设专座，因为这类特征的人上车就应该有人让座位。

F. 公交车上不应该设专座，因为按上车秩序选座才公平。如果有人让座，那是他个人道德选择的问题。人为地在车厢里留出空间设专座，有违大环境的公平。

二、身份特征问题

G. 有些老年人不愿意坐别人给他让的座，甚至很反感别人给他让座。因为他不愿意别人以为他老迈，需要照顾。这时候，给他让座就是对他的不尊重，是不道德的事情。

H. 一位刚下夜班的身心疲惫的年轻人是否该给一位精神矍铄去参加晨练的老人让座？

I. 一位精神矍铄去参加晨练的老人是否该给一位刚下夜班的身心疲惫的年轻人让座？

J. 没必要给普通人让座，因为他不符合"老幼病残孕"要求。

K. 应该给任何人让座，只要让座者不是"老幼病残孕"特征的人。

L. 两同事上车，一人有座位。这时候他是给他的同事让座，还是给一陌生人让座？

M. 个人的某些身体特征（病残孕）并非公交车上其他人造成的；或者有些身体特征（老幼）是大家都曾经有过或将经历到的特征。所以社会全体的不让座也是一种公平。

N. 总体来说，"老幼病残孕"特征的人对社会的总体贡献没有普通人大。所以从社会总体贡献和幸福来说，普通人没必要给"老幼病残孕"特征的人让座。类似的问题是：大学生该不该给老农让座？

O. 该给罪犯（或嫌疑犯）让座吗？类似的问题是，该不该给从来就不道谢的人（包括上面提到的老幼病残孕者）让座？雷锋在国内让座是一种美德，如果到了美国或者生活在"旧"社会，那他该不该给别人让座？

三、让座就道德了吗？

四、（不）坐别人让的位置就道德了吗？

……

但对于教育实践来说，我们认为"主动给老、弱、病、残、孕让座"是道德的，并要求学生这样去做。

（三）教育理论与教育实践的判断标准的不同

教育理论的标准在于可信。一个观点被别人相信，要做到两点：第一就是符合事实,或陈述的内容前后一致。比如在范美忠事件中,当有论者讨论范美忠在博客里发表的言论时,反驳者却用范美忠逃跑本身做论据,这就属于不符合事实(或事实不一致)。第二就是逻辑(前因后果等逻辑关系)严密。比如有人认为有些教师的职业道德存在问题,于是要求全面加强师德教育,这两者之间的逻辑关系就存在一定的问题。如师德存在问题——师德教育能否解决该问题?部分教师有师德问题——是否需要教育所有的教师?师德的问题——是教师自身的问题,还是一般人的道德问题在教师身上的特殊表现?等等。如果这些问题解决不好,那“全面加强师德教育”的有效性就难以被人相信。

而教育实践的标准在于可行。实践者往往认为,只要把事情做好,完成预定目标就行,而对于目标是否正当,条件是否具备,过程是否科学合理等,这些都是次要的问题。可以说,低成本高效率始终是实践的第一需要。

三、教育理论与教育实践的依存关系

通过上述分析,教育理论与教育实践之间的相反关系一目了然。这种相反关系决定了教育理论是无法指导教育实践的。可是,如果说理论无法指导实践,开展教育研究的意义又从何而来呢?实际上,教育理论是关于教育实践的理论,教育实践是教育理论观照下的实践。严格意义上说,脱离了教育理论的活动,是盲目行为而不是实践活动。而脱离了教育实践的话语体系也不能称为教育理论。教育理论与教育实践的关系如同一枚硬币的两面,缺一不可。我们不妨首先提出这样的假设:教育理论与教育实践的关系并非上下级的指导关系,而是一种平行关系。理论与实践相互支撑,没有无理论的教育实践,也没有无实践的教育理论。教育理论与教育实践互为检查,互为校正,在动态中获得平衡。

(一) 平行的关系

教育理论与教育实践,都是因为教育而存在,但却有相异的旨趣、不同的过程和相左的标准。在教育领域里,教育理论与教育实践是相互平行的,而并非上下级的关系。如同教育实践一样,教育理论的存在首先是一种独立性的存在,它有自己的存在价值与意义,这是思考所致力的方向。正是因为教育理论有自己的旨趣,所以教育理论对于教育实践来说是自为的,它并非实践的某一个工具,不是因为实践需要它指导而存在的。

(二) 依靠的关系

没有理论背景的活动是不能称为实践的。如果没有教育理论,根本不存在所谓的教育实践,而只能叫教育活动。尽管理论无法为实践提供明确的指针、设计完备的技术路线,然而,如果没有理论思维的话,所谓实践也就失去了主心骨,成了"无头的苍蝇",不能称为实践。同理,如果没有教育实践的话,所谓教育理论也就成了无源之水、无土之木,缺乏理论运作的前提和背景。

(三) 校正的关系

理论的最大特点就是"质疑"。因为没有绝对正确的理论,所以也就没有绝对意义上的"指导实践活动"。但理论因为自己的自为存在,它就可以为教育实践提供一种参照标准,可以成为检验实践的外在标准。教育实践活动无法提前预知自己的正确性和有效性,它需要借助理论的反观和校正。反之,教育实践对于教育理论来说,又何尝不是一把尺子呢?"实践是检验真理的唯一标准"。教育理论与教育实践就像并行的两条轨道,如果失去了其中的一条,那另一条也就失去了参照物,从而不知道自己是否偏离了方向。

案例 1-3　理论与实践的关系

请分析:下述案例解释了理论与实践的什么关系?

A. 小马过河的案例:小马和他的妈妈住在十分美丽的小河边。除了妈妈过河给河对岸的村子送粮食的时候,他总是跟随在妈妈的身边寸步不离。他过得很快乐,时光飞快地过去了。有一天,妈妈把小马叫到身边说:"小马,你已经长大了,可以帮妈妈做事了。今天你把这袋粮食送到河对岸的村子里去吧。"小马非常高兴地答应了。他驮着粮食飞快地来到了小河边。可是河上没有桥,只能自己淌过去,可又不知道河水有多深。犹豫中的小马一抬头,看见了正在不远处吃草的牛伯伯。小马赶紧跑过去问到:"牛伯伯,您知道那河里的水深不深呀?"牛伯伯挺起他那高大的身体笑着说:"不深,不深。才到我的小腿。"小马高兴地跑回河边准备淌过河去。他刚一迈腿,忽然听见一个声音说:"小马,小马别下去,这河可深啦。"小马低头一看,原来是小松鼠。小松鼠翘着她的漂亮的尾巴,睁着圆圆的眼睛,很认真地说:"前两天我的一个伙伴不小心掉进了河里,河水就把他卷走了。"小马一听没主意了。牛伯伯说河水浅,小松鼠说河水深,这可怎么办呀?只好回去问妈妈。马妈妈老远地就看见小马低着头驮着粮食又回来了，心想他一定是遇到困难了，就迎过去问小马。小马哭着把牛伯伯和小松鼠的话告诉了妈妈。妈妈安慰小马说："没关系，咱们一起去看看吧。"小马和妈妈又一次来到河边，妈妈这回让小马自己去试探一下河水有多深。小马小心地试探着，一步一步地淌过了河。噢，他明白了，河水既没有牛伯伯说的那么浅，也没有小松鼠说的那么深。只有自己亲自试过才知道。小马深情地向妈妈望了一眼，心里说："谢谢你了，好妈妈。"然后他转头向村子跑去。他今天特别高兴，你知道是为什么吗？

B. 华罗庚有个著名的案例：从袋子里摸球。从一个袋子里摸出来的第一个是红玻璃球，第二个是红玻璃球，甚至第三个、第四个、第五个都是红玻璃球的时候，我们立刻会出现一种猜想："是不是这个袋里的东西全部都是红玻璃球？"但是，当我们有一次摸出一个白玻璃球的时候，这个猜想失败了。这时，我们会出现另一种猜想："是不是袋里的东西全都是玻璃球？"但是，当有一次摸出来的是一个木球的时候，这个猜想又失败了。那时，我们又会出现第三个猜想："是不是袋里的东西都是球？"这个猜想对不对，还必须继续加以检验，要把袋里的东西全部摸出来，才能见个分晓。我们的假设就这样不停地被推翻，我们不停地产生新设想。这就是科学研究中的经验方法。

来源：http://www.bjkp.gov.cn/bjkpzc/kxbl/sllj/56165.shtml.

正确地认识教育理论与教育实践的关系，有利于我们对研究工作及其结果保持理性的自觉。可以说，教育理论的意义在于对已经发生过的教育实践或现象寻求一种解释，以及对即将从事的教育实践和即将发生的教育现象寻求一种支持。这种解释和支持对于教育实践来说，既可能是反对性的，也可能是赞同性的。

第三节　教育研究的过程与范式

一、一般的研究过程

研究是"为某一目的而收集、分析信息（资料）的系统过程"，研究过程是由一系列有因果关系的步骤构成的。美国教育家杜威(John Dewey,1859～1952 年)曾在其《思维方法》(How We Think)一书中谈到,人们解决问题一般需要经过五个步骤:① 发现疑问或问题;② 认定疑问之所在并加以清楚界定;③ 提出可能解决问题的方法,即提出“假设”;④ 推演“假设”的结果;⑤ 验证“假设”。杜威所提出的思维五步骤,揭示了人们在解决问题时所持有的系统步骤。有学者在总结各研究者科学分类的基础上,将教育研究分为五个基本环节。①

第一个环节,教育研究课题的确定。课题是一个有待于解决、验证或回答的问题。任何研究都是对一定课题的研究。

第二个环节,教育研究的设计。在研究课题确定之后,有必要对整个课题研究进行系统的构思,设计好研究方案,以保证教育研究能够有目的、有计划、有条不紊、系统地进行。教育研究的设计是一项复杂的工作,它包括查阅文献资料、提出研究假设、明确研究思路、设计研究方案等具体工作。

第三个环节,教育研究资料的收集。科学研究的证据主要存在于各种资料之中,这些资料代表了基本的科学事实。确定好研究课题和做好研究设计之后,就要根据研究课题及其设计进行资料收集工作。如前所述,收集资料的方法有观察、调查、实验、文献等方法。

第四个环节,资料的分析处理。在教育研究过程中,收集到的原始资料往往是零星的、分散的、不系统的,在这些原始材料中有时充斥着歪曲、虚假的成分。另外,资料本身并不能直接得出研究结论。因此,需要对资料进行整理和分析,使庞杂无序的原始材料逐渐系统化、条理化,为正确得出结论打下基础。资料分析主要有分析和综合的方法、归纳和演绎的方法、内插和外推的方法。

第五个环节,研究成果的表述。教育研究成果的表述是研究者对研究的全面总结,它有利于研究成果的评价、交流和推广。教育研究成果的表现形式主要包括教育研究论文、教育研究报告和教育案例三大类型。

案例 1-4　教育研究与表述教育研究成果的区别

1. 在教育研究中,首先是选择一个课题,然后由浅入深地进行资料的收集和分析。而教育研究成果的表述需要直接点题,开门见山。

2. 在教育研究中,研究者主要是根据自己的兴趣所在和知识系统化的需要

---

① 丁念金. 研究方法的新进展[M]. 北京:教育科学出版社,2004:16-17.

来决定收集资料的多少和偏重。而在教育研究成果的表述中，内容通常是相关问题的核心，最需要突出的是本研究的突破和创新点。

3. 在教育研究过程中，尤其需要注重时间、人员和精力等的分配和协调。而在教育研究成果的表述过程中，需要注意表述的修饰，以最能让别人接受的方式表述自己的观点。

有很多人常常把写论文当成做研究。[①] 然而情况并非如此。因为：① 研究了不一定要发表出来，可以自我欣赏。② 也不一定通过写来发表，说话讨论、作报告都是发表方式。③ 即便写，也不一定通过写论文来发表，因为写博客、手稿、报告都是重要的发表渠道。④ 即便是写论文，它与发表论文也是两回事。发表论文要考虑到杂志社的要求，比如对于字数的限制，而写论文却不需要考虑那么多，把观点表达清楚就可以了。

二、不同的研究范式

从研究范式来看，有质的研究与量的研究之分(见表 1－1)。很多初学者认为，既然质的研究需要摒弃已有的假设和思维定式，讲究对研究对象存在方式的理解和解释，需要在原始资料的基础上建立理论，因此是没有一般的研究步骤的。这种说法是否合适呢？

在国内教育理论界，说到“质的研究”，北京大学的陈向明教授具有权威性。她在接受《中华读书报》采访时提出：对于研究，通常有客观主义(也就是实证主义)和主观主义(也就是解释主义)两种不同的认识，前者认为科学研究是以系统、实证的方法获取知识的一种活动，应该使用实验、观察、检验等方法对客观现象进行研究，保证所获得的知识是真实可靠的，其判断知识真假的标准是客观事实与逻辑法则。而后者认为，人具有自由意志，人的行为是无规律的、无法预测的，社会历史事件都是独特、偶然的，不存在普遍的历史规律。因此，对人和社会不能使用自然科学的方法进行研究，只

---

① 我们文科的许多从业人员，更多的是在写论文，而不是在做研究。写论文和做研究，虽有联系，却是两件截然不同的事情。就顺序来说，做研究在前，写论文在后。没有研究作为前提的写作，除了拾人牙慧，除了堆砌材料，除了巧舌如簧，再也没什么可能。然而，我们分明对没有研究的文章屡见不鲜。出现这样的情况，只有两种原因：一是当事人不懂得研究是什么，二是当事人不愿意经受探究的苦累。依我看，第一种情况居多，第二种情况在有健康心理的人那里发生的几率很低。既然许多人压根就不懂得什么是研究，那他们在说明自己论文的理论意义和实践意义时，信口雌黄，荒谬绝伦就没什么奇怪的了。(引自：刘庆昌. [2008－6－7]http://www.science.net.cn/m/user_content.aspx? id=28129.)

表 1-1　量的研究与质的研究对比分析①

项　　目	量的研究	质的研究
方法论基础	逻辑—实证主义：客观世界的存在是不变的，社会世界是有规律的。当所有的主观性从世界抽离后，真实世界方存在	现象学的解释主义范式
研究的目的	检验理论，证实事实，统计描述，指示变量间的关系，预测，寻求共识	解释性理解，描述复杂现实，提出敏感概念和有根据的理论，指向新问题，提高认识
研究的问题	事先确定好的	在研究过程中产生
研究的内容	事实、原因和影响	故事、事件和过程
研究的手段	数字、计算和统计分析	语言、图像和描述分析
研究工具	量表、统计软件、问卷和计算机	研究者本人，录音机、录像机和照相机
收集资料的方法	封闭式问卷，统计表，实验，结构性观察，有可操作的变量	开放式访谈、参与性观察和实物分析
理论假设	在研究之前产生	在研究之后产生
抽样方法	随机抽样，样本较大，控制无关变量	目的性抽样，样本较小，个案形式多
研究者心态	明确	不确定，开放性，多样性
效度	固定的检测方法，证实	相关关系，证伪
信度	可以重复	不能重复
推广度	可控制，可推广到样本总体	认同推广、理论推广和积累推广
研究者所受训练	理论的，定量统计技术	人文的，人类学的多面手本领
研究关系	相对分离、疏远，研究者独立于研究对象	密切接触，相互影响，移情与共情，平等，信任
资料分析	在资料收集终结时进行，统计学的	不断发展的，分析归纳，不断比较
伦理问题	不太重视	非常重视
研究结论	概括性，普遍性，可以重复	独特性，地域性，不能重复

① 白芸. 质的研究指导［M］. 北京：教育科学出版社，2002：3.

能以人文学科的主观方法对具体的个人和事件进行解释和说明。这两种研究方法，可以约等于“量的研究”(quantitive research)和“质的研究”(quality research)。量的研究从特定假设出发，将社会现象数量化，计算出相关变量之间的关系，由此得出“科学的、客观的”研究结果，而质的研究强调研究者深入到社会现象之中，通过亲身体验了解研究对象的思维方式，在收集原始资料的基础之上建立“情景化的”、“主体间性(intersubjective)的”意义解释。量的研究是把研究对象当作绝对的客观事物，在研究中摒弃主观情感，尽量客观、冷静、公正，只依据一大堆数据量表。而质的研究认为，人是活的，研究中不可能不带有主观倾向和情感，研究者应该在研究对象“共情”的基础上，深刻地了解、理解研究对象，这样一来，研究就不再是冷冰冰的发调查表，而是对研究对象进行访谈，甚至和他们一起生活，一起感悟。①

质的研究也曾经被翻译成“定性研究”。但事实上，国内研究者和中小学教师较为熟悉的“定性研究”所指比较宽泛，它与前两者的主要区别在于：它很少专注于资料的寻找本身，而往往借助于其他研究中的已有资料，通过分析得出自己的结论。我国学者所从事的“定性研究”，多为研究者个人观点与感受的阐发，结合社会当前的时弊和需要对有关问题进行的论说或提供的对策建议，甚至是工作经验总结，并不进行系统收集和分析资料的工作，是一种形而上的单向度的思辨方式。而前两者更多地倾向于资料收集与整理中的理念差别。

任何研究范式都有哲学前提。说是研究范式，背后隐藏着一套世界观，所以研究范式也被称为方法论。一般来说，量的研究都认为世界是可以被客观认识的，如果抽样合适，个别是能反映一般的，目的在于探讨社会现象中存在的因果关系。相关的俗语有：“如果你见到了一个美洲土著，你就见到了所有的美洲土著”，②又如“××作为一个留守儿童，在他的身上所表现出来的行为绝非是个别的或特殊的现象，而带有一定的普遍性。尽管每个留守儿童都有其不同的家庭背景与生活环境，但是，爱的缺失、孤独以及由此而带来的不安全感等，则构成了留守儿童所普遍具有的精神世界和意义世界。”就属于典型的个别归纳到一般的抽样研究。而质的研究认为社会世界是人为构建的，主体与客体是一种互动的关系。个别反映不了一般。套用量的研究的表达方式，“一粒沙里一个世界，一朵花里一个天堂”。“个别的就是全部不”，类似的话语还有“越是民族的就越是世界的”。胡塞尔说得好，“生活世界是一个始终在先被给予的、始

① 陈洁. 质的研究　活的研究［N］. 中华读书报，2001-03-21：009.

② 涂尔干. 社会分工论［M］. 北京：三联书店，2000：94.

终在先存在着的有效世界，但这种有效不是出于某个意图、某个课题，不是根据某个普遍的目的。每个目的都以生活世界为前提，就连那种企图在科学真实性中认识生活世界的普遍目的也以生活世界为前提。”①这就需要运用与研究对象的对话和观察等方式，在尽可能自然的环境下，了解人们的想法和做法，了解研究对象的心声，进而深入地认识一个个体或一个群体对某个确定的事物的态度与行动结构，在此基础上对研究的问题做出描述和解释，进而完成对某种理论的建构。

不论是出于哪个世界观和方法论的哪种研究方法，都会有一个统一的科学精神。科学精神是一种追求真理的精神，是科学素养的重要组成部分。无偏见、系统、认真、严谨、规范，这些都是科学精神的重要组成部分。”②要求研究的过程可信，研究的结果有效。科学精神不独体现在量的研究中，追求研究的纯粹客观性、精确性、可重复性，也体现在质的研究中，要求研究必须有深入、细致、系统的调查材料作为基础，从研究者自己收集的资料中寻找有意义的解释或理论的根据。

质的研究与量的研究又是相互联系的。首先，两者都是为了了解事物的“质”，即该事物借以区别于其他事物的各种属性。质的研究和量的研究都属于实证研究，量的研究用数量统计的方式描述世界，而质的研究用讲述事件的方式来描述世界。其次，量的研究与质的研究互为补充，互为支持。质的研究为量的研究提供框架，而量的研究又为进一步的质的研究创造条件。只有将两者有效地结合起来，才能使之相得益彰，才能获得比较科学的结论。甚至我们可以说，质的研究和量的研究都适合于专门的深入性研究。前者适合于研究对象个性特征明显，研究者未能整体把握研究对象时开展，而后者更适合于研究对象具有抽样的普遍特征，研究者能够整体把握研究对象时开展。具体内容见表 1-1。

三、研究的信度和效度

不管哪种范式的研究，在研究过程中，我们都需要认真对待研究的信度和效度的问题。

所谓研究的信度，是指研究所依赖的数据(资料)是否符合实际情况，它说明的是研究对象的可靠程度。研究的效度是指研究的结论在揭示研究内容的本质或其发展

---

① 胡塞尔. 欧洲科学的危机与先验现象学[M]//现象学及其效应：胡塞尔与当代德国哲学. 北京：生活·读书·新知三联书店，1994：131.

② 蒋凯. 涵养科学精神：教育研究方法论的省思[J]. 北京大学学报：哲学社会科学版，2004(1)：63-70.

规律方面的准确、客观、科学程度。我们可以通俗地把信度理解为研究对象(数据或论据)的真实性问题,而把效度理解为研究对象之间(关系或论证)的有效性解释和解决的问题。比如在“资金短缺是该校校门一直没有得到维修的原因”这个判断中,如果“资金短缺”、“校门一直没有得到维修”不符合事实,那就是研究的信度出了问题;如果不是“资金短缺”,而是其他原因导致了“校门一直没有得到维修”,那就是研究的效度出了问题。

研究的信度可以分为“内在信度”和“外在信度”。内在信度是指在给定的相同条件下,资料收集、分析和解释能在多大程度上保持一致。外在信度涉及的是研究者能否在相同或相似的背景下重复同样的研究,如果能的话,那么结果是否总能保持一致。

效度也可以用两个概念来说明,即内部效度和外部效度。研究的内部效度是指在研究的自变量与因变量之间存在一定关系的明确程度。外在效度是指研究结果的代表性或普遍性。具体说来,就是指研究结果是否可以推广到类似情景中去的程度。

信度和效度也是相对于某项具体研究而言的。在此研究中的信度问题,完全可能在彼研究中是一个效度问题。比如某幼儿园教师的研究:某小朋友升入中班的第一天,就不与原先小班的老师打招呼,该研究者将这种现象解释为小孩对新环境(中班教师和同学)的过度忠诚。那么在此研究中,时间上是否是第一天、是否是与原先所在的小班教师不打招呼等事实就属于信度问题,而对中班的过度忠诚是不是该小孩不与小班教师打招呼的根本原因则属于效度问题。如果某实践研究以此为个案讨论幼儿园教师如何引导小朋友保持适度的忠诚,那么在这一研究中,前一研究的效度则演化为该研究的信度。“如何引导”则需要考查其策略的有效性。

在一项研究中,信度对于效度是必要条件,但不是充分条件,有信度不保证一定有效度,一个可靠的研究程序并不证明内容一定有效,而一个有效度的研究一定是一个有信度的研究。效度是信度的目的,信度是为效度服务的;信度是效度的基础,效度不能脱离信度单独存在。

第二章 选题及研究设计

第一节 选择研究课题

选题是对研究问题(现象、对象)和研究方向(目标)的选择与确定。

任何研究都是从选择研究问题开始的。教育研究就是一个不断地提出问题和解决问题的过程。在这个过程中,提出问题往往是研究的出发点,解决问题则是研究的终点。选择课题就是选择要研究的对象,选择要研究的问题。

提出问题是选择课题的第一步。关于提出问题的重要性,爱因斯坦曾有一段精辟的话,他说:“提出一个问题往往比解决一个问题更重要,因为解决一个问题,也许仅仅是一个数学上或实验上的技能而已。而提出新的问题,新的可能性,从新的角度去看旧的问题,却需要有创造性,有想象力,而且标志着科学的真正进步。”爱因斯坦把提出问题看做科学研究过程中最重要、最关键的一环,看做具有决定性作用的一步。选择研究课题需要想象和洞见,而这些因素往往决定了一项研究的最终价值。因此,需要研究者集中大量时间用来选择要研究的问题。

一、研究问题的来源

从事教育研究,选择研究课题,无外乎两个主要的来源:一是来源于其他信息的启发,如来源于各教育主管部门的课题指南、相关刊物的征稿和名著的思维启示等;二是来源于教育实践中的突出问题,如在教育管理、教育教学和测评考试等中发现的需要解决的问题。

(1) 从教育主管部门(如国家教育部、省教育厅、市教育局、市教研室等)所拟定的研究课题中,筛选出符合自己教学实际和研究专长的典型问题作为论题,加以研究。

案例 2-1 各级课题指南节选

材料 1:国家哲学社会科学研究"十一五"(2006～2010 年)规划"教育学"部分

马克思主义教育基本理论在中国的实践及发展创新;国外有影响的教育教学理论;中国教育基本现代化;科学发展观与 2020 年中国教育发展目标、战略选择和对策;素质教育指导思想、实践模式和评价机制;建设终身学习体系和学习型社会及实践案例;中国教育体制改革深化的方向、思路和对策;基础教育新课程改革背景下的教学创新和质量评估标准;校本教研制度创新;教师教育制度改革与教师专业发展;我国独生子女群体成长状况与民族竞争力;特殊群体学生的教育;构建社会主义和谐社会与教育公平;教育机会供给、教育资源配置、教育公平与教育均衡发展;社会主义新农村教育发展与改革;创新型国家建设与教育创新;高水平创新人才培养与高等学校教学改革和人才培养模式;高等教育大众化的发展观、发展模式与质量保障;高等学校产学研相结合和技术创新体系;加强中国教育国际交流与合作;政府职能转变、教育责任定位与教育治理制度关系;考试制度改革与创新人才培养选拔机制;信息技术环境下学生学习能力发展与学习方式变革;民办教育可持续发展;教育立法(包括学校法、终身教育法、少数民族教育法、特殊教育法、教育投入法等);教育成本与教育收费;我国大中专学生职业生涯规划、就业指导、创业援助的系统;中国特色的职业教育发展模式、结构体系和体制改革;职业教育专业设置、课程设计和教学模式改革;社会主义荣辱观教育与学校公民教育;青少年公民素质和思想道德状况发展评价;全球化和信息化时代下的学校德育实效性;师德建设与学术道德建设;基于脑科学研究的教育基础理论构建及其在教育实践中的应用;学生心理健康教育体系与评价;弱势群体学生心理健康调查与干预;学生体质健康状况的动态变化及其干预;当代学校美育、艺术教育的理论及有效途径;新时期民族教育政策创新;民族教育与民族非物质文化遗产的传承;少数民族高层次人才培养;军队院校教育整体转型与学科专业结构调整;中国名校和教育家。

材料 2:全国教育科学"十一五"规划 2009 年度课题指南"基础教育部分"

各学段的有机衔接研究;教学模式改革与学科教学思想创新研究;新课程改革对师生教学方式转变的影响研究;教师发展对转变教师学习方式的影响研究;

克服学生厌学对策研究；高中文理分科问题研究；薄弱学校提高办学质量实践模式研究；普通高中教育多样化办学模式研究；城乡学生学业成绩差异调查研究；学前教育成本与收费调查研究；乡镇中心幼儿园建设与发展研究；特殊儿童学习质量状况调查；残疾儿童“随班就读”学习模式改革实践的系统评估。

目前，我国的科研课题是分级别的，这些相应的级别将获得相应的工作绩效分数。如安徽省最新的关于社会科学类科研课题级别的规定(见表2-1)。

表2-1 科研课题分类表

等　级	自然科学类	社会科学类
一类 (以“国家自然科学基金重点项目”、“国家社科基金重点项目”为标杆的科研课题)	国家自然科学基金重点项目；国家自然科学基金重大项目；国家自然科学基金重大研究计划项目(经费100万元以上)；国家杰出青年科学基金；高等学校全国优秀博士学位论文作者专项资金；863课题(经费100万元以上)；973课题(经费100万元以上)；国家科技支撑计划课题(经费100万元以上)	国家社科基金重点项目；国家软科学研究计划重大项目；高等学校全国优秀博士学位论文作者专项资金
二类 (以“国家自然科学基金项目”、“国家社科基金项目”为标杆的科研课题)	国家自然科学基金项目；国家自然科学基金委员会科学部主任基金；国家自然科学基金专项项目；863课题(经费30万元以上)；973课题(经费30万元以上)；霍英东教育基金会高等院校青年教师基金；高等学校博士学科点专项科研基金；教育部新世纪优秀人才支持计划国家政策引导类科技计划(星火计划、农业科技成果转化资金支持项目、火炬计划国家重点新产品计划、国际科技合作计划)；国家各部委、各省、自治区、直辖市委托专项课题(经费40万元以上)；企业以产学研合作方式委托研发类课题(其中到校经费中研究经费达到50万元以上)	国家社科基金项目；国家软科学研究计划项目；霍英东教育基金会高等院校青年教师基金；教育部新世纪优秀人才支持计划；教育部哲学社会科学研究重大课题攻关项目；国家政策引导类科技计划(国家软科学研究计划)；国家各部委、各省、自治区、直辖市委托专项课题(研究经费20万以上)；企业以产学研合作方式委托咨询类课题(研究经费30万元以上)

续表 2-1

等　级	自然科学类	社会科学类
三类 (以“省自然科学基金项目”、“教育部人文社会科学研究项目”为标杆的科研课题)	省自然科学基金项目;863 课题(经费 10 万元以上);973 课题(经费 10 万元以上);教育部科学技术研究项目;教育部留学回国人员科研启动基金;省优秀青年科技基金;省科技攻关计划项目;省教育厅自然科学研究重点项目;国家重点实验室和国家工程(技术)研究中心开放基金;中国博士后科学基金资助;国家各部委、各省、自治区、直辖市委托专项课题(经费 20 万元以上);企业以产学研合作方式委托研发类课题(其中到校经费中研究经费达到 25 万元以上)	教育部人文社会科学研究项目;全国教育科学规划课题;教育部留学回国人员科研启动基金;高等学校博士学科点专项科研基金(新教师基金课题);省软科学研究计划项目;省哲学社会科学规划项目;省教育厅人文社会科学研究重点项目;中国博士后科学基金资助;国家各部委、各省、自治区、直辖市委托专项课题(研究经费 10 万元以上);企业以产学研合作方式委托咨询类课题(研究经费 15 万元以上)
四类 (以“省教育厅自然科学研究项目”、“安徽省教育厅人文社会科学研究项目”为标杆的科研课题)	省教育厅自然科学研究项目;安徽省高校青年教师科研资助计划;省部级重点实验室和省部级工程(技术)研究中心开放基金;国家各部委、各省、自治区、直辖市委托专项课题(经费 10 万元以上);各地市级政府、各厅局级单位委托专项课题(经费 10 万元以上);企业以产学研合作方式委托研发类课题(其中到校经费中研究经费达到 10 万元以上)	安徽省教育厅人文社会科学研究项目;安徽省高校青年教师科研资助计划;国家各部委、各省、自治区、直辖市委托专项课题(研究经费 5 万元以上);地市级政府、各厅局级单位委托专项课题(研究经费 3 万元以上);企业以产学研合作方式委托咨询类课题(研究经费 5 万元以上)
五类	各类单位设立或立项的课题(研究经费 1 万元以上);企业以产学研合作方式委托研发类课题(其中到校经费中研究经费达到 2 万元以上)	各类单位设立或立项的课题(研究经费 0.3 万元以上);企业以产学研合作方式委托咨询类课题(经费 1 万元以上)

来源:《安徽省普通本科高等学校教师专业技术资格条件》(试行)(教人〔2009〕1 号)文件。

(2) 根据刊物征稿和发表论文的热点选择。各级各类刊物、杂志的征稿(文)启 应成为老师们关注的重点。只有了解各类杂志的特点与要求,才能做到“投其所需 提高投稿的命中率。

目前,国内比较有影响力的刊物级别评价是中文社会科学引文索引、中文核心刊要目总览。

中文社会科学引文索引(CSSCI 来源期刊)(2010～2011 年)(南京大学中国社会科学研究评价中心)(教育):① 教育研究;② 高等教育研究;③ 北京大学教育评论;④ 电化教育研究;⑤ 中国电化教育;⑥ 清华大学教育研究;⑦ 华东师范大学学报(教育科学版);⑧ 比较教育研究;⑨ 教育与经济;⑩ 教师教育研究;⑪ 开放教育研究;⑫ 教育发展研究;⑬ 教育研究与实验;⑭ 教育学报;⑮ 中国高等教育;⑯ 教育科学;⑰ 外国教育研究;⑱ 中国高教研究;⑲ 课程·教材·教法;⑳ 高等工程教育研究;㉑ 全球教育展望;㉒ 复旦教育论坛;㉓ 高教探索;㉔ 现代大学教育;㉕ 现代教育技术;㉖ 江苏高教;㉗ 中国教育学刊;㉘ 学位与研究生教育;㉙ 中国大学教学;㉚ 中国特殊教育;㉛ 远程教育杂志;㉜ 高教发展与评估;㉝ 思想理论教育导刊;㉞ 国家教育行政学院学报;㉟ 现代远距离教育;㊱ 大学教育科学;㊲ 教育与现代化。

中文核心期刊要目总览(2008)(每四年更新一次版本)(北京大学图书馆)(教育):① 教育研究;② 比较教育研究;③ 全球教育展望;④ 北京大学教育评论;⑤ 教育理论与实践;⑥ 教师教育研究;⑦ 外国教育研究;⑧ 清华大学教育研究;⑨ 华东师范大学学报(教育科学版);⑩ 教育与经济;⑪ 中国教育学刊;⑫ 教育科学;⑬ 当代教育科学;⑭ 中国电化教育;⑮ 教育学报;⑯ 电化教育研究;⑰ 教育探索;⑱ 中国远程教育;⑲ 教育评论;⑳ 河北师范大学学报(教育科学版);㉑ 开放教育研究;㉒ 教育导刊;㉓ 国家教育行政学院学报;㉔ 教育学术月刊;㉕ 学前教育研究;㉖ 课程.教材.教法;㉗ 人民教育;㉘ 教学与管理;㉙ 上海教育科研;㉚ 教育科学研究;㉛ 教育研究与实验;㉜ 教学月刊(中学版);㉝ 外国中小学教育;㉞ 中小学管理;㉟ 中学语文教学;㊱ 中学语文教学参考;㊲ 中小学英语教学与研究;㊳ 中小学外语教学;㊴ 历史教学;㊵ 中学地理教学参考;㊶ 数学教育学报;㊷ 数学通报;㊸ 中学政治教学参考;㊹ 思想政治课教学;㊺ 物理教学;㊻ 中学物理;㊼ 中学化学教学参考;㊽ 化学教育;㊾ 生物学教学;㊿ 高等教育研究(武汉);(51) 教育发展研究;(52) 中国高等教育;(53) 学位与研究生教育;(54) 江苏高教;(55) 中国高教研究;(56) 现代大学教育;(57) 高等工程教育研究;(58) 高教探索;(59) 黑龙江高教研究;(60) 复旦教育论坛;(61) 中国大学教学;(62) 辽宁教育研究;(63) 现代教育科学(高教研究版);(64) 中国特殊教育;(65) 民族教育研究;(66) 职业技术教育;(67) 中国成人教育;(68) 教育与职业;(69) 职教论坛;(70) 成人教育;(71) 中国职业技术教育;(72) 继续教育研究。

教育科研工作者要经常阅读有关杂志。现将常见的、全国发行的一些数学刊物归纳如下，以供参考。

《数学教育学报》，由天津师范大学、中国教育学会主办，9所高师院校协办。目前是国内数学教育领域唯一的学术性刊物。（季刊，主要栏目有：数学教育概论、展望与争鸣、调查与实验、中学数学教育专题研究、高师基础课教改等。）

《中学数学教与学》，中国人民大学复印报刊资料。（月刊，主要栏目有：素质教育论坛、创新思维训练、教材教法、学会学习、专家提醒、学以致用等。）

《数学通报》，由北京师范大学与中国数学会主办。（月刊，主要栏目有：数学教育教学研究、解题教学、高考研究、学习园地、国外数学教材介绍、数学应用、计算机辅助教学等。）

《数学教学》，由华东师范大学主办。（双月刊，主要栏目有：教学研究、数学开放题、解题策略研究、考试之窗、编后漫笔、主编见闻等。）

《数学通讯》，由华中师范大学与湖北省数学会、武汉市数学会主办。（半月刊，面向高中，单期供教师用，主要栏目有：教学研究、同步参考、新教材论坛、数学应用、专讲荟萃、复习参考、课外园地、数学娱乐圈等；双期供学生用。）

《中学数学教学参考》，由陕西师范大学主办。（月刊，主要栏目有：教材・教法学法、课例点评、教学访谈、教研指南、思想・方法・技巧等。）

《中学数学研究》，由华南师范大学与广东省数学会主办。（月刊，主要栏目有：研究性学习、教材研究、中学数学教学、中学数学解题方法、奥林匹克之窗等。）

《中学数学教学》，由安徽教育学院、安徽师范大学与安徽省数学会主办。（月刊，主要栏目有：教学研究、数学应用、解题方法、教材探讨、数学竞赛、教学论坛等。）

《中学生数学》，由首都师范大学与北京数学会主办。（每月分上、下两期出版，上期面向高中生，下期面向初中生，是全国唯一的面向中学生的师院办刊物，主要栏目有：学好基础知识、思路与方法、中学数学建模、趣味数学、数学竞赛之窗、中学生习作、信息技术天地等。）

《上海中学数学》，由上海师范大学主办。（双月刊，主要栏目有：教育研讨、应用数学、教学论坛、解题方法、专题讨论、数学问题与解答等。）

《中学数学》，由湖北大学主办。（月刊，主要栏目有：教材教法教研、教学设计、解题方法与技巧、初数研究、课外园地、短文荟萃、竞赛之窗、学生习作等。）

《中学数学月刊》，由苏州大学与江苏省数学会主办。（主要栏目有：数学教育、教材教法、专题研究、解题方法、正误辨析、数学应用等。）

《初中数学教与学》、《高中数学教与学》，由扬州大学主办。（月刊，主要栏目有：教学研究、学习导引、解题思路、方法与技巧、复习与考试、竞赛园地、错解辨析、学生习作等。）

另外，还有许多与中学教学有关的杂志，如《课程教材教法》、《教育研究》、《中小学教材教法》等，也可以在上面发表数学文章。

(3) 有目的地关注名家的著作，从中得到灵感，获得启发，因为著作给人的影响较深刻。通常的途径是从阅读有关理论、文献出发，从相关理论中推演出某种假设、理念、原则，然后再作为问题进行研究。不少研究成果就是这样产生的。

如读张奚若关于“公意、私意和众意”关系的解释时，会联想到教育改革的利益冲突问题。

政治哲学家张奚若在用算式解释卢梭的公意、私意和众意的时候，也不经意地将利益区分为公利、私利和众利三种形式。他说，“公意是以公利公益为怀，乃人人同共之意。如甲之意＝a＋b＋c，乙之意＝a＋d＋e，丙之意＝a＋x＋y。所以公意＝a。而私意则是以私利私意为怀，为彼此不同之意。因此众意＝a＋b＋c＋d＋e＋x＋y。所以公意是私意之差，而众意是私意之合。”①参照张奚若的解释，公利(a)仍然是某人之利，是私利的交集部分，它具有公私两种性质。所谓公，那是因为能为别人所共享，所谓私，那是因为它仍然是属于某具体人的利益。公利的特点就在于它的共享而非排他的属性上。所谓共享性，那就是某人拥有，并不妨碍其他人拥有。

教育改革中公利突出表现在对教育公益性的追求上。这样的公利追求实际上是一种“无(特殊)立场的教育思维”，它关注人间(“天下”的所有人的问题，而不是部分人或者部分集团、部分民族等特有的问题)、人事(人所应做、已做、将做、正在做的事情)、人心(反映人的理性，也反映人的精神气质、情感体验、意向态度)。实际上，我们每次教育改革都有一些符合上述无特殊立场的旗帜性话语，如“为了中华民族的复兴，为了每位学生的发展”，这种话语具有广泛的代表性和社会需求，以至于对教育改革的某种理念或操作过程的质疑都容易被认为是在放弃“(课程)人的社会责任”。

可见，教育公利只是教育者私利的某一特殊内容，它属于共享性私利。当然，是不是每次教育改革的主导者所倡导的教育公利都能够被相关者所接纳呢？换句话说，虽然我们都追求教育公利，但是否真正存在着一个能让所有人接受的教育公利的内容

① 张奚若．社约论考[M]//许纪霖．众意还是公意？[J]．天涯，2002(3)：177．

呢？学者们见仁见智的差异性答案让我们明白，教育公利主要不是作为内容存在，而是作为形式存在，它大致具有以下四个方面的特征：① 它是公利的，每个人都能从中受益；② 它也是私利的，属于私利的特殊组成部分，所以每个相关者都可能追求它；③ 它是共享性的，甚至是享有的人越多，它对每个个体的意义就越大。④ 它是形式的存在，所以在具体情境中总有具体的内容解读，以至于让人怀疑有些解读已经成了众利的伸张了。

(4) 以时代(年度)热门话题作为选题来源。研究的选题不仅仅是来自别人的启发，有时也是来自自己发现的问题。时代究竟赋予我们这些做研究的人哪些时代课题？这需要有敏锐的问题意识，如两会时《政府工作报告》中所强调的问题应该是当年中国教育的热门话题：

坚持优先发展教育。推动教育事业科学发展，为人们提供更加多样、更加公平、更高质量的教育。2012 年财政性教育经费支出占国内生产总值比重达到 4%。加快发展学前教育。公办民办并举，增加学前教育资源，抓紧解决“入园难”问题。促进义务教育均衡发展。加强义务教育阶段学校标准化建设，公共资源配置重点向农村和城市薄弱学校倾斜。以流入地政府和公办学校为主，切实保障农民工随迁子女平等接受义务教育。支持民族地区教育发展，做好“双语”教学工作。全面推进素质教育。加快教育改革，切实减轻中小学生过重课业负担，注重引导和培养孩子独立思考、实践创新能力。保证中小学生每天一小时校园体育活动。大力发展职业教育。引导高中阶段学校和高等学校办出特色，提高教育质量，增强学生就业创业能力。加强重点学科建设，加快建设一批世界一流大学。支持特殊教育发展。落实和完善国家助学制度，无论哪个教育阶段，都要确保每个孩子不因家庭经济困难而失学。

来源：2011 年《政府工作报告》。

(5) 教育管理中的问题。在你(你校)的工作中哪些问题是急需解决的？哪些是学校的教学常规管理问题？是学校课堂教学质量不尽如人意？还是学生的学习效果不理想？像这样一些问题往往就是你要寻找的课题。

案例 2－2　农村学校发展与管理中存在的主要问题

请参考下述案例中的分析，试图寻找自己比较熟悉的教育领域，提出相关问题。

农村九年一贯制学校建设与管理中急需解决的八个问题：

1. 领导班子搭建往往处于学校组建之后，导致管理混乱；

2. 招生数控制过紧，导致办学成本增加；

3. 县、乡两级政府的责任和权力交叉，导致管理者无所适从；

4. 学校组织机构的集权与分权矛盾；

5. 学校合并并没有导致教师的实际需求减少，与经验判断相反的矛盾；

6. 中学部和小学部教师不属于同一个职称系列，导致师资共享困难；

7. 校车的客观需要与校车在管理上的矛盾。

8. 寄宿制的客观需要与亲情无法替代的矛盾。

来源：林长喜. 农村九年一贯制学校建设与管理中急需解决的八个问题[J]. 教书育人，2008(23)：45－46.

安徽师范大学周兴国教授曾经对安徽省郎溪县农村义务教育进行调研，认为：

与几年前相比，目前农村教育问题主要不是集中的办学经费、教育投入等问题上。然而，这并不意味着农村教育发展的全部问题都已经解决。各种各样的问题仍然存在，如留守儿童问题，因布局结构调整而带来的闲置校产的处置问题、农村教师队伍的学科结构不合理和年龄老化问题、教师的教育教学理念不能适应新课程问题、学校场地狭小问题、校车安全问题、学校撤迁与奸商的矛盾问题、教师编制统计上的超编与实际缺编问题、农村学校数字教育问题、农村学校的标准化验室建设问题、教育投入问题、学校管理的功能定位问题、农村学校食堂卫生安全问题、寄宿制学校的管理与经费问题、农村幼儿园发展问题、普教职教协调发展问题、农村家长的教育取向问题(方便还是质量)等。

应该看到，教育理论对这些问题的关注是不够的。解决这些问题的策略与方法多来自于实践者的创造性的智慧，来自于他们对待教育的责任感与使命感，来自于现实问题不可悬置的现实紧迫感。不管这些方案是否能够从根本上来解决现实的问题，但是他们在尝试着，努力着，行动着。他们直面农民的孩子，直面农村的教育环境，直面农村教育的不完善。

来源：周兴国. 郎溪县农村教育调查手记. 安徽师范大学教育科学学院国家级质量工程建设工作简报，2009(4)：6－15.

(6) 以教材研究、教法研究和学生学法的研究作为选题来源。研究教材、教法是教师教学工作的核心内容。虽说“教无定法”，但“教学有法”，因此，这里有大量的文章可作。学生是教师最具体、最活跃的研究对象，学生的想法也许是幼稚的，但其中常常蕴涵着创造的火花；学生的解题思路也许是笨拙的，但这往往是聪慧的起点，学生的提问有节外生枝的地方，但往往能弥补教师思维上的疏忽，就连学生的解题错误，也有一定的研究价值。如："思维受阻的解脱策略"、"如何克服识图困难"、"凑'定和'或'定积'的若干技巧"、"倒数变换在解题中的技巧"、"数学公式变形要讲究'三有'"、"不等转化为相等的有效方法"、"实现命题等价转化的途径和方法"、"给学生机会，让学生参与——例谈让学生在错题改造中提高创新能力"、"别让学生为'无米之炊'——关于提问的思考之一"、"提出问题——数学创新的基础"、"问题意识——数学创造性思维的源泉"等。

(7) 以复习、考试、竞赛和命题或以解题思想、方法与策略作为选题来源。如"倡导探索鼓励研究——2001 年中考语文探索型试题的新特点"、"中考几何题探源分析"、"高考命题改革趋势之我见"、"影响数学考试成绩的十种心理"、"注重高考应试技巧防止答题隐性失分"等。

案例 2-3　某高中物理老师关于考试方面的论文清单

请根据下述论文清单，归纳总结出该老师关于考试方面的问题视角。

1. SOLO 评价：一种试题难度预估的新方法
2. 中美国家科学课程学业考试比较与启示
3. 浅析 2009 年天津高考物理试卷的特点
4. 五套高中课标《物理》教材习题设置的比较
5. 新课标下物理练习及习题配置的思考
6. 例说 X 射线产生的本质
7. 高中物理新课程学业评价对策研究
8. 年级课程管理委员会运作模式的实践与思考：基于新课程样本校的案例研究
9. 2008 年天津高考物理试题评析
10. 例说周期的内涵与外延
11. 国际教育评价中的科学探究能力测评简介及启示
12. 新课程背景下高中物理笔试的尝试与思考
13. 电池与灯泡实验反映出的性别差异
14. 共振演示实验的纰缪与装置的改进

15. 基于标准的科学课程学业考试:一种考试目标的分类框架及应用
16. 基于标准的科学课程学业考试:一种考试目标的分类框架及应用
17. 新课程物理高考考试大纲与课程标准的匹配性研究
18. “功与动能及动能定理”的编制研究
19. 新课标教科书中“斜抛运动”的编制研究
20. 新课程背景下高中物理模块测验两个相关问题的思考
21. 2006 年全国高考理综卷Ⅰ物理试题特点及其对今后教学和备考的启示
22. 标准答案折射的教育理念
23. 关于中考物理命题几个问题的思考
24. 接受式学习与探究式学习发生的碰撞:发生在课改实验区的教学案例
25. 新课程理念下中考物理试卷的能力结构
26. 新课标下中考物理命题的理论基础初探
27. 接受式学习与探究式学习发生的碰撞:发生在课改实验区的教学案例
28. 谈谈高考物理对设计实验能力的考查
29. 物理高考的结构效度检验
30. “教学大纲”、“考试说明”与高考命题
31. 情境改组 模型组合:例谈高考试题的命题技术
32. 1997 年《考试说明》应用研究
33. 解题的科学与科学地解题
34. 关于高考物理科命题的几个问题
35. 浅析 1996 年高考物理试卷的显著特征
36. 情境新颖的一道高考实验试题
37. 题型理论及其应用
38. 指导备考复习极需深入研究高考命题
39. 1996 年全国高考物理试卷评析
40. 从科研测试看高考命题
41. 一道高考试题的评价与启示
42. 试题评价亟须引入定量指标
43. 试题的特征曲线在试题评价中的应用

二、选择问题的原则

一个好的研究问题应该同时具有价值性、创新性和研究的可能性。

(一) 价值性原则

很多开题报告(课题申请书)要求填写的选题缘由(理论和现实意义)实际上指的就是选题价值。选题的价值表现在方向性、普遍性和针对性三个方面。

第一,方向性。选题要符合教育教学的基本规律和发展方向,符合人类发展的基本规律和基本价值,符合国家的政策法规。

案例 2-4　选题原则的分析材料(1)

试分析,下列材料是否体现选题的价值性?

9～12 岁具有不同攻击程度的儿童择友特点调查研究

——以六安市小学生为例

论证:目前,在小学生同伴关系研究领域中有关友谊的研究颇多,现有研究对儿童友谊的研究角度不尽一致,所提的对策也不尽相同,但都有一个"共识",积极健康的友谊关系对儿童身心发展具有重大作用。问题行为儿童是目前比较受关注的特殊群体。攻击性行为阻碍儿童社会性、个性、认知等方面的发展。对具有攻击行为的儿童的择友特点的研究有利于儿童社会性发展。

分析:"9～12 岁儿童具有不同攻击程度"本身是需要克服和解决的问题。把"择友特点"建立在需要克服的问题上,立足点存在方向问题。

第二,针对性。选择的课题要切合实际情况,针对教育教学研究或教育改革发展过程中的不良倾向、薄弱环节和突出矛盾。选择针对性强的课题进行研究,就有满足事业需求的现实意义和实际价值。①

如选题"大学校园中本科生不文明行为的研究",被研究主体是"本科生"。本科生的不文明行为与校园里其他群体的不文明行为相比,并不显得现象更普遍或问题更突出。所以,类似的选题缺乏现实的针对性。还有些选题乐于做古人或国外教育思想对当今教育改革的启示研究。这类研究必须具备两个前提。第一,所研究的思想在当今教育改革中没有体现出来;第二,当今教育改革中的突出问题迫切需要寻求理论上的

① 一项研究的实践意义,主要是标示该项研究对于实践的积极变化可能产生的影响。……对于基本理论研究,主要应评价它的理论意义,要求研究者说明这种研究的实践意义,是一种看似有理,实则无知的行为;同样,对于应用研究,主要应评价它的实践意义,要求研究者说明该类研究的理论意义,也是勉为其难的。(引自:刘昌.理论意义、实践意义、创新之处:兼答余孟孟同学[EB/OL]. http://www.science.net.cn/m/user_content.aspx?id=28129.)

突破。如果不具备这两个前提，这样的选题就变成了思想介绍，而不是真正的研究。

第三，普遍性。选择的课题要考虑其研究成果是否具有客观规律性和推广的普遍性。针对性更多是对选题本身而言，选题普遍性更多是对选题的目的和结果而言。普遍性愈强，课题的社会价值就愈大。当然，普遍性也是一个相对的概念，也有些研究是某个部门、某个单位为解决某个实际问题而做出的，普遍性的要求就不会太高。近几年比较热门的行动研究就属于这一类型。

案例 2-5　选题原则的分析材料(2)

试分析，下列材料是否体现选题的针对性和普遍性。

选题 1： 超编：制约农村小学教师队伍可持续发展的瓶颈及其突破

——基于对安徽省太湖县农村小学教师相关数据的分析

论证： 农村小学教师是我国教师队伍的重要力量，在农村普及九年义务教育、扫除青壮年文盲、提高全民族科学文化素质的工作中，发挥着基础性与关键性的作用。实现农村教师的可持续发展，保持教师队伍的年龄平衡和专业平衡，直接关系到农村经济以至整个社会发展的全局。然而，种种数据显示，我国现有农村小学教师存在年龄结构老化，专业结构失衡等严峻问题。可以说，按部就班地吸收年轻专业人才、更新教师队伍是解决此问题的关键。但是，农村教师特别是农村小学教师超编严重，使得补充年轻和急缺专业教师的工作举步维艰。

本研究试图以安徽省太湖县为例，对制约农村小学教师队伍可持续发展的超编现象做出分析。太湖县位于皖西山地南侧，地处大别山南麓，地势西北高东南低，依次为山地、丘陵和岗地。全县山地 1 242.41 平方公里，占 61.18%；丘陵 490.27 平方公里，占 24.14%；平原 77.37 平方公里，占 3.83%；水面 222.25 平方公里，占 10.85%。56 万人口，总面积 2 031 平方公里。从人口密度和地理环境上看，该县教师队伍状况具有全国山区县市教师队伍状况的代表性。

来源：辛治洋．超编：制约农村小学教师队伍可持续发展的瓶颈及其突破 [J]．教师教育研究，2010(1)．

分析： 此案例的针对性和普遍性明显。其一，安徽省太湖县教师队伍状况具有全国山区县市教师队伍状况的代表性，研究该县的小学教师队伍状况可以反映全国农村小学教师队伍状况。其二，本文研究的教师队伍超编问题正是当今教育发展过程中的突出矛盾，是人们普遍关注的焦点，选题具有针对性。

选题 2:“爱国”能否成为道德评价的直接指标?

——由两次道德调查结果所引起的思考

论证:为增强道德教育的实效性,教育部门有必要经常调查和评价学生的道德发展现状。由中国青少年研究中心、共青团中央宣传部课题组共同组织的“中国青年思想道德状况”调查发现:完全同意“作为一个人,当然要爱自己的祖国”的占83.2%;比较同意的占13.3%。类似的调查结果多次发表。然而,一次针对普通高中学生的问卷调查结果却让参与者们有些困惑。事情的大致情形是:受安徽省教育厅的委托,“普通高中新课程道德教育的研究”课题组在安徽省选择了六所普通高中发放调查问卷,进行抽样调查。问卷采用开放式设计,请求学生描述出他心目中“有道德”的同学的道德特征。在回收的912份有效问卷中,“有道德”特征共有2 276人次的描述,高居前10位的特征符合大众对中学生道德认知的基本要求,基本上与《中小学生守则》上的要求相当。但“爱国”作为“有道德”特征居然只有12人次被描述到,0.52%的低比例让人吃惊。

两次迥然相反的调查结果让人寻味。同样是“爱国”,为什么前后会有如此巨大的反差?是不是调查问卷的设计出了问题?在考虑到第一次调查问卷自身附带的情境性和提示性原因外,笔者认为,对“爱国”能否作为道德评价的直接指标的疑惑可能更接近问题的本质。或许,“爱国”作为一种道德存在,是一个可以拥有但却不能直接问出来的道德品质。

来源:辛治洋.“爱国”能否作为道德评价的直接指标[J].中国德育,2008(5).

分析:其一,从选题上分析,由于当下多数人一直把“爱国”作为衡量道德水平的一个直接指标,本文由此切入,用问卷的形式进行调查,得出了一个与常态论断大相径庭的结果,引人深思,研究视角独特,针对性强。其二,题中明确指出此项论断是由两次道德调查结果所引起的思考,范围明确,其第二次调查是基于在安徽六所普通高中发放调查问卷进行的,数据详实可靠,并采用抽样调查和开放式设计,具有普遍意义。

选题 3:高考综合成绩测评的公平性问题研究

论证:① 价值性:近年来高考中的教育公平性问题一直受到国家和人民的高度重视,为了进一步提高高考制度的公平性,促进学生知识与能力的全面发展,在原本单一的文化课知识外加入了综合测评的考察,特长加分政策看似公平的举措却又引起了众多争议,待深入的研究。② 创新性:查阅资料发现目前对此问题的研究也很多,但多是从宏观层面进行研究,微观层面的研究较少。故此研究采用微观层面的家庭为视角，即从家庭占有社会资本的不同引发的综合成绩测评的公平性问题来进行研究，试图获得更多的思路。③ 可能性：我对该题目保持浓厚的兴趣，并对高考综合成绩测评的公平性问题进行了系统的思考，已具备研究题目所需的大部分文献资料，且具备进一步获取资料的条件与渠道。

分析：从家庭的角度看特长加分在高考综合测评的公平性，是一个独特的视角，其研究具有一定的针对性。另一方面，对高考综合成绩测评的公平性问题研究，对完善高考制度具有积极意义，也体现了其针对性。高考综合测评的公平性一直是大家关注的问题，其研究方向亦具有普遍性。

（二）创造性原则

教育研究的目的是要认识前人没有认识或没有充分认识的教育规律，解决他人虽然认识但还没有解决或没有完全解决的教育问题。这种问题，要么是别人没认识到，要么是别人认识错了，要么是别人认识得不深入。由于实际情况不同，课题的创新一般可分为三个层次：

1．观点创新

提出新观点，主要来源于对现实问题的洞察和对别人观点的批判。

观点创新是创新的最高层次，就是提出一个与别人截然不同的观点，但注意不要为了提出观点而提出观点，而是真的发现自己与别人对此问题的认识不一样，切实提出新的观点。比如，研究底线道德，首先将关于底线道德研究的所有成果都搜索、整理、陈列出来，发现大家的观点都是肯定它，都认为要提倡底线道德。而你凭直觉认为，底线道德是一个虚假而危险的命题。那么，如果你能详细地且有力地证明其虚假和危险，就属于观点创新。

2．方法创新

运用新方法，主要源于思维的开拓和研究方法的模仿。

方法创新可以通过逻辑思维训练，阅读哲学书籍，模仿别人的思维，以致最后形成自己独特的思维方式。如前人关于此问题的研究主要采用的是文献资料法。若你和他们的观点基本相同，但你觉得他们的研究有所欠缺，比方说，缺乏现实的调查和数据，你就可以进行调查研究、访谈研究等，寻找现实根据。这便是方法创新。

3．材料创新

运用新材料，主要源于生活的积累和广泛阅读。

如果你研究的问题与别人的观点和方法都相同，这时你能做的就是研究材料的创新了。别人如果是全国性的抽样研究，而你就可以选取典型省份和地区进行抽样研究，这样获得的数据就可能与别人不同。这样的创新就属于材料创新。

为保证研究的创新性，选题论证（报告）必须认真做好文献综述工作。我们做文献综述，目的不是为了找别人的资料而找别人的资料，而是通过综述别人的观点、方法（过程）和结论，以此观测本人研究的可能创新点何在。

案例 2-6　选题的创新性分析材料

试分析，下列选题是否具有创新性？

选题：论幼儿绘画教学对想象力的培养

论证：① 必要性：首先，选题符合规划部门的设计，符合国家哲学社会科学研究“十一五”（2006～2010 年）规划“教育学”部分——当代学校美育、艺术教育的理论及有效途径；其次，在 2009 中国教育研究前沿与热点问题年度报告中提出发展学前教育具有重要意义；再次，绘画教学对想象力的促进作用已是不争的事实，在幼儿园的绘画教学中掌握培养幼儿想象力的方法是很有必要的。② 可能性：幼儿学习绘画主要是通过教学活动来完成的，通过绘画教学培养幼儿想象力是一条有效的捷径。而教师在绘画教学中扮演着重要的角色，因此，如何充分发挥绘画教学的特有魅力，培养幼儿在活动中的想象力，关键在于教师是否正确认识到绘画对发展幼儿想象力的促进作用，关键在于教师是否正确掌握了培养幼儿想象力的方法。③ 可行性：许多学者、专家对此进行了深入的研究。主要分析了绘画教学是如何促进幼儿想象力的发展，并提出了相应的培养方法。这些都对幼儿想象力的发展产生了积极的影响，并给教师的教学实践提供了大量的理论指导。本文的创新之处在于全面地从培养目标、教学内容、教学方法、教学环境和教学评价这五个方面重点阐述如何在绘画教学中培养幼儿想象力。

分析：这一选题从作者表述中可以看出没有创新性，尽管作者强调“本文的创新之处在于……”但是他的观点与前人的观点相同，都认为绘画教学能够促进幼儿想象力的发展，并有人已经提出相应的培养办法，作者没有进行材料创新，还是对绘画培养儿童想象力的方法研究，并没有进一步研究具体的不同情况，得出的结论必然会大而泛之，没有创新性。

（三）可能性原则

有些题目是有价值的，研究起来可能也有创新性，但是它却不一定适合研究，因为它不具备可能性。选题的可能性原则就是要选择具备一定条件，且通过主观努力可以进行研究，并有成功可能的合适课题。研究的可能性主要从两方面得到体现：

第一，研究者主客观条件是否具备。

主观条件是指研究者的知识结构、智力层次、研究能力、思想水平、科学品格、心理素质、专业特长和兴趣爱好等。客观条件是指课题研究所必需的资金设备、文献资料、研究基地、协作条件及领导的关注、家庭成员的支持、相关学科的影响和社会环境等等。而一般课题申请书中要求申请者填写的“已取得相关研究成果的社会评价，如引用、转载、获奖及被采纳情况，主要参考文献；课题负责人的主要学术经历；主要参加者的学术背景和研究经验、组成结构，如职务、专业、年龄等；完成课题的保障条件，如研究资料、实验仪器设备、配套经费、研究时间及所在单位条件等。”也主要是在考察申请者研究此问题的可能性是否具备。

如汶川大地震后，各类国家级和部委课题指南中都有关于灾后的很多心理问题、品德问题、教育问题等大量选题。但这些选题却不一定适合中东部的学者做，因为中东部学者没有直观的地震生活体验，也缺乏了解现状的各种方便条件。

案例 2－7　选题的可能性分析材料(1)

试分析，下列选题是否遵循了教育选题的“可能性原则”？

选题：民国时期教育研究史管窥

论证：① “从历史角度反思教育研究，开展教育研究史研究无论在国外还是在国内都还比较少。当前我国教育史研究仍处于全面的危机之中，开展教育研究史研究不失为一种教育学术史研究的进路。”② 民国时期教育名家辈出，教育思想繁多，在中国教育思想史上绽放着耀眼的光芒。对这一时期教育学术思想的研究，可选资料丰富，可供研究的视角也多。③ 此项研究可为教育研究者提供一种全新的思考教育研究问题的视角——学科自身历史。

分析：如果创造条件，该选题符合可能性原则。关于民国时期的教育研究需要很详实的历史文献资料，这些文献可以到南京的中国第二历史档案馆中寻找得到。但对于一个刚入学的研究生来讲，是否具备研究民国时期的教育研究史的知识结构值得商榷。

有两个需要研究生选题时注意的问题：① 与导师的研究方向保持一致性，或者做导师课题的子课题，或者做导师课题的相关课题，但注意不要复制导师的课题。② 争取让导师的研究成果成为你课题的重要参考资料。

案例 2-8　选题的可能性分析材料(2)

试分析,下列选题对于"教育学原理"的研究生而言,是否具有选题的"可能性"?

选题:小学教师职业幸福感的调查研究(以某一附属小学为例)

论证:问题的提出。幸福是亘古未变的话题,随着人们生活水平的逐渐提高,人们对幸福感给予了更大的关注。幸福感是影响生活质量的关键因素,如何通过提高人们的幸福感水平来改善人们的生活质量成为人们关注的话题。小学教师是基础教育质量得到保证的关键因素,提高他们的职业生活质量有利于提高基础教育的质量,因此,小学教师的职业幸福感状况成为人们关注的话题。曾有人发出这样的疑问"教育何以长盛不衰?"有人这样回答:教师队伍是教育发展的关键,是灵魂,是根本,让教师感到成长的快乐,让教师真正体会到"工作着是美丽的"。本研究以某小学为例,试图真实展现当地小学教师职业幸福感状况。

分析:"教育学原理"的研究生研究心理学领域的问题,不符合"可能性原则"客观要求中的专业特长方面的要求。对于"教育学原理"的研究生来说,专业和研究方向是教育学的基础知识与原理。而这一课题更多是一个心理学问题,与该专业和专业方向不一致。这样一来,由于选择了一个非专业领域的问题,自己不熟悉,导师也无法提供专业指导。

可能性原则并非指课题研究能直接改变现状。

第二,课题的难易大小是否合适。

小而容易的课题研究顺利,成功率高;反之,大而难的课题遇阻受挫机率"大",成功率低。就一般规律而言,选题应从易到难,从小到大。题目大小,主要是由研究所牵涉到的变量决定的。变量多,则选题大,变量少,则选题小。有时候,研究问题的大小并非能从课题名称上直接判断。有时候课题名称看起来是一个变量的词汇,但因为其中必然蕴含着很多变量,或者可以分解为几个变量。这样看起来是个小的选题,实际上却是个很大的选题。所以,我们不能从题目,而要从研究假设和研究目的来看选题的大小。有些初学者不懂得这个规则,以为大题目就是比较简约化的题目,而小题目就是有很多限定词的题目。情况可能恰恰相反。一大堆限定词,不仅在提示研究问题本身应该具有的特殊性和多变量,也可能让研究者无病呻吟,以为自己在做一个具有特殊性的研究,但研究过程与结论往往"放之四海而皆准"。

三、研究问题的确定

（一）从研究领域走向研究问题

当被询问选了一个什么课题进行研究时，选题者往往回答说，我准备研究“地方课程”、“绩效工资”、“寄宿制学生的管理”等问题。实际上，这些所谓的问题只是研究的领域，而不是研究的问题。研究问题与研究领域的区别是，我们能够为前者寻找一个确定的答案。这个答案要么是事实性的，要么是价值型的，都尝试在追问一个事实的“是”与“否”（“有”或“无”），或者价值的“善”与“恶”（“好”与“坏”）。既然是问题，那么在表述上必定是疑问句形式。如某同学在回应“教育理论与教育实践”的关系时，他就提出了如下的问题：

“但是，在这些活动或活动的过程当中，有没有某一方面的过程哪怕只有一点点，是能够遵循群体性的研究结果中的某一方面而进行的呢？”“但是，是不是总是会存在一点点，哪怕只涉及很小的一部分，能够指导具体中的某一方面进行呢？”“但是也应该不会完全不同吧，至少是不是相类似呢？”“但是，在他所有的工作中存在着一些工作是可以根据这样的操作性理论来进行的？”“所以，我想，理论在某种程度上，哪怕只有一点点，是不是也是能够指导实践中的某些情况？”

又比如，在关于学生打小报告的研究领域中，我们也可以尝试着提出诸如下列问题：

小报告与（大）报告有区别吗？
小报告是告密行为吗？
小报告属不属于举报？
哪些学生喜欢打小报告？
学生在小报告中报告的是哪些问题？
教师该不该提倡学生打小报告？

（二）研究问题的细化与课题的表述

研究课题形成之初，只是一个宽泛粗略的课题，它可以来源于研究者的经验和兴趣，也可以来自对文献的查阅或对理论的思考。这时的课题通常是朦胧模糊的，抽象笼统的，只是大概的研究方向或范围。如“如何有效地提高学生的学习兴趣？”、“如何有效地防止学生作弊?”等等。课题细化就是对初定的课题进行分解,将与研究问题相关的因素罗列出来。细化的途径主要有两个:一个是形式上的,从不同的视角和途径将某问题分解;另一个是内容上的,从研究问题的子概念将问题细化。

菜单法是我们使用得比较多的细化方法。菜单细化法是从一个总研究方向出发,不断地分解具体的因素,从而使研究课题具体化、可操作化。研究选题中的下拉菜单类似于计算机程序中的下拉菜单,这种方法是将某一研究范围分成许多类别。具体过程见图 2-1。图 2-1 表明,当我们要研究学生的学习效果时,可将影响学习效果的有关因素尽可能地罗列。

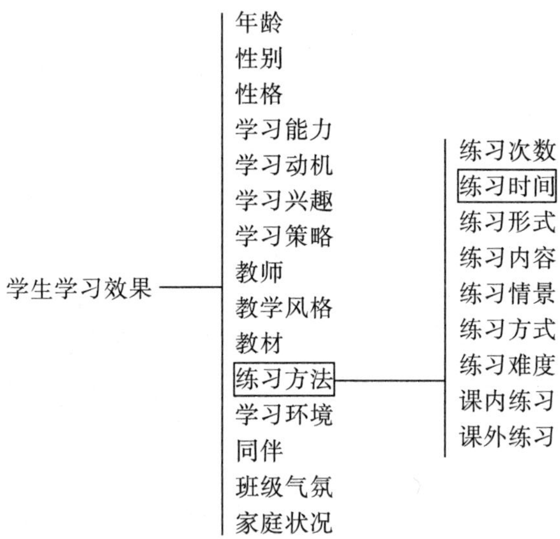

图 2-1　研究课题分解菜单示例

问题细化的过程也往往是研究的聚焦过程。当研究者发现一个单项的研究很难研究所有影响学生学习效果的因素时,可以选中“练习方法”作研究,但如果仍然感到“练习方法”范围太大,难以操作时,可以将“练习方法”再作分解,最后我们的课题焦点落在“练习时间”上,研究课题可以表述为“练习时间与学习效果的关系研究”。①

如果对一个问题中牵涉到的两个变量(关键词)进行细化,如将“小报告”和“告密”分别细化,那么细化后的子变量就可以互相配对,产生更为具体的问题。从理

① 陶保平. 研究设计指导[M]. 北京:教育科学出版社,2004:30-37.

论上说，多维配对细化法所产生的课题数量是各个因素数量的组合。我们以教学因素这一列中的“教师因素”为例，教师因素可以分别和教学活动中的每个项目组成课题，如：“教师因素与班级组织形式”、“教师因素与师生关系”、“教师因素与教学计划”、“教师因素与教学目标”、“教师因素与学习方法”、“教师因素与教具”等。同样道理，教师因素也可以分别和教学效果中的每个项目组成课题。每一领域分解的因素越多，可以组合的课题也就越多。在如此众多的课题组合中选择，必定存在有价值的研究课题，必定会有他人想也没有想到过的、有新意的研究课题，研究者选择课题的余地就会大得多。

案例 2-9　“涂写课桌方式的作弊现象研究”的问题细化

一、涂写时间

1. 大部分学生选择什么时候将可能的或确实的答案涂写在课桌上？

2. 如果提前若干天涂写，会有什么样的顾虑？

3. 如果抓紧开考前的数十分钟或更短的时间涂写，又会有什么样的顾虑？

二、涂写位置

4. 大部分学生将可能的或确实的答案涂写在课桌的哪一个方位（或哪一方位的课桌）？

5. 涂写在这些位置的原因或理由是什么？

6. 涂写位置的选择遵循什么样的原则？

三、涂写内容

7. 涂写的内容多是文字还是数字还是其他符号？

8. 涂写的内容属于哪些学科？

9. 这些学科为什么会使学生采用这种方式作弊？

10. 涂写内容多是需要文字表达较多的大题目还是较为简单的小题目？

11. 这些内容整体呈现什么样的状态？是紧凑还是分散？是块状还是条状？等等。

12. 供学生涂写的可能或正确的答案从何而来？

四、涂写工具

13. 涂写时所使用的笔是什么？

14. 这些笔呈现什么样的特点？

15. 这些“特殊用笔”是否真的有什么特殊之处？或者说，与正常用笔有没有什么不同？

五、涂写人

16. 多是哪些学生采用这种作弊方式?

17. 这一作弊方式有没有集中在哪些专业的情况?

18. 这一作弊方式有没有集中在哪些学习成绩层次的情况?

六、涂写原因

19. 首先毫无疑问的,当然是想作弊,当然这同时也是目的。

20. 是否因为考前没有复习好?

21. 还是因为考前复习过了,只是对自己没有信心?

22. 如果是因为考前其他事务过多以致没时间复习才出此下策,该如何理解?

23. 如果该门课考试范围实在太大,不知从何处复习起,才出此下策,该如何理解?

24. 如果学生认为该门课课程枯燥乏味,考试死板单调以致懒得复习而出此下策,该如何理解?

七、涂写目的

25. 如果考前老师已经给出了详细答案范围,涂写的目的是否为了全部命中考题?

26. 如果考前并无较为确定的答案,涂写目的是否希望能够命中考题?

27. 作弊目的能够在多大程度上实现?

28. 是什么决定了或影响了目的的实现的程度?

八、作弊(指采用眼下讨论的将可能或确定的答案涂写在课桌上的模式,下同)过程

29. 是直接看涂写上去的内容还是采取较为隐蔽的方式(比如用试卷遮住偷偷看)?

30. 如果监考老师已经怀疑某学生有作弊嫌疑,这时该学生通常是否打消作弊的念头?

31. 如果作弊被发现,是否会推说课桌上的答案不是自己涂写上去的?

32. 对于上一情况,监考老师如何裁定?

九、作弊方式的特点

33. 这种作弊方式有什么优点? 有什么缺点?

34. 对比其他作弊方式,选择这种方式的学生的比率有多大?

35. 采用这种作弊方式作弊成功的概率是多大?

十、作弊之后

36. 考试之后是否会将所涂写的东西清理掉？

37. 为什么要将它们清理掉？

38. 一般会选择什么样的时间来进行这个清理工作？

十一、作弊心理

39. 作弊之前是否会有顾虑？

40. 开始考试后会不会因为监考老师强调作弊被发现的后果之严重性而放弃利用所涂写到课桌上的答案作弊？

41. 作弊时心里是否担忧被发现？

42. 如果作弊成功，是否会庆幸自己的作弊方式很好？

43. 如果作弊失败被老师发现，是自责不该作弊还是自责所选作弊方式不够高明？

44. 如果作弊并未起到预期作用，涂写到课桌上的内容几乎甚至全部没用到，学生作何感想？

十二、价值判断

45. 作弊行为无疑是错误的，这关系到诚信的问题。

46. 但作弊存不存在正当的理由？

47. 存不存在不妨碍学术诚信度的作弊行为？

(初步拟定上题答案，作弊没有任何理由。)

十三、对　策

48. 首先，有没有改变这一情况的可能？

49. 如果有可能，采用哪些具体措施？

50. 如果无法根本改变这一作弊行为，那么根源在哪儿？

51. 通常的诚信教育能否杜绝这一作弊现象？

问题细化到什么程度才合适？这主要取决于研究者(或团队)的研究条件和能力。研究问题经过多次的筛选、聚焦后，变得比较具体明朗了，再从价值、创新、可能三项原则上作些考虑，研究问题大致就可以确定了。但研究问题并不就是研究课题，研究者必须将研究问题转换成研究课题，必须用简洁的文字表述一个真正的研究题目。如果说，选择一个合适的研究问题，是研究成功的一半，那么准确表述一个研究题目，就是已经回答了研究问题的一半。

表述选题主要目的是为了向别人论证该选题的价值与研究的可能。所以，选题表述要尽量客观科学地呈现选择的问题。这些问题一般包括“研究什么现象(变量)”、“探讨何种规律(关系)”和“主要使用什么方法”三个部分。

如:考试的地区差别与少数民族问题的调查研究;促进教育公平的问题研究。

区别于选题表述的是,论文的标题表述的范围很宽,可能是研究结论,研究现象,也可能是研究中的某种感受。同时,论文的标题往往喜欢采用形象化的语句来修饰,达到吸引阅读者的目的,而课题的名称是不需要作此努力的(论文标题的表述方式将在写作章节中具体描述)。

案例 2-10 “课题名称”表述中容易出现的问题

在课题名称的表述中,容易出现的问题有:

(1) 错将“课题名称”等同于“论文题目”,见表 2-2。

表 2-2 课题名称的修改案例 1

原课题名称	修改后的课题名称
公平视角下民办高校与公办高校毕业证差异度分析	公平视角下不同办学性质的高校毕业证差异研究
网络环境下女研究生人际交往能力的弱化及其对策分析	网络环境影响女研究生人际交往能力的比较研究
新型网络课程资源的开发对于我国课程建设的作用	新型网络课程资源的利用研究
大学生心理健康教育现状分析与对策	大学生心理健康教育现状的调查研究
我国高校大学生勤工助学活动的思考与反思	大学生勤工助学的问题研究
论教育人文精神的失落	教育的人文精神研究

分析:论文题目和课题名称虽然有时候可以同一,但由于各自的任务不同,总体来说还是有一些差异。论文题目的任务有二,一是准确地概括论文的观点(如果观点比较分散,那就应该精准地呈现论文的研究主题和范围),二是采用生动的表述方式吸引读者的注意。相对来说,课题名称的任务主要是,科学客观地呈现研究的主题和范围,以使课题的评审者和研究者能准确地把握课题性质、研究目的和研究内容。所以,课题的表述要尽量平实、客观,一般不要直接呈现观点,也

不应该将研究的范围太过于局限于某篇论文所容纳的信息。

（2）课题名称冗长累赘，见表2-3。

表2-3 课题名称的修改案例2

原课题名称	修改后的课题名称
国家现行政策对进城农民工随迁子女的教育公平影响研究	公平视野下进城农民工子女的教育政策研究
关于留守儿童学业状况的研究	留守儿童学业状况研究
关于弱势学生群体教育问题的研究	弱势学生的教育问题研究
中小学生课外辅导班隐藏的教育缺失问题研究	课外辅导班折射的教育缺失问题研究

分析：课题名称只要能直接反应研究的主题、范围乃至不同变量之间的关系就可以了，需要将一些约定俗成的（"课外辅导班"一般会被认为是"中小学生的"、"进城农民工子女"就可以指代"进城农民工随迁子女"）、无信息含量的（"关于"）的词汇尽量删除。

（三）研究目的的提出

研究目的是研究的基本意图，是研究内容的焦点，也是研究行动的指南。唯有明确的研究目的，研究资料的收集才有依据，研究结果的解释才有意义。因此，课题设计的首要任务就是确定研究目的。提出研究目的是课题研究具体化的步骤之一。为了清晰地表明研究意图，在表述研究目的时需注意①：

1. 以陈述句来表述

陈述句一般开门见山，直奔主题，常用句式"本研究的目的是……"、"本研究探讨的内容是……"等。例：

本研究的目的在于了解小学生的阅读兴趣；

本研究旨在调查中学生抽烟现况，并分析抽烟的原因；

本研究的主要目的是探讨男女分班教学对中学生两性态度的影响。

以上三个研究目的的表述都提示了探究行动，如"了解"、"调查"、"分析"、"探讨"

① 吴明清. 教育研究：基本观念与方法之分析［M］. 台北：五南图书出版公司，1991：186-189.

等词语，三句话的表述语意清楚，任务明确，使用概念具体，可操作。

2. 提示研究变量与研究对象

研究目的的表述可以从研究变量或研究对象着手，使人一看研究目的就知道研究变量和研究对象。通常，研究目的提示变量的特征；提示变量特征的群体差异；提示两个变量之间的关系（相关、因果）。例：

本研究旨在调查小学教师的职业道德（变量特征）；

本研究的目的是比较中学男女学生的学业成就（群体差异）；

本研究的目的是要分析小学生识字量与语文学业成绩之间的相互关系（一般相关）；

本研究的主要目的是要探讨挫折对儿童攻击性行为的影响，并进一步比较这种影响的性别差异（因果关系）。

3. 提示的变量、对象须与研究的其他部分一致

研究目的所提示的研究变量与研究对象必须与研究题目相符，不可逾越研究题目的范围。

4. 提示可以研究的具体问题

变量及其关系的性质决定研究的可能性，有些变量过于抽象，以至于无法具体操作，有些关系过于笼统、复杂、或涉及价值判断，以至于无法由实证资料的收集与分析来解释，使之成为不可研究的问题。提示变量及其关系时，一定要考虑可以操作并能进行实证检验。例：

本研究的目的在于了解我国中学教育的品质（“教育品质”具体操作不易）；

本研究的目的在于探讨中小学行政人员的能力（“探讨行政人员的能力”具体操作不易）；

本研究的目的在于分析师资培训是否应多元化（涉及价值判断，无法实证检验）。

5. 分条列举复杂的研究目的

对于比较复杂的研究，由于研究变量多，分析的层面也广，如果以单一的陈述句来说明研究目的，常常流于抽象笼统，或不切实际。采用分条列举的方法，可以涵盖广阔的研究范围，提示具体的研究项目。例：

本研究旨在探讨九年义务教育的实施情况，其具体的研究目的如下：

了解中小学的师资结构；

分析中小学学生就学与在学情况；

调查中小学校舍建筑数量及其使用情况；

探讨中小学学生家长对学校的意见；

研究结果为决策部门改进和发展义务教育提供参考。

一般列举具体的研究目的，3～5 条为宜，少了失去列举的意义，多了则流于繁琐。

案例 2-11 "研究目的"表述中容易出现的问题

(1) 误将读者认可研究结果后可能的行为及后果当成研究本身能抵达的目的，见表 2-4。

表 2-4

课题名称	原研究目的	修改后的研究目的
2011 级安徽师范大学本科生毕业期望的调查研究	针对我国严峻的就业形势和考研热不断升温的现状，了解大学本科毕业生就业期望与考研的相关性，从中发现学生就业期望中存在的问题，并对问题进行剖析，提出相应的对策和建议，有助于引导应届大学毕业生转变就业观念，端正就业心态。同时，要求高等学校应主动承担毕业生就业工作的责任，政府应为高校毕业生创造良好的就业环境	了解大学本科毕业生就业期望与考研的相关性，从中发现学生就业期望中存在的问题，并对问题进行剖析，提出相应的对策和建议
弱势学生的教育问题研究	本研究的目的主要有以下几个方面：(一)提高弱势学生群体的学习成绩；(二)提高弱势学生群体的校园生活质量；(三)消除弱势学生群体在人际交往中的问题和障碍	寻找弱势学生学习成绩较差的成因，了解弱势学生的校园生活质量，进而分析弱势学生在人际交往中的问题和障碍

(2) 研究目的表述啰嗦，将很多背景性的内容当成了研究目的，见表2-5。

表 2-5

课题名称	原研究目的	修改后的研究目的
旅游管理专业毕业生流失的现状研究	旅游管理专业在我国的发展只有将近二十年的时间,但是在我国高校已经成为工商管理系普遍设置的二级学科。主要是因为近年来中国旅游业的蓬勃发展,为其毕业生提供了广阔的就业空间。然而根据众多高校的就业反馈来看,旅游管理专业的学生一次性就业率在90%以上,对口就业率平均在70%,可3年之内的流失率几乎达到90%,即3年内稳定在旅游企业工作的学生不足10%。研究这个问题,有助于让一些高校在开学伊始就着手开展专业思想教育,构建科学的知识结构,帮助学生分析个性与职业之间的匹配,充分认识和定位服务性行业,树立正确的职业观念、目标,培养竞争意识,做好职业生涯规划设计,坚定学生从事旅游业的信心。还有助于……	本研究的目的在于了解多年来存在的旅游管理专业毕业生大量潜流失的原因,并为解决这一问题提供一些方法

第二节　形成研究假设

选定研究课题后,研究者对于研究问题的性质、研究的范围与重点会有比较明确的认识。这时,研究者心目中大体有了研究问题、问题的意义以及可能性,应该从哪个方向、采用何种方法来设计研究的框架。为了实施具体的课题研究,研究者还必须进一步确定研究目的或主题范围,形成基本的研究假设。

一、研究假设的提出

假设在日常处理问题过程中是大量存在的。例如,教室里有一盏灯不亮,这是一个需要我们去解决的问题。我们会去试一下开关。这就意味着我们假设灯不亮的原因可能是开关没开。如果试一下开关,灯亮了,这就证实了原先的假设,问题得到解决。如果试一下开关,灯仍不亮,便否定了原先的假设,说明灯不亮的原因不是开关问题,这时我们会继续假设:启动器出了毛病,我们会去换启动器来验证假设。灯管坏了,我们会去换灯管来验证假设等,直到最后解决问题。总之,在解决问题的过程中,在任何验证性的活动前,总是会有假设作为行动的基础和指南。

教育研究与上面处理问题的过程相似。通常研究要探讨的是两个变量之间的相互关系,在尚未获得结果之前,研究者事先要提出一种暂时性的、有待验证的答案,然后通过收集合适的资料来验证假设。例如,当研究教学方法与学业成就的关系时,我们总会提出新的教学方法的效果要优于传统的教学方法的假设,或提出采用新的教学方法能大大地提高学生的学业成绩的假设,然后通过收集事实或数据来验证提出的假设。

问题例 1:左撇子是否更具有创造力?

假设例 1:与右撇子相比,左撇子在思维流畅性、变通性和独创性测验上的得分显著较高。

问题例 2:教师对学生的评价是否影响学生的自我评价?

假设例 2:如果教师增加对学生的积极评价,学生的正面自我评价将显著提高。

问题例 3:教师的教学监控能力、学生学习的自我调节策略和学生的学习之间有何关系?

研究假设 3.1:如果提高教师的教学监控能力,则学生学习的自我调节策略知识和运用水平均会显著提高;

研究假设 3.2:学生学习的自我调节策略知识和运用水平与学生的学习成绩具有正相关性;

研究假设 3.3:教师的教学监控能力对学生学科成绩的影响是以学生学习的自我调节策略知识和运用水平为中介的。

研究假设(research hypothesis)是研究者根据经验事实和科学理论,对所研究的问题预先赋予的有待验证的暂时性答案,是对研究结果的预测,是对课题涉及的主要变量之间相互关系的设想。在有假设的研究中,整个研究过程实际上就是围绕着验证假设展开的。当然验证的结果并非总是假设被证实,也有被证伪的可能性,但是不管最终结果如何,假设就像大海中的航标,为研究指明方向,使研究不偏离航向。

在教育研究中,预先提出假设的研究称之为有框架研究,没有明确提出假设的研究称之为无框架研究。即使是无框架研究也并不意味着没有假设,而是没有把隐含的假设明确提出来罢了,正如我们在池塘边钓鱼这个行为本身就已隐含了池塘里有鱼这个假设一样。

假设的提出方式主要有两种,分别是:归纳假设和演绎假设。归纳假设来自于研究者对行为的观察,研究者凭自身的经验和知识去构建假设。如:采用讨论式的教学方法的效果要优于讲授式的教学方法的效果。用归纳法来推论包括前提和结论,前提是一些个别事物或现象,而结论则是关于事物或现象的普遍性判断。因此,归纳法是从个别到一般的推理过程。如人们根据经验发现"张三会死、李四会死、王五会死"等个别现象,最后归纳出"凡人必死"的命题。演绎假设来自理论,因此更易于检验理论和推广应用。用演绎法来推论涉及逻辑三段论,形成研究假设的过程如下:大前提:凡生物必死;(普遍原理)小前提:人是生物;(个别结论)结论:凡人必死。

按照研究假设中牵涉的变量关系,我们又可以将研究假设分为三类:①

(一) 条件式

假设两个变量有条件关系。即如果 A 成立,则 B 也成立,即 if A,then B。这是假设的典型模式,在表述上采用"如果……,那么……"的标准逻辑句型。例如,如果摩擦,那么就会产生热。如果铜被加热,那么它就会膨胀。如果教师采用言语强化的方式来教学,那么学生的课堂行为就会改变。

(二) 差异式

假设两个变量之间在程度上存在差异关系。如,可假设 $A=B$;也可假设 $A\neq B$;可假设 $A>B$;也可假设 $A<B$。如果 A 代表讲授式教学方法,B 代表讨论式教学方法,我们可以分别作如下假设:

(1) 讲授式教学方法的效果等于讨论式教学方法的效果($A=B$)。

(2) 讲授式教学方法的效果不等于讨论式教学方法的效果($A\neq B$)。

(3) 讲授式教学方法的效果优于讨论式教学方法的效果($A>B$)。

(4) 讲授式教学方法的效果差于讨论式教学方法的效果($A<B$)。

(三) 函数式

假设两个变量之间存在因果共变关系,并且用数学形式表达。如果 X 表示原因,Y 表示结果,那么函数公式就是 $Y=f(X)$,表示"Y 随 X 的变化而变化"的函数关系。

① 陶保平.研究设计指导[M].北京:教育科学出版社,2004:53.

即,如果“X”是这个值,那么“Y”是那个值。假设用数字形式表示意味着假设的精确性。例如:“男孩的侵犯性行为是女孩侵犯性行为的二倍。”

二、研究假设的特征①

研究假设在整个研究过程中应该起到定向和统领的作用。一个好的假设既便于研究者把握研究的主攻方向,又易于别人理解课题内容。为此,研究假设应该做到:

(一) 一个研究假设只能涉及两个变量

研究假设必须提示两个变量之间的关系。如果涉及多个变量之间的关系,可将变量一一对应地分成几组假设。例如要研究教师的文化程度和教学经验与学生的学业成绩的相互关系,这里涉及三个变量:教师的文化程度、教师的教学经验、学生的学业成绩。我们不要将假设表述为“教师的文化程度和教学经验与学生的学业成绩呈正相关”。因为教师的文化程度和教学经验这两个变量混在一起,研究难以验证学生的学业成绩究竟是教师的文化程度起决定作用,还是教师的教学经验起决定作用,或是教师的文化程度与教师的教学经验组合后产生的作用。我们应该将三个变量分为两组假设分别进行验证:

教师的文化程度与学生的学业成绩呈正相关;

教师的教学经验与学生的学业成绩呈正相关。

(二) 研究假设要设想两个变量之间的期望关系

研究假设涉及两个变量之间的关系,在一个假设中必须就两个变量的关系明确提出某种设想。有些假设虽然也描述了两个变量,但没有表明彼此之间的可能关联,没有反映两个变量间可能的变化形式,这样的研究假设就不符合规范。如:“小学生的语文学业成绩和数学学业成绩都好”,这个假设仅提及“语文学业成绩”和“数学学业成绩”两个变量,未说明两者之间关联情形,因此不能算作研究假设。我们可以这样来表述假设:“小学生的语文学业成绩和数学学业成绩呈正相关”;“学习策略对语言能力的提高有重要影响。”

自变量和因变量的关系是真实存在的,而不是想当然的关系。

① 陶保平.研究设计指导[M].北京:教育科学出版社,2004:56-59.

案例 2－12　“自变量”与“因变量”关系的真实性分析

课程改革背景下的课堂教学如何更有效地组织和实施(教师如何进行有效课堂教学)

基础教育课程改革中的教学评价

新课改下小学语文课本中反面角色的道德教育

试分析，上述选题中，课程改革与另一变量之间的关系是真实存在的，还是想当然的？

分析：第一个假设是真实存在关系的两个变量，课程改革影响老师的课堂教学。第二个假设也是真实存在关系的两个变量，教学评价的改革是基础教育改革的一部分。而第三个假设就有些想当然，不论课改不课改，反面角色的道德教育都是一个同样存在的问题，不存在因果关联。

（三）用陈述句形式简洁明确地描述

研究假设不要用疑问句形式，因为假设是研究者对研究结果预先赋予的答案，一种可能的解释和说明，而不是问题，不要把问题转问他人。像“学生的学业成绩与师的文化程度有没有关系？”这种假设是没有意义的，因为研究者没有对这个问题的果作出推测，这个问题原该研究者回答的，而不是研究者去问别人。

另外，假设的表述应尽可能明确具体，概念要简单，语义要清楚，要直截了当，不隐含在文字描述之中。研究假设的结构要规范，假设命题本身要符合逻辑，一般一假设用一句话来表述。假设中尽可能避免用含义模糊的形容词。请看下面这个假设“聪明的学生对学校的态度好”。在这里“聪明”、“态度”、“好”这些词太宽泛、太笼不能明确表示研究中的具体问题，人们会继续追问：怎样的学生是聪明的？态度具指哪些方面？好的具体指标有哪些？这些问题不解决，研究假设就无法检验。如果们用以下的假设表述就比较具体明确，可以检验：

“学业成绩排列前十名的学生比学业成绩最后十名的学生更喜欢学校生活。”

“智力测验分数与态度测验分数呈正相关。”

有时，当我们难以用完全肯定或完全否定的句式来表述时，可以用条件肯定或件否定的句式表述，如：在小学阶段，教师的教学经验与学生的学业成绩呈正相关；中学阶段，教师的文化水平与学生的学业成绩呈正相关。

（四）变量之间的关系应当是可检验的

研究假设必须是可以验证的，无法验证的假设是不能作为研究假设的，因为人们无法检验假设的有效性。假设必须指示变量之间的关系和变量的测量方法，作为检验假设及判断事实的基础。

假设可检验的条件是：假设中的主要变量可以数量化或能以可操作的形式来重新表述。如，学生的学业成绩可表述为在某一标准化测验上的得分；教师的文化程度可按教师的学历层次划分为初中、高中、大专、本科、研究生等；教师的教学经验可按教师的教学年限的长短划分为1～5年、6～10年、11～15年、16～20年、21～25年、26～30年等。当假设中的变量具体化到这种程度，假设便具有被检验的可能性了。因此提出假设时，研究者应尽可能避免使用概念过于抽象，范围过于宽泛，并且不易操作量化的变量。如“学生的素质与其遗传基因有关”这样的假设，虽然已具备研究假设的形式，但能否通过收集事实和数据来验证就值得考虑了。因为从这个假设中，我们不清楚学生的素质具体指什么，如何去操作，遗传基因如何去测量等。这些问题不解决，这个假设就无法得到验证。

案例2-13　“研究假设”表述中容易出现的问题

（1）研究假设所含的变量含糊。如有些假设用了“更加理性”、“有重要影响”、“有重要作用”、“有所改善”、“取得进展”等含糊词汇，具体研究无法进行研究操作和效度验证，具体见表2-6。

表2-6

研究假设	评　　论
如果我们把素质教育贯穿于应试教育之中，那么我相信在不久的未来我们就可以发现素质教育会为我们社会培养出更加优秀的人才	我们究竟怎么做才能让素质教育贯穿于应试教育中呢？在这个贯穿的过程中，素质教育和应试教育应该在多大程度上相结合呢？假设语焉不详，无法为具体研究服务
如果城市独生子女的家长在家庭教育中采取有效的方法，那么就能降低独生子女的负面特性，有利于其健康成长	“在家庭教育中采取有效的方法”不够明确具体，应该直接列出具体的方法

续表 2-6

研究假设	评　　论
父母受教育程度对学生学业成就影响显著,家庭经济收入对学生学业成就影响显著,父母职业阶层对学生学业成就影响显著	父母受教育程度、家庭经济收入、父母的职业阶层均可再做细化,以增强研究的操作性
传统家庭教育模式不利于儿童独立性的培养	传统家庭教育的模式具体有哪些,儿童的独立性又有哪些表现,都没有细化,缺乏操作性

(2) 研究假设中缺失必备的变量和形式,从而不构成假设。

例 1:目前大学校园中本科生存在一些不文明的行为,这些不文明的行为是有一些规律可循的,是可以被归结为几种类型的;通过本研究也是可以找到成因的。

例 2:户籍制度改革后农民工子女能不能在城市里参加高考。

(3) 把常识做研究假设来验证,使得研究缺乏创新性。

例 1:假设内容"教师在课堂上对弱势学生群体的关注可以在一定程度上提高他们的学习成绩"是人所共知的事实,不应该成为一个需要论证的假设。

例 2:假设内容"中学生的厌学情绪对学习成绩会造成负面影响"也是人尽皆知的事实,不应该成为一个需要论证的假设。

(4) 假设的变量超过 2 个,或者假设内容繁琐,导致无法进行具体操作。

例:厌学是学生对学校的生活失去兴趣,产生厌倦情绪,持冷漠态度等心理状态以及在行动中的不良表现方式。如果教师对症下药地对其学生作厌学的心理辅导,家长也做到积极配合,这样就能够有效地调节他们的厌学心理状态,让其以健康而向上的心理对待学习和生活。

(5) 选题的名称、研究目的和研究假设直接缺乏一致性,具体见表 2-7。

表 2-7

课题名称	研究目的	研究假设	评　　论
留守儿童学业状况研究	本研究的主要目的在于对留守儿童的学业状况进行研究,分析留守儿童的家庭教育情况与学业状况之间的关系	如果留守儿童在家庭教育方面差于非留守儿童,那么留守儿童的学生状况差于非留守儿童	研究目的和研究假设都是在说家庭教育状况与学业状况之间的关系,而其标题却是"留守儿童学业状况研究"

续表 2－7

课题名称	研究目的	研究假设	评　　论
回迁农民工子女高中教育问题研究	① 回迁后的学校教师的教学水平、硬件设施影响该生的学业水平，② 回迁后父母对自己的关心程度影响该生的学业水平，③ 回迁后学校的同学关系影响该生的学业水平，④ 回迁后的校园环境、社会环境影响该生的学业水平	户籍制度改革后农民工子女就能在城市里参加高考	课题名称反映的是“回迁农民工子女高中教育的问题”，研究假设反映的是“哪些因素影响了回迁农民工子女的学业水平”，而假设却在说户籍制度改革，缺乏一致性

第三节　确定研究变量

研究者在提出研究课题和研究假设之后，大致的研究目的、范围以及重点内容就基本确定了。为了合理地进行研究设计，便于实证资料的收集，还需要进一步明确所要研究的主要变量，以及有关变量的性质、形式、数量、操纵方式和控制方法。在这一环节中，自变量的确定和操纵与因变量测量指标的选择是研究设计的基本要求，而无关变量的控制则是研究有没有价值的基本保证。①

一、什么是研究变量②

变量（variable）指在质或量上可以变化的概念或属性，是随条件变化而变化的，或因个体不同而有差异的因素。研究变量则是研究者感兴趣的，所要研究与测量的，随条件变化而变化的因素。简单地说，变量就是会变化的、有差异的因素。如，学生的语

① 需要说明的是，如果不是纯粹的实验研究，研究者很少会在研究报告中醒目地呈现该研究所涉及的各种变量。但这并不表明任何一项研究不可以用变量的方式来表述和构思。实际上，即使是纯粹的质的研究，有时候对研究中涉及的问题用变量的方式来进行反思，也未尝不是提高研究效度的有效方法。

② 陶保平．研究设计指导[M]．北京：教育科学出版社，2004：67－72．

言水平随学习时间的推移而有所变化，每个学生在语言水平上也会体现出个体差异，因此我们把语言水平看做是一个变量。

变量是相对于常量而言的，常量是指在一个研究中所有个体都具有相同的状态或特征，而变量则是指在一个研究中不同的个体具有不同的状态或特征，例如，我们想比较两种不同的教学方法对小学5年级学生阅读能力的效果，在这个研究中，年级水平是一个常量，因为每个被试者都是5年级学生，5年级对于每个个体来说具有相同的值，它在该研究中是不变的条件，大家都能理解它的含义，不会产生歧义。因此，研究者不需要对这个概念进行界定。而教学方法则可以按多种价值标准来衡量，不同的教学方法有不同的操作程序，因此它是变量。另外，阅读能力也是个变量，对于每个被试者而言，阅读能力有强弱之分，在测量上阅读成绩会有不同的分数，因此，研究者必须对变量进行解释。

在教育研究中，常量不是要研究的内容，研究要探讨的是变量之间的相互关系。一项研究往往会涉及许多个变量及其相互关系，如不同教学方法效果的比较研究，就被试者来说，学业成绩、智力水平、学习动机、兴趣爱好、能力等因素在质和量上都会发生变化，都有差异，而且这些变量互相交织在一起。把一项研究所涉及的所有变量都拿来研究，事实上是不可能的，也没有必要，因此研究者必须事先确定要研究的主要变量，了解研究情境中变量的性质，并理清变量之间的关系。

在一个真实的研究情景中，常常会涉及许多个变量，变量的功能也各不相同，变量之间互相交织，互相影响。其中有些变量是研究者要研究的，有些变量则是研究者不想研究的。另外，变量与变量之间彼此关联，互相作用，在研究中的性质、作用和地位也各不相同，有主要的，有次要的；有主动的，有依附的；有连续的，有类别的。因此了解研究情景中各个变量的性质，区分不同类型的变量，明白变量在一项研究中的关系对研究者来说是非常关键的问题。

变量的划分方式很多，按变量间的关系划分，可以分为自变量、因变量、无关变量、调节变量、中介变量等。在教育研究中，变量的分类体系很多，其中最重要的、应用最广泛的变量是自变量、因变量和无关变量。

（一）自变量

自变量（independent variable）又称刺激变量，是引起或产生变化的原因，是研究者操纵的假定的原因变量。当两个变量存在某种联系，其中一个变量对另一个变量具有影响作用，我们称那个具有影响作用的变量为自变量。自变量的变化水平完全取决于研究者的操纵与设计。例如,研究学生智力与学业成绩的关系,学生“智力”的高低影响“学业成绩”,那么“智力”就是该项研究的自变量,是研究者要操纵的原因变量。

(二) 因变量

因变量(dependent variable)又称反应变量,也称依变量,是受自变量变化影响的变量,是自变量作用于被试者后产生的效应,是研究者要测定的假定的结果变量。因变量的变化不受研究者的控制,它的变化是由自变量的变化所产生。当两个变量存在某种联系,其中一个变量对另一个变量具有影响作用,我们称那个被影响的变量为因变量。在一项研究中自变量好比是原因,因变量好比是结果。例如,我们想研究噪声对学习效果的影响,“噪声”就是自变量,研究者可通过改变噪声的时间或强度等来操纵这个变量。而“学习效果”则是因变量,它是“噪声”这个自变量作用于被试者后产生的效应,是研究者要测量的结果变量。

(三) 无关变量

无关变量(extraneous variable)有时也称控制变量,是指与特定研究目标无关的非研究变量,即除了研究者操纵的自变量和需要测定的因变量之外的一切变量,是研究者不想研究,但会影响研究进程的,需要加以控制的变量。例如,研究两种不同的教学方法对学生学业成绩的影响,在这里“教学方法”是自变量,“学业成绩”是因变量,除此以外其他各种因素都是无关变量。无关变量在这项研究中,可能会有教学时间、教学环境、学生的智力、原有的知识基础、家教辅导等等各种因素,这些因素会干扰自变量和因变量的对应关系。当这些因素与自变量(教学方法)的作用混杂在一起时,往往导致人们难以确定两种教学方法效果的优劣,无法判断最终的研究结果(因变量)是来自教学方法(自变量),还是来自教学时间、教学环境、学生的智力、原有的知识基础、家教辅导等其他因素(无关变量)。如果研究者能有效地控制这些无关变量,研究结果就会比较明确可靠。

(四) 调节变量

调节变量(moderator variable)是一种特殊的变量,具有自变量的作用,也称之为“次自变量”(secondary independent variable)。在实验中增加这种变量,目的是为了了解它怎样影响或改变自变量和因变量之间的关系。有时候,自变量与因变量的关系会受到另一个变量的影响而改变,这第三个变量称之为调节变量。例如,探讨 A、B 两种教学方法对提高学生学业成绩的效果，结果发现：A法对智力高的学生比较有效；B法对智力低的学生比较有效。很明显，在这个研究中，教学方法是自变量，学生的学业成绩是因变量，但是研究的自变量和因变量的关系却可能受到第三因素——学生智力的影响，因此学生的智力水平就是一个调节变量。

当我们把一个因素看成自变量，我们关心的是它与因变量的对应关系；当我们把一个因素看成调节变量，我们关注的是它如何影响自变量和因变量的关系。在研究设计时，一定要将可能的、重要的调节变量纳入研究框架中，这样在分析研究结果时才不至于产生偏差。

(五) 中介变量

中介变量(intervening variable)也称中间变量，是介于原因和结果之间，自身隐而不显，起媒介作用的变量。中介变量是不能直接观测和控制的变量，它的影响只能从研究的自变量和因变量的相互关系中推断出来。

例如，研究兴趣与学业成绩的关系，自变量为对某门学科的兴趣，因变量为学科的测验成绩。结果是学习兴趣浓厚，学业成绩相对要好。当我们自问：为什么学习兴趣浓厚导致学业成绩良好？原因是什么？这就是在问中介变量是什么？可能的答案是学生注意力的集中，或投入学习的时间增加等。理解中介变量对形成研究结论具有重要意义，因为推断中介变量可引出普遍性结论。兴趣本身是不会增加学业成绩的分数的，但兴趣可引起学生的注意力，增加注意力可以提高学习效果。认识到这一点，那么即使不采用提高兴趣的形式，只要采取各种能吸引学生注意力的手段，便可以提高学业成绩。

中介变量通常是用来解释自变量和因变量关系的理论框架，反映研究者如何看待或说明自变量和因变量之间的关系。中介变量的构建在很大程度上取决于研究者对所研究现象采取的理论立场，因此，探讨中介变量对最终形成理论具有重要意义。

二、界定研究变量

界定研究变量是研究从“概念化”至“操作化”的桥梁，是实施研究行动的起点。在整个研究过程中具有重要作用。如何根据已经确定的研究课题来选择合适的研究类型，是研究是否可能、目的能否达到的关键。变量是研究的基本单位，也是资料收集与分析的依据。

为了提高研究的可操作性和可能性，我们要对有关变量涉及的词语或术语下操作性定义。给变量下操作性定义是研究科学性的体现，也是研究者必须具备的基本素质。

在研究设计过程中，我们常常会遇到教育领域中的一些变量(概念)，如教学、素质、教学目标、创造性等。对这些变量，不同的人由于经验、认识、所处地位、理解角度等的差异，可能会做出不同的解释。为了使其他人能在共同理解的基础上探讨问题，为了使研究结论准确可靠，研究者必须厘清概念的含义，在厘清概念的基础上，确定测量方法或操作性定义。厘清概念通常是给概念下概念性定义，规定测量指标则是给概念下操作性定义，这个过程其实也是界定研究变量的过程。

案例 2-14　关键概念界定的案例

与外甥"对话"的内容：男人能不能欺负女人

请问该段中有哪些变量需要定义。

外甥：男人的胆量大，所以如果有人欺负了女同学，男同学就会帮助女同学解决困难。比如电影《英雄》里面所反映的男人帮助女人的动人场面，我深受感动。

我：你刚才说的男人不能欺负女人，是指男人不能打女人。

外甥：也不只是这样。比如，有一次老城的爷爷骂奶奶，我当时就判断认为，这就是男人欺负女人。他们听了都笑了。

我：你刚才说的男人不能欺负女人，指男人不能打女人，不能骂女人，但我让舅娘做家务，怎么叫欺负她呢，我并没有打她骂她呀。

外甥：你让舅娘扫地，是典型的懒人。

我：那如果是舅娘懒，要我扫地，属不属于她欺负男人了？

外甥：如果她不是故意的，就不属于了。

我：你怎么知道她不是故意的？

外甥：你看她又善良，又温和。

我：谁说女人就是善良温和的？

外甥：有些女人也很狡猾呀！

我：那如果是一个狡猾的女人让我扫地干活，我怎么办？

外甥：那她就很坏。

我：那在这种情况下，我让她去扫地干活，就不算男人欺负女人了？

外甥：那仍然属于。

我：为什么？

外甥:你应该帮舅娘呀。

我:那一个很坏的女人,我也应该帮?

外甥:那肯定不能。

我:男人不能帮女人,意思是男人就可以欺负女人了?

外甥:不行,男人要让女人。

我:很坏,我也该让?

外甥:要看情况,如果很坏,就不叫欺负了。

我:舅娘很懒,我就可以打她了?

外甥:你可以惩罚她。

我:可以打她吗?

外甥:不只是打,还要让她做很多很多的事情,家务活全交给她干。

我:意思是男人还是可以欺负女人?

外甥:好女人不能欺负,坏女人可以欺负。

我:你的意思是:好男人不能欺负好女人,是吧?那坏男人可不可以欺负好女人呢?

外甥:那肯定不行。

我:坏男人哟!

外甥:嗯?坏男人随便欺负好女人。

我:既然坏男人可以欺负好女人,那我就是坏男人,我可以随便欺负舅娘了吧?

外甥:你是坏男人呀?

我:我是的。

外甥:我会打110,我会当官……

我:不是你说的吗?坏男人可以欺负女人?

外甥:坏男人不能欺负女人,我刚才说错了,我刚才没听清楚你说什么。

分析:在这一段对话中,反映出第一个需要界定的关键概念是"欺负",区分"打""骂""做家务"(以及做家务的多少)这些是不是属于所说的欺负概念。还需要界定的概念是"男人"和"女人"。这里所说的男人是好男人,还是坏男人,女人是好女人还是坏女人,又何为好、何为坏也需要界定。这些概念没有界定清楚,对话就无法理解清楚。

在科学研究中，将一个含义模糊不清的术语，转换成具体测量的指标可以有三个步骤（见图 2-2）。

在研究中，清楚准确地命名变量具有重要意义。变量的命名通常来自于不断反复的过程，先形成抽象性定义，接着是操作性定义，最后是重新命名概念，以便更好地测量。这个过程不断持续反复，直到变量名称与其测量的事物相吻合。虽然最后获得的变量概念与最初使用的概念会有些出入，但至少可以测量重新命名的变量。

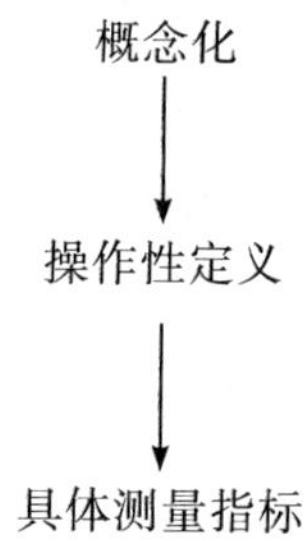

图 2-2　概念指标转换图

例如，我们要研究上海市小学生识字量与语文学业成绩的相互关系，“识字量”这个变量，似乎每个人都明白，是学生识字的具体数量。但是这里说的识字量具体指什么？是书本上的？是头脑里存在的？还是会运用的？如何获得学生识字量？用什么方式什么工具去获得？所有这些都需要界定清楚，否则这项研究就无从落实。研究者给识字量下了操作性定义：即以《小学生识字量测试题库及评价量表》为工具，学生在实际测试中所得的分数。另外，“语文学业成绩”具体指什么？统一考试成绩？什么类型的考试？阅读成绩？作文成绩？平时成绩？还是老师的等级判断？研究者也给学业成绩下了操作性定义：学业成绩分三部分，包括阅读成绩、作文成绩和考试成绩。每个学生本学期 8 次单元考试成绩的平均分为阅读成绩；本学期 8 次作文成绩的平均分为作文成绩；期中考试成绩、期末考试成绩和统考成绩的平均分为考试成绩。这样，这项研究就有测量的指标了。

给变量下定义目的在于提示变量的内涵和外延，界定变量的含义。“定义”一方面作为操作与测量的依据，另一方面也提供研究者与他人沟通的基础。一般在确定研究变量的性质与名称之后，就要给变量以适当的定义。

分析教育家谢弗勒在《教育的语言》一书中提到：教育的语言有三种，规定性定义、描述性定义、纲领性定义。①

规定性定义：实际上是作者自己所下的定义，要求这个被界说的术语在后面的讨论中，始终表示这种规定的定义，也就是说“不管其他人所用的是什么意思，我所用的就是这个意思”。

描述性定义：是适当地描述被界说的对象或者所使用该术语的方法。没有任何逻辑要求或规定，论述的质量完全取决于下定义者的主观意图和知识水平。而且，即使

① 谢弗勒．教育的语言[M]//瞿葆奎．教育学文集：教育与教育学．北京：人民教育出版社，1990：32.

是同一概念，如果使用者在不同的语境中需要赋予其不同的含义，也可以通过对该概念的重新描述而得到新的定义。

纲领性定义：总是明确或隐含地告诉我们"事物应当是什么"。与"描述性定义"明显不同，与"规定性定义"所说的"我暂且对此做出这样的界定"也不同。它包含着"是(is)"和"应当(ought)"两种成分，是描述性定义和规定性定义的综合。

操作性定义不仅仅是在教育研究中必须掌握的，而且在许多测量中也必须掌握下操作性定义的方法。在教育研究中，好的操作性定义有以下特征：

① 操作性定义应该是可观测的、可重复的、可直接操作的。

② 操作性定义所提示的测量或操作必须可行。

③ 操作性定义的指标成分应分解到能直接观测为止。

④ 操作性定义最好能把变量转化成数据形式，凡是能计数或计量的内容都是可以直接观测的。

⑤ 用多种方法形成操作性定义，既可以从操作入手，也可以从测量入手。

界定研究变量是研究从"概念化"过渡到"操作化"的桥梁，是研究设计的关键。下操作性定义实际上是一个将抽象概念具体化的过程，在整个研究过程中具有重要作用。

目前看来，初学者对概念的界定容易出现三个错误：

1. 将一些与课题研究无直接关系的概念进行界定

强调概念界定，并不是说任何一个问题的研究都要去概念界定，也不是一定要在开题报告或论文中专门划分一个部分进行概念界定。如果这样，未免太机械、太教条。要不要概念界定，要根据是否需要来定：如果研究涉及的主要概念是学术界流行的、行内人周知的，那就不必概念界定了；如果你用的主要概念比较新颖，或者有自己独特的内涵，那就要进行界定。

概念界定也不一定要专门设置条目，在行文中顺便予以界定就可以了。如用"本研究中所谓的××××是指……"这样的方式进行界定，或者在行文中第一次涉及需要界定的概念时，用注释予以说明、界定。

案例 2-15　概念界定的必要性分析

试分析，该论文哪些概念需要界定，哪些不需要界定，为什么？

学校美育：现实处境、何以可能与如何运作

——教育科学范式下的中国学校美育论

一、本课题中相关概念的界定

（一）美育与艺术

（二）学校美育与艺术教育

（三）审美与审美幻象

（四）本文中的教育科学范式

分析:该课题中的相关概念都不需要专门界定。正文的内容就是处理美育与艺术、学校美育与艺术教育、审美与审美教育以及科学范式等不同取向,没必要在文前进行专门界定。

2. 综合意见

有些所谓的概念界定是将很多学者关于此概念的定义类归在一起,就想当然地推演出本研究的概念定义。这样的界定看起来似乎是在做学理的考证,但实际却往往成了一个观点的综合。这样的界定方式犯了两个错误:第一,学者们关于此概念的定义往往是从各自的角度出发作出的界定,有些定义相互之间内涵和外延的出入都很大,有些甚至根本矛盾。如果综合这样的矛盾观点,是无法做出客观的界定的。第二,概念界定是研究者在本课题研究中的操纵性定义,它需要参考其他学者的意见,但更多的是从本研究操作方便出发。所以,概念界定是否名副其实,能否给本研究带来操作上的方便,才是概念界定首要考虑的问题。

案例 2－16　概念界定的问题分析 1

试分析,该概念界定存在的主要问题是什么?

对于"师生冲突"的含义而言,国内学者对其研究颇多,并大多借鉴"冲突论"的观点,从原因和表现两方面进行定义,有代表性的观点如下:

陈振中认为:师生由于在目标、价值观、资源多寡等方面的差异而产生对立、分歧和相互干扰的教育教学互动。(陈振中,2000 年)

禹旭才、彭辉认为:在学校教育教学活动中,师生由于心理、价值观、角色等方面的差异而产生不一致、对立和相互干扰的互动。(禹旭才,彭辉,2002 年)

田国秀认为:师生冲突是师生之间由于价值观、目标、地位、资源多寡等方面的差异而产生的直接的、公开的旨在遏止对方并实现自己目的的互动过程。(田国秀,2003 年)

王万飚和桂守才共同认为:师生冲突是由教师的心理修养、学生身心发展的阶段性和差异性、家庭心理环境、学校管理方式等共同作用下师生互动中彼此心理期望未能实现而出现的矛盾对立状态。(朱健梅,2008 年)

许琼华认为：师生冲突是指在整个教育生态系统中，由于教师行为失范、教育生态功能失调、超耐度的生态空间、不通畅的物质流、能量流和信息流等教育生态因素失衡或不和谐在教师和学生身上的集中体现。（朱健梅，2008年）

以上学者从不同的原因或者同一原因的不同说法来界定师生冲突，但笔者认为寥寥数语未必能穷尽问题的原因所在，这源于研究在不断地深入，会不断地有新的发现和理解，故本文将不对“师生冲突”有过多的限定，而定义为：由于各种原因所引起的教师和学生之间的矛盾状态和对抗行为。

分析：① 没有对各个学者对师生冲突的含义做出详细的分类，导致持不同观点的含义或叙述方法不一样的含义混杂在一起，显得很杂乱。② 作者不顾文中相关学者的观点，自己想当然的推出自己对师生冲突含义的概念，属于为了界定概念而界定。不具备科学性和权威性。

3. 界定不能很好地贯彻全文

有些学者为界定而界定，后面研究与行文所涉及的概念与前面界定的概念内涵和外延相差甚远。

案例 2－17　概念界定的问题分析 2

试分析，该概念界定出现了什么错误？

非道德化倾向

在认识非道德化倾向之前，先认识下“倾向”。在汉语词典中“倾向”意指对某种事物的偏向态度。那么，非道德化倾向也即指师生交往中存有非道德化的偏向。非道德化倾向主要指人们的行为违反法律，违背道德和事物运行的应有法则，主张一切利益至上，忽视了人之存在的根本。通过以上对非道德化的解读，非道德化倾向在程度上要比非道德化轻，在外延上要比非道德化广。非道德化倾向是具有对某事或某种行为的偏向态度，从内容上看，它主要包括非道德、不道德和缺德，在本研究中只是学术用语。师生交往的非道德化倾向属于文化领域的范畴。也如学者所担忧的：“非道德化是对道德弱化或忽略，极端者甚至可能走向反道德。”在师生交往中有打着道德无涉的牌子，也就是以道德为幌子，进行不道德，甚至缺德的活动，即是本研究中非道德化倾向的表现所在。当教师没有充分认识教育的本质，当教师没有担当好自己的育人重任，在师生交往实践中忽视了育人之教育根本，而把追求个人名利作为自己的至上目标的时候，在师生交往中往往会表现出一副高姿态，盛气凌人，有的甚至滥用教师权威，无视学生的个性，甚及人性。

分析：① 本段文字明里在界定和论述非道德化倾向，但实质却在论述非道德的表现、危害性等。后面的论据与前面的观点联系不够紧密，不能很好地证明前面的观点。后面研究与行文所涉及的概念与前面界定的概念内涵和外延相差甚远。② 文中在对非道德化倾向内容界定上将不道德、缺德这两个与非道德不同的概念纳入进来，且界定采用“非道德化倾向在程度上要比非道德化轻，在外延上要比非道德化广”的语句，缺乏严谨性和操作的可能性。

4. 混淆概念界定与概念分析(研究)的关系

概念界定是为了全文所涉及变量的一致性，而进行的操作性定义。如果该界定特别重要，或者需要界定的概念比较多，则需要单独列标题以明示。这实际上是做概念研究，而不是简单的概念界定。否则，一般直接在行文中出现，或者采用注释办法界定。

案例 2－18　概念界定的问题分析 3

试分析，下文属于概念界定还是概念分析。对于研究主题而言，是否有必要进行该概念界定?

相关概念界定

1. 对　话

虽然对话是一个日常应用非常频繁的概念，但是人们对于究竟什么是对话并无统一的认识与结论，因而对它的理解也可以从不同的角度和层次来进行。

就外在形式来说，对话是人际交流和沟通的诸多形式之一。从字面意义来解释，“对”的本意是“应答”、“两者相对、面对”。“话”作为名词指“言语”，作为动词指“说、谈”。《现代汉语词典》中将“对话”的意思解释为：①“两个或更多的人之间的谈话”；②两方或几方之间的接触或谈判。它指的是两个或更多的人之间的交谈、交流、讨论、协商等，而不是一个人的“一言堂”或自言自语，是多个声音，而不是一个声音，这是将对话作为言语层面的一种方式或手段来定义的，即定位于一种“语言现象”的对话。但我们通常所说的语言，是包括口头语言与书面语言两种形式的，即除了人与人之间的口头语言的交流，还包括人与文本的交流，甚至无声的语言，包括眼神、肢体动作等。

英语的“对话”(Dialogue)一词源于希腊词“dialogue”。Logos 意思是“词”，或者按照我们的理解来说它代表着“词的意义”。Dia 的意思不是“两”个，而是“穿越”。“logos”也并非仅有“词”的意思，而且包含有“思想”、“理性”、“判断”的意义。

因此，对话并不仅仅局限于两人之间，它可以在任何数量的人之中进行。甚至就一个人来说，只要他抱持对话的思维与精髓，也可以与自己进行对话。这样来理解对话，就意味着对话仿佛是一种流淌于人们之间的意义溪流，它使所有对话者都能够参与和分享这一意义之溪，并因此能够在群体中萌生新的理解和共识。在对话进行之初，这些理解和共识并不存在。这是那种富于创造性的理解和共识，是某种能被所有人参与和分享的意义，它能起到一种类似的“脱水”或“水泥”的作用，从而把人和社会粘结起来。

对话的基本形式是显性对话，指说话者与对话者之间的言语相互作用，是直接的、可见的“说—听—说”关系的建构。还有一种非基本形式的隐性对话，在教学中，就表现为教师与文本、学生与文本、教师与学生的交流与沟通。隐性对话的终极形式还包括个体自身内心与意向中的他者的对话，即使一个人的独白或自言自语也可以理解为他与自己心灵的对话。

同时，对话也有广义与狭义之分。狭义的对话被理解为与单个的独白相对应的一种语言形态，属于纯粹的语言学现象。广义的对话事实上已经完全超越了原始的口头语言交流为特征的语言学意义，而在现实生活中具有社会和文化的意义。对话广泛存在于人们的日常生活中，人的世界就是一个对话的世界，所有的语言都是为了对话。从国际事务到人与人之间的关系、从政治领域到学术领域，从科学世界到生活世界，对话已经成为人们普遍追求的一种生存状态。

巴赫金说过，生活的本质即是对话，人们生活着就意味着参与交流和对话，人类最基本的相互关系是一种对话关系。“对话交流早在人类社会的初期就已经存在了，尽管形式多样，但历经千百年而不衰。它历久弥新，一再重现辉煌，可见人们确实需要对话，渴望有意义的交流”。而对话作为现代社会的关键词，事实上已经完全超越了原始的语言学的意义，人们已经习惯于将它引申为“沟通”、“交流”、“交往”、“理解”，并赋予其“民主”、“平等”、“宽容”等多种含义。具体来说，对话作为一种原则，往往与民主、平等、包容、坦诚联系在一起；对话作为一种策略，往往与共同在场、主动介入、积极参与联系在一起，即指通过敞开、接纳、回应、碰撞、沟通、合作、交流、互动等，达成视界融合及共生共荣的理想；对话作为关系思维的表征，既可以发生在人与人之间，也可以发生在人与各种文本之间，在这里对话就是沟通、交流；在文化层面，人们已经打破学科之间、学派之间、学术之间的界限，在对话中寻求一种边缘，寻求一种交叉、理解与交流，这个层面上的对话是作为一种理性精神而存在的，对话作为现代哲学的主题折射在教育理论中，人们开始把对话作为一种教学精神、教学原理和教学观念，而不仅仅是将其理解为一种教学艺术与手段。

2. 对话教学

对话，不仅是一种语言现象，更具有解释学、社会学和文化学意义。因而对话已经完全超越了原始的语言学意义，日渐成为人们的一种生活方式或生存状态，并进而凝聚成一种时代的精神。对话教学正是这一时代精神在教学领域的回应。同时，对话教学也是新一轮基础教育课程改革背景下出现的一种新的教学形态，目前学术界还没有一个公论的定义。张增田、靳玉乐认为，对话教学是相对于传统“独白式”教学而言的，是以“沟通性”的“对话”为其本质的教学。究其实质，对话教学就是在平等民主、尊重信任的氛围中，通过教师、学生、文本三者之间的相互对话，在师生经验共享中创生知识和教学意义，从而促进师生共同发展的教学形态。对话教学是一种尊重主体性、体现创造性、追求人性化的教学。在对话教学中，对话是作为一种精神和原则出现的，我们更关注的是教学过程的内涵而不是形式。对话教学可能以对话的形式呈现，而其他形式只要是在对话理念的支配下使用的，都可以看做对话教学。

对话作为一种教学方式在教学中的出现并不是现在才有的，实际上，我们可以一直追溯到西方古希腊时期苏格拉底和我国春秋时期的孔子。古希腊的苏格拉底也许算不上严格意义上的教师或教育家，但他在街头巷尾“布道”运用的方法就是对话，他的教学方法后人称之为“产婆术”。柏拉图作为苏格拉底的学生，则成功地将对话运用到学术讨论中，并且把它归结为所谓“苏格拉底的辩证法”。在当时，对话不仅是学者们的一种思维方式和论证方式，也是学者之间进行学术研讨、思想感情交流和沟通的主要方式。

从柏拉图的著作和色诺芬的《苏格拉底回忆录》中可以看到，在古希腊，对话的双方完全是平等的、自由的，彼此是互相尊重的，对话者不带有任何个人的成见或偏见，目的都是为了探求真理，使自己的认识更接近真理。这样的对话体现了古希腊的学术民主、自由的精神，它有力地促进了古希腊哲学的发展、学术的进步和文艺的繁荣。

在我国古代的春秋战国时期，自由、平等的对话形式也广泛应用于各个领域，并记载于不同学派的思想家的著作中，最典型的案例首推儒家学派的经典著作《论语》。《论语》中记载孔子师生之间的对话及古文中常出现的“对曰”都反映了对话的特征。从《论语》中也可看出，当时在教育和学术领域的对话是充分自由的，对话者之间是处在平等的位置。通过对话，孔子走进学生的内心世界，为学生答疑解惑，学生在对话中形成了与教师相似的理解。这种对话是在比较民主宽松的环境下进行的，学生并非每次都能接受孔子的观点，但孔子能够尊重学生，如果学生的观点是正确的，孔子也会接受学生的观点。《论语》中建立起的那种自由、和谐、平等的对话关系，对于儒学的创立与传播，无疑起到了积极的作用。

但他们运用的对话只是一种很朴素的教学对话，也没有一套系统的教学理念、理论来作支撑，至少不是从教学本身出发，自觉运用对话方法，因此他们的行为只能称为教学对话，而不能称为对话教学。

对话教学是将师生、生生交互对话作为教学的表征与载体的一种教学活动。从存在论角度理解，对话教学是一种超越“它”(世界)与“你”(世界)建立精神上相遇关系的教学，也就是师生间思维上的相互转向、心灵上的相互回应的教学；从认识论的角度理解，对话教学则是一种开放、自由探究的理性思维碰撞，也是对话主体共同参与寻求真知灼见，并在此过程中启动、延伸睿智的教学。无论从何种角度阐释对话教学，都不难发现它是不可或缺的教学形式。正如克林伯格(Kleinberg. L)所说：“在所有的教学之中，进行着最广义的‘对话’。……不管哪一种教学方式占支配地位，这种相互作用的对话是优秀教学的一种本质性的标识。”在他看来，“教学原本就是形形色色的对话，拥有对话的性格。”

作为一种新的教学形态，对话教学在师生关系、教学过程、教学方式、教学评价等方面都超越了传统教学。对话教学是民主的、平等的教学；对话教学是创造的、生成的教学；对话教学是持续的、开放的教学；对话教学是以人为本的教学。在这种教学观念下，师生之间、生生之间、师生与文本之间都是一种对话关系。学生与课程之间也不再是传统认识论中的主客体关系，而是一种“我”与“你”之间的平等对话关系。这种关系具有“直接性”、“交互性”和“相遇”的特点，因而“学生在已有智力结构的基础上，通过与课程的对话把新的知识融入已有智力结构之中，逐渐获得新的知识和发展智力。”

来源：新课程背景下对话教学问题研究.

分析：这一案例是在进行概念分析而不是概念界定。虽然文中有一些关于概念界定的语句，但并不系统、鲜明。作者先从相关词典对“对话”一词的解释开始，进行了英语“对话”一词的分析和广义、狭义对话的分析，之后还分析了巴赫金关于对话的理解。这些都是对“对话”这一概念的分析。界定是将这一概念与它的上位、同位、下位概念区别开来以保持文中这一概念的一致性，这里显然不是在做这一工作。“对话教学”部分情况类似，主要也是从不同方面对概念进行分析。

对于研究主题“新课程背景下对话教学问题研究”而言，“对话”与“对话教学”

这两个概念的界定并不具有特别的重要性。而且这两个概念并不复杂，进行过多界定反而容易造成读者思维的混乱。所以，这里完全可以在行文中予以界定，没有必要专门开辟章节进行概念界定。

第四节　综述研究文献

一、文献与文献综述

（一）文献的内涵

文献的现代定义为“已发表过的、或虽未发表但已被整理、报道过的那些记录有知识的一切载体”。“一切载体”，不仅包括图书、期刊、学位论文、科学报告、档案等常见的纸面印刷品，也包括有实物形态在内的各种材料。教育研究文献的内容多种多样，按其性质和用途大致可分为零次文献、一次文献、二次文献和三次文献。

1. 零次文献

零次文献即曾经历过特别事件或行为的人撰写的目击描述或使用其他方式的实况纪录，是未经发表和有意识处理的最原始的资料。也可视为第一手文献（primary documents），这类教育研究文献包括个人的日记、信函、手稿和单位团体的会议记录、备忘录、卷宗等。由于这类文献是以事件或成果的直接目击者身份或以第一见证人身份出现，因此具有较高的参考价值。

2. 一次文献

一次文献是研究者在教育教学实践中直接产生的原创文献，是离事实最近的文献，是为科学研究宝库添砖加瓦的文献。一次文献的形式主要有：调查报告、实验报告、科学论文、学位论文、专著、会议文献、专利、档案等。

3. 二次文献

又称检索性文献，指对一次文献加工、整理、提炼、压缩后得到的文献，是关于文献的文献。二次文献的形式主要有：辞典、年鉴、参考书、目录、索引、文摘、题录等。二次文献是一种派生的文献，它本身不直接产生新知识、新技术，它的目的是使原始文献简明、浓缩，并系统化、条理化，为方便查找一次文献提供线索。

4. 三次文献

又称参考性文献，指在对一次文献、二次文献的加工、整理、分析、概括后撰写的文献，是研究者对原始资料综合加工后产生的文献。三次文献的形式主要有：研究动态、研究综述、专题评述、进展报告、数据手册等。三次文献也是一种派生的文献，它覆盖面广，浓缩度高，信息量大，便于研究人员在较短的时间里了解某一研究领域最重要的原始文献和研究概况。此类文献不同于一次文献的原始性，也不同于二次文献的客观报导性，但具有主观综合的性质。

文献性质(零次文献和一次文献)的差别是针对具体的某项研究而言的。比如研究对象是孔子的教育思想，那《论语》是重要的零次文献，而历史上学者们有关孔子教育思想的相关论文和著作是一次文献。但如果是以“学者们是如何研究孔子教育思想”作为研究对象，那历史上学者们有关孔子教育思想的相关论文和著作就成零次文献了。

（二）文献综述和文献法的区别

文献综述和文献法的区别如表 2－8 所示。

表 2－8 文献综述与文献法的区别

	文献综述		文献法	
	现象	原因	现象	原因
文献性质	一次文献	文献综述是对研究状态的综述。只有一次文献而不是零次文献才能真实地反应研究状态	零次文献	文献法是用真实资料来证实观点的方法。相对来说，零次文献比一次文献更值得信赖。除非是对研究的研究，即元研究。元研究的文献一般都是研究论文、报告等一次文献
涉及内容	观点	文献综述是对文献所反应的观点的综述。综述要简明扼要，不能做事实举证	事件	文献法主张用事实证明观点，而不是用观点证明观点
研究过程	材料影响分析	全面、系统地反应研究成果。分析仅限于对文献内容、方法等的评论	观点影响材料	材料的取舍的标准是是否服从于观点的需要。首先是有观点，然后根据证实或证否观点的需要，取舍和运用材料

(三) 文献综述的意义

文献综述是文献综合与评述的简称,指在全面搜索、阅读大量有关研究文献的基础上,经过归纳整理、分析鉴别,对所研究的问题在一定时期内已取得的研究成果、存在的问题以及新的发展趋势等进行系统、全面的叙述与评论。"综"是收集百家之言,综合分析整理;"述"是结合作者的观点和实践经验,对文献的观点、结论进行叙述和评论。文献综述主要发挥的作用是:

(1) 帮助研究者熟悉和了解本领域中已有的研究成果,寻找自身的位置。一篇优秀的文献综述其实就是一幅学术谱系图。写文献综述不仅是为了陈述以往的相关研究,也不仅仅是为了表示对前辈、同行或知识产权的尊重,更是为了"认祖归宗",对自己的研究进行定位。有时候一篇文献的重要性,并不仅仅在于文本本身,只有把它放到一个学术史的脉络中去,放到一个学术传统中去,我们才能真正理解这个文本。作者为什么要做这项研究,他/她的问题意识是什么,他/她试图与谁对话?我们在开始一项研究时也同样需要问自己这些问题。除了要有问题意识,也要有对话意识,不能自说自话。对话的前提自然是倾听,如果连别人说了什么都不知道,如何进行对话?正是在倾听(阅读)的过程中,我们发现了"问题"才需要与对方进行讨论,否则便无话可说。通过综述的写作,我们就会知道:别人贡献了什么?我打算/能够贡献什么?我是否在重复劳动?从这个意义上讲,撰写文献综述首先是为了尊重并真正进入一个学术传统,其次才是利他主义功能——为他人提供文献检索的路线图。

综述性文章往往具有一定的导向性和前瞻性,除了要总结现有研究,还需要高屋建瓴,指出现状的不足及其根源所在,为这一领域甚至整个学科的发展方向提出建设性意见。写综述性文章就好比修族谱,由德高望重、造诣深厚的学术权威领衔也就理所当然了。

(2) 为研究者提供一些可供参考的研究思路和方法,有助于论证选题的可能性。研究设计的安排,研究方法的运用,关系到课题研究的质量和成败。通过对研究文献的阅览,可以从别人的研究设计和方法中得到启发和提示,可以在模仿或改造中培养自己的创意。可以为自己的研究提供构思框架和参考内容,避免重蹈覆辙。

(3) 可以澄清研究问题并界定变量。一个研究问题可能会涉及许多可供探讨的变量,但不是所有的变量都值得研究。如果研究者广泛阅览有关文献,就能从理论或实践的角度,审视各个变量的价值,从而做出取舍。文献检索可以了解问题的分歧所在,进一步确定研究问题的性质和研究范围。检索阅览文献除了可以借鉴他人的研究成果，获得研究问题的背景，还可以在有关文献中找到研究变量的参考定义，发现变量之间的联系，澄清研究问题。

二、一次文献的检索与整理

（一）一次文献的检索方法

文献检索就是根据研究目的查找所需文献的过程。任何人在检索过程中都希望尽快地检索出自己所需文献，以满足研究需求。

就文献检索的实际操作来说，主要有常规检索法和跟踪检索法。常规检索法指利用题录、索引、文摘等检索工具查找所需文献的方法，它可以按时间顺序由远及近地进行检索，也可以逆着时间顺序由近及远地进行检索。顺查法适用于主题复杂、范围较大、时间较长的课题研究。逆查法适用于检索最新的课题。

跟踪检索法是以著作和论文最后的参考文献或参考书目为线索，跟踪查找有关主题文献的方法。这种方法不需要检索工具，针对性较强，能以滚雪球的方式扩大检索范围，获取文献方便迅速。

从检索工具的角度看，文献检索可分为两大类，手工检索和计算机检索。

1. 手工检索

手工检索主要是利用目录、索引、文摘等检索工具来查找和获取所需文献的方法。手工检索是文献检索基础，检索工具则是检索的必备条件。检索工具本身也有存储文献的功能，但其存储的目的是为了供检索。从事教育研究的人员应了解与教育有关的文献检索工具，下面做些介绍。

（1）目录。图书馆里收藏的文献资料非常丰富，研究者要在浩如烟海的图书中尽快查找到所需文献，就应熟悉图书分类体系，了解检索文献的分类代码。在我国，中文图书分类法主要有：《中国图书馆图书分类法》（简称《中图法》）、《中国科学院图书馆图书分类法》（简称《科图法》）。应用最广泛、最常用的图书分类体系是《中图法》。

《中图法》采用英文字母与阿拉伯数字相结合的混合编码制，依据学科分类，将图书分成5个基本部类，22个基本大类，每一基本大类用拉丁字母表示，见表2－9。

（2）索引。索引是将图书、报刊资料中具有检索意义的特征（如词语、人名、书名、刊名、篇名、主题等）分别摘录或加以注释、记明出处页码，按字顺或分类排列，附在书后或单独编辑成册，是检索文献内容或文献资料的一种工具。索引按文献类型可分为期刊索引、报纸索引、书籍索引、论文索引等；按取材范围和编制方法可分为书刊篇目索引、专著主题索引、人名索引、字句索引等；按文献排检方式可分为字顺索引、分类索引、主题索引。与教育有关的重要索引主要有：

表 2－9 《中图法》基本大类

	428 教研室(组)工作
A 马克思主义、列宁主义、毛泽东思想	43 电化教育
B 哲学	44 教育心理学
C 社会科学	45 教师与学生
D 政治	46 教育行政
E 军事	47 学校管理
F 经济	48 学校建筑和设备
G 文化、科学、教育、体育	H 语言、文字
G4 教育	I 文学
40 教育学	J 艺术
41 思想政治教育、德育	K 历史、地理
42 教学理论	N 自然科学总论
420 教育研究和改革	O 数理科学和化学
421 教学过程	P 天文学、地球科学
422 教学原则	Q 生物科学
423 课程论	R 医药、卫生
.1 教学计划	S 农业科学
.2 教学大纲	T 工业技术
.3 教科书	U 交通运输
424 教学法和教学组织	V 航空航天
426 各派教学法	X 环境科学
427 各科教学法(分科教学法)	Z 综合性图书

《全国报刊索引》(月刊)，上海图书馆编辑出版，是查找解放后报刊资料的主要工具之一。

《报刊资料索引》，中国人民大学书报资料中心编辑发行。教育类是索引的第四分册。对专业研究者来说，是很实用的文献检索工具。

(3) 参考工具书。参考工具书是以特定的编排方式，从众多的书籍中搜集编辑有关内容并写成条目，专门供读者查找各种语词、事实、数据、人物等而用的文献。参考工具书大致可分为：字典、词典(辞典)、百科全书、统计资料、年鉴、手册、大事记、传记等。

(4) 国内外期刊杂志。专业期刊杂志更受研究人员的青睐，这是因为期刊杂志出版周期短，信息量大，反映研究成果较新、较快。

2. 计算机检索

随着科学技术的飞速发展，计算机检索已成为一种新的文献检索方式。计算机检索具有速度快、信息量大、准确性高、代价低廉等特点，正在逐步取代书本式检索工具、卡片目录等传统的手工检索方式。一般大型的综合性图书馆都逐步建立起计算机文献检索系统，并提供信息服务。研究者只要在计算机上输入检索要求，计算机即刻就会列出有关的书目、篇名及其出处。计算机检索的输入要求可以是作者、书名或篇名、关键词等，其中用关键词检索是最方便、最常用的检索方式。计算机检索的途径有以下几种：

联机检索。联机检索，顾名思义就是将计算机互相联系起来进行文献检索，即将用户检索终端与计算机数据库系统相连，运用一定的指令和检索策略进行"人机对话"，从而检索出所需文献。美国的 DIALOG 系统是最常用的规模最大的综合性国际联机检索系统，该系统存贮约五百个数据库，收录的文献类型有书报、期刊论文、学位论文、研究报告、专利文献、统计数据等。教育类的数据库是教育资源信息中心(ERIC)。我国的《中国知识资源总库》(CNKI)是大家最熟悉的联机文献检索系统。

网上检索(INTERNET)。即通过计算机上网来检索所需文献。随着网络的飞速发展，上网检索将成为最简便的检索方式，因为研究者可以坐在家里直接打开计算机共享各处的文献资源。互联网将整个世界联系在一起，网上的信息无穷无尽，但如何迅速准确地找到自己所需的信息则不是一件容易的事，需要检索的方法与技巧。网上寻找资料的途径主要有二：一是分类目录链接，分类目录链接是按树形结构组织，从点击主页的根目录链开始，一级一级深入，一直到达所需的网页。这种分层搜索易于控制，适合于浏览性的查找，但会因层次太多而感到检索速度太慢。二是关键词(keyword)查询，即在搜索框中输入选定的关键词进行快速查找。当然，利用搜索引擎查找文献并不只是输入关键词就行。据报道，在网上能真正找到所需资料的不到 30%。

(二) 一次文献的选择规则

面对纷繁的文献，我们该如何选择？

(1) 需要以重要作者、重要文献来源、重要(特别)观点作为选择依据。但文献选择同时又是一个熟能生巧的事务。研究者长期的文献阅读和综述训练，能够训练出特有的文献敏感。

案例 2-19　文献选择的规则

试分析某研究生毕业论文的参考文献，是否合适？

陈平.改变“一考定终身”[J].校长阅刊，2007(Z2).

方卫星，方霆，等.中国自主招生发展态势与存在问题的分析、建议[J].宜春学院学报，2008(3).

方卫星.江西省2006～2007年自主招生现状的统计与分析[J].中国商界：下半月，2008(12).

李振东.惟愿蹊径变通途：高校自主招生调查[J].高校招生，2005(12).

李新忠.深刻理解“以人为本”落实科学发展观[J].蚌埠党校学报，2007(4).

孙崇文.上海高校招生考试制度改革回顾与反思[J].机械工业高教研究，2000(2).

苏以权.英国高校招生考试制度评介及启示[J].湖北招生考试，2002(8).

王晨曦.英国高校招生制度的改革趋势及启示[J].湘潭师范学院学报：社会科学版，2008(05).

王寻.高职：自主招生露出曙光？[J].中国新闻周刊，2006(23).

王波，林晓轩，倪红梅.美日法三国大学招生面面观[J].教育文汇，2006(7).

叶雷.自主招生应该缓行的N个理由[J].西部大开发，2006(6).

杨思帆.中美大学现行入学考试的管理比较与思考[J].世界教育信息，2007(12).

张林狮.我国高校招生制度改革探析[J].生产力研究，2006(4).

邹林斌，关颖婧.中美高校招生方式比较研究[J].阿坝师范高等专科学校学报，2006(3).

2006年高校自主招生七步走[J].招生考试通讯：高考版，2006(1).

分析：该研究生所列的参考文献水平参差不齐，若将一些在级别较低的报刊、杂志上发表的文章列为参考文献会对自身论文的质量造成消极影响。论文应尽量参考国内外研究水平较高的论文或著作，一般可从一些比较权威的报刊、杂志上搜集所需要的资料。同时，在呈现参考文献时，应尽量避免杂乱，在表述某一观点时，选取一个或几个有代表性的文献即可，无需列举过多的重复信息。

(2) 从文献选择的内容上讲，应该全面地反映本研究的范围。

如做教学策略的研究综述，不能变成了“地理合作学习研究综述”。

(3) 从文献选择的时间上讲，应综述最近的研究成果，特别是最近 5 年来的研究成果。

（三）一次文献的整理

文献的整理是文献法的重要环节和内容。它包括对文献的阅读、记录、鉴别、分类处理和制定文献综述。分为两种方法：

主题分类法（观点分类法）。以一个观点为统领，把与这个观点有牵连的论点、论据、论证方法和手段等材料汇总，组成一个材料系列。

项目分类法。把材料按其属性分项归类，整理材料可以采取纵横两种系列。纵系列即按照研究进程分成几个项目整理，横系列即按照材料的种类分成几个项目整理。

三、文献综述的撰写

（一）文献综述的种类

按照文献综述信息含量的不同，可将文献综述分为叙述性综述、评论性综述和专题研究报告三类。

叙述性综述是围绕某一问题或专题，广泛搜集相关的文献资料，对其内容进行分析、整理和综合，并以精炼、概括的语言对有关的理论、观点、数据、方法、发展概况等作综合、客观的描述的信息分析产品。叙述性综述最主要特点是客观，即必须客观地介绍和描述原始文献中的各种观点和方法。一般不提出撰写者的评论、褒贬，只是系统地罗列。叙述性综述的特点使得读者可以在短时间内，花费较少的精力了解到本学科、专业或课题中的各种观点、方法、理论、数据，把握全局，获取资料。

评论性综述是在对某一问题或专题进行综合描述的基础上，从纵向或横向上作对比、分析和评论，提出作者自己的观点和见解。它是一种明确取舍的信息分析报告。评论性综述的主要特点是分析和评价，因此有人也将其称为分析性综述。评论性综述在综述各种观点、理论或方法的同时，还要对每种意见、每类数据、每种技术做出分析和评价，表明撰写者自己的看法，提出最终的评论结果。这种综述可以启发思路，引导读者寻找新的研究方向。

专题研究报告是就某一专题，一般是涉及国家经济、科研发展方向的重大课题，进行反映与评价，并提出发展对策、趋势预测。专题研究报告是一种现实性、政策性和针对性很强的情报分析研究成果。其最显著的特点是预测性,它在对各类事实或数据、理论分别介绍描述后,进行论证、预测的推演,最后提出对今后发展目标和方向的预测及规划。专题研究报告对于科研部门确定研究重点和学科发展方向,领导部门制定各项决策,有效实施管理起着参考和依据的作用。这一类综述主要表现为预测报告,可行性研究报告,专题调研报告,建议、对策与构想报告等。

(二) 文献综述的特点

文献综述是对一次文献的再创造。从逻辑上讲,文献综述首先要体现综述者的分析能力。它要求将各类一次文献按照主题、观点或阶段等特征进行分类。大类中又能分出小类,争取能为每篇代表性的文献找到其独特的存在空间。文献综述其次要体现的是作者的综合能力。它要求综述者不仅能将观点、主题等相近的文献提炼出其相同点,还能归纳出不同观点和主题文献的某些共同特征。这样,因为展示了相同,读者能很快把握该领域的共同特征;因为展示了不同,读者又能区分对待不同文献的学术价值。于是,整个学术谱系就为读者呈现出来了。

从综述的内容来说,文献综述又具有如下特点:

1. 内容的综合

这是文献综述最基本的特点,包含两方面的含义。一方面,文献综述首先表现出对大量文献的综合描述。各种类型的综述,其基础都是综合叙述。另一方面,它综述广泛时空范围内的发展和情况,既有纵向描述,又有横向覆盖。

2. 语言的概括

文献综述是将文献中有用的理论、观点和方法用最精炼的语言加以概括的描述,提炼出数据,同时舍弃原始文献中的论证、计算、推导过程等细节。文献综述不同于文摘,不是将原文献的中心内容摘录出来;也不同于节录,不必完全按照原文节选下来。

3. 信息的浓缩

文献综述集中反映一定时期内一批文献的内容,浓缩大量信息。一篇综述可以反映几十至上百篇的原始文献,信息密度大。

4. 评述的客观

综述性文献的客观性有两方面,一方面叙述和列举各种理论、观点、方法、技术及数据要客观,必须如实地反映原文献的内容,不得随意歪曲,或是断章取义,不顾上下文,同时还要避免因理解不同而出现的误解;另一方面,在分析、比较、评论各种理论、观点、方法时要有一种客观的态度,应基于客观进行分析、评价,不能出于个人的喜好、倾向进行评论，更不能出于个人的感情有意偏袒或攻击。另外，在做出预测时，要以事实、数据为依据，以科学的推导方法为手段，力求客观，而不是凭空想象，出于主观愿望盲目提出。

相应地，常出现的问题有：

(1) 没有分类，分类不清晰，或者做“国内、国外”等形式化分类。

案例 2-20　文献综述的分类问题

试分析，下列分类是否可取，为什么？

第一篇

对文献进行大致分析，我发现对于特色学校这一课题的研究，有很多不同的研究方法，具体说来，主要包括概念式研究、过程式研究、管窥式研究、比较性研究四种研究视角。下面分别加以说明。

关于特色学校的涵义，主要有以下几种观点：

1. “特色学校顾名思义就是指有特色的学校。它是对办学中能出色地完成学校教育任务，而又在整体上具有独特、稳定、优质的个性风貌的学校的统称。”

2. “特色学校的‘特色’是一种先进的、独特的、富有时代特征和相对稳定的学校文化。”

3. “特色学校被看成是学校整体改革的产物。特色应体现在学校的各个方面，成为学校群体共同追求的，努力形成一套全面的、整体的、综合的学校文化模式。”

4. 顾明远教授 2003 年 9 月在人民教育的《也谈特色教育》文章中指出：特色学校就是在办学方面，有自己的理念，有自己的思路，有独特的举措，为全校师生所认同，形成传统。

……

总的来讲，虽然对于特色学校的概念表述不同，但是其基本理念是一致的，都是对于学校进一步发展的要求。只是从几个不同的角度来描述，这样特色学校因视角不同，得出的含义也不相同。

分析：① 本文从研究者的研究方法上对文献加以分类，从概念式研究、过程式研究、管窥式研究、比较性研究四种研究视角对综述对象加以概括，使得读者可以在短时间内，花费较少的精力了解到本学科、专业或课题中的各种观点，可以使读者很好地把握全局，获取资料。② 然而，文中在对特色学校的涵义综述时，只是代表性观点的列举，而非综合阐述。

第二篇

在所有的相关文章中，文章的类型大致可分为三类：经验介绍型、理论分析型和问题反思型。下面逐一进行阐述。

经过分析，这类文章探讨的理论问题主要集中在以下四个方面：①特色学校创建的背景介绍；②特色学校的内涵界定；③特色学校的特征分析；④特色学校的创建策略。

综合看来，这些文献所涉及的内容可以分为三大方面。

一、是什么：特色学校的内涵；

二、为什么：特色学校建设的原因与意义；

三、怎么样：如何创建特色学校。

大体从两个维度进行分析，一是横向所需条件，二是纵向创建过程。

分析：以上两者对文献的分类大致相同，既有纵向描述，又有横向覆盖。将文献中有用的理论、观点和方法用最精炼的语言加以概括的描述，提炼出是什么、为什么、怎么样三点，分类的方法比较可取。

第三篇

（二）研究派别

根据研究的目的将这些文献资料分为理论派、实践派和激进派。

分析：该学者不是将文献进行分类，而是对文献的作者或是研究派别进行了分类。该分类理论派和实践派对应，却找不到激进派的位置，这样的分类存在逻辑问题。

（2）大段引用某一文献，或是相关内容的文献列举。

案例 2－21　文献综述的文献呈现问题

试分析，下列文献综述存在的主要问题是什么？

第一篇

对于办学特色内涵的界定和分析，不同学者提出的观点不尽相同。

1. 华师大教授郑金洲提出：所谓办学特色，就是要创办文化上有自身特色的学校，这种学校在文化的各层面——精神、制度、行为乃至物资设备上，都或多或少地存在着区别于其他学校的文化特征。

2. 天津教科院的王宗敏提出：办学特色是学校在长期的教育实践中形成的独特的、优质的、稳定的教育风貌。所谓“独特的”是指一所学校最突出、最典型、最具个性的作风。所谓“优质的”，是指学校从实际出发，不断地对群体规范、舆论和内聚力进行质优化，不断地提高办学各要素及其结构关系的整体优化水平，使办学处于更优状态，以追求更佳的办学效益。所谓“稳定的”，是指形成某种办学特色后，不断改革内部不协调、不完善的状态，克服非优质因素，使已形成的特色保持相对稳定，这种稳步的提高，标志着办学特色的定型与成熟。

3. 某些学者从文化的角度来界定特色学校，例如郑芝恭把特色学校看成是学校整体改革的产物。特色应体现在学校的各个方面，成为学校群体共同追求的，努力形成一套全面的、整体的、综合的学校文化模式。

……

第二篇

什么是特色学校，在目前国内对特色学校没有明确定义，众说纷纭。如：有的给特色学校下的定义为：“特色学校指办学有明显特色的学校，所谓办学特色，就是在全面贯彻教育方针的前提下，根据自身的传统优势，运用先进的办学理念，开展学校的整体改革，推动学校工作整体优化，并在教育实施中努力挖掘，继承发扬并积极创造某一方面或几个方面的优势，逐步形成自己学校的办学风格和特征，办学特色也可以理解为学校在实施素质教育过程中所变现出来的独特的、优化的、稳定的、先进的办学特征”。有的给特色学校下的定义为：“特色学校顾名思义是有特色的学校，它是指在办学中能出色地完成学校教育任务，而又在整体上具有独特、稳定、优质的个性风貌的学校的统称”。还有人给特色学校下的定义为：“特色学校一般是指那种在全面贯彻教育方针的过程中，在办学主体刻意追求之下，在较长的时间内，在某些方面，具有区别于其他学校的独特之处，形成比较稳定的鲜明个性风格，成绩卓著，社会公认的学校”。中国教育学会会长顾明远先生给特色学校下的定义为：“特色学校就是在办学方面，有自己的理念，有自己的思路，有独特的举措，为全校师生所认同，形成传统”。总而言之，就是在办学的过程中，能因地制宜，发挥自己独特的教育风格的学校。办学有理念，措施有思路，着力于建设独特的校园文化，同时将其贯穿在学校的一切工作中。特色学校的发展，有将近二十年的历史，特色学校在中国的发展也越来越成熟与完善。

第三篇

语文教学策略文献总汇

一、钱梦龙：“三主四式导读法”

“三主”是：教师为主导，学生为主体，训练为主线。

"四式"是：自读式，教读式，练习式，复读式。

优点：体现了正确的教育思想，符合语文教学规律，能促使学生扎扎实实地掌握知识与基本技能，能卓有成效地提高学生的阅读能力。

来源：钱梦龙. 我和语文导读法[M]. 北京：人民教育出版社，2005.

二、魏书生："自读六步法"

将每一次教学过程分为六步：定向，自学，讨论，质疑，自测，自结。

优点：这是一种组织、引导和帮助学生进行自学的模式，而且经过实践证明有效。

缺点：看不出如何经过训练获得听说读写等语文基本技能的作用。

来源：魏书生. 与文字学引导[M]. 沈阳：沈阳出版社.

三、黄孔辰："问题教学法"

教学步骤：确定目标，提出问题，选择和运用教学方法，小结。

优点：除兼有"发现法"教学模式与程序教学模式的长处外，还有适合不同水平的学生的优点。

缺点：制定教学目标和编制供学生解决的系列"问题"，难度较大，新教师对这种方法的运用比较困难。

来源：黄孔辰. 黄孔辰："走进新课程"理论与实践探索[M]. 上海：上海文汇出版社，2011.

四、刘朏朏："三级训练"作文教学模式

作文训练步骤：观察，分析，表达。

优点：能把作文训练系统化。

缺点：在作文训练中，将语感训练独立出来，这种做法缺乏理论根据。而且，如何将"三级训练"与作文评改结合起来，这点并未回答。

来源：沈茂琮. 有益的尝试：介绍刘朏朏老师语文教学改革试验[J]. 语文教学通讯，1981(6).

五、刘尚洲："四定六步"作文教学模式

四定：定时，定量，定格，定质。

六步：作文指导，学生作文，批改作文，作文评讲，学生自改作文，写写作心得。

优点：克服了作文的盲目性和随意性。

缺点：没有制定详细的作文三年科学体系。

来源：盛冰，季银泉. 我国当代语文教学模式[J]. 教学与管理，1993(5).

六、山东省："三步十八字"单元教学模式

教学步骤：讲读课——精读、精讲、精练，训练课——自读、自学、自测，应用课——动脑、动口、动手。

优点：能统筹安排单元教学，提高了语文单元教学的整体效益。

缺点：划分略嫌绝对。

来源：盛冰，季银泉. 我国当代语文教学模式[J]. 教学与管理，1993(5).

第四篇

国内研究者在不断的教学实践中提出了以下几种听力教学策略。

一、"阶梯式"听力教学策略

"阶梯式"听力教学策略即在大学英语基础阶段，把听力认知技能分为三个阶段进行：第一阶段为听觉感知阶段，即一切皆从耳入，靠听觉获得信息；第二阶段为听力理解阶段，即培养学生分析、理解、判断、思考的能力；第三阶段为语言运用阶段，即将有效的语言输入转化为语言输出。

二、笔录教学策略

笔录策略是一项外显的，可观察得到的认知策略。Liu(2001)发现，笔录可被视作为回忆的线索，因而使被遗忘的信息失而复得。使用该策略能够延长听者对输入的语言信息的记忆时间，并改善记忆效果，具有"信息储存功能"。

三、图式理论教学策略

图式理论(Schemata Theory)是认知心理语言家们用图式理论理解心理过程的一种理论。听者借助记忆中激活的知识结构来填补文本中未表达出的细节内容，从而达到听力理解的目的。大量的认知理论证明：图式是认知的基础，在大脑中形成后会对以后获得的信息进行重新组织、理解和记忆。英语学习者头脑中已储存的知识对他们吸收新知识的方式和运用的效果起着关键作用，图式理论的观点用于语言理解能力的研究中，会对听力教学具有促进作用。(高稳，2005年)

第五篇

随着"特色学校"这一概念的提出，学者们也开始了对学校特色和特色学校定义的探讨。综合目前理论与实践探讨，人们对学校特色与特色学校的认识大致有以下三种：

第一种认识，即学校特色与特色学校是两个可以相互通用的概念，它们之间没有什么质的差异。二者是四个完全相同的汉字，只是排列组合的结构不同罢了。持这种观点的人相对较少。

第二种认识，即学校特色与特色学校是两个本质相同、联系密切、分别处于不同层次的概念。持这种观点的人比重较大。在这种认识中又有两种相左的意见：第一种观点认为学校特色是一个上位的概念，特色学校是一个下位的概念。认为，对大多数普通中小学校来说，首先要把学校办成特色学校，提高学校社会声誉。在此基础上，经过逐步完善和发展，再进入其发展的较高层次———办出学校特色的范畴。第二种观点认为特色学校是一个上位概念，学校特色是一个下位概念。特色学校和学校特色是整体和部分的关系，其根本区别在于质的水平，认为，中小学校可以建设某一方面的特色为突破口，经过不断地努力，向创建特色学校的高峰迈进。

第三种认识，即学校特色和特色学校是两个根本不同的概念。它们各有其不同的适用范畴，绝不能相互替代。学校特色不能简单地等同于特色学校。学校特色是指一个学校在教育教学等方面区别于其他学校的特殊的做法或特殊的效果。特色学校则是指在长期的教育教学实践中，形成了全面反映其办学思想和办学水平的，具有明显区别于其他学校的本质的、恒久的、稳定的办学特征的学校。一个学校可以有一个、两个或多个特色，但不一定是特色学校；特色学校的特色不一定很多，但是她在一个或几个方面所形成的稳定的发展态势和办学效益，却明显优于一般学校。前者是个别的、局部的、具体的、动态的，后者是一般的、整体的、抽象的、相对稳定的。

第六篇

无论是特色学校的理论阐述还是实践建设，首先要解决的一个问题都是它的界定。有学者指出，特色学校就是在办学方面，有自己的理念，有自己的思路，有独特的举措，为全校师生所认同，形成传统。与此类似，有学者认为是学校在长期的办学过程中，所表现出的有别于其他学校的独特的办学风格、独到的教育思想、鲜明的教学手段。这些界定不要求学校办学成绩突出。

与此不同，有学者认为，我国的特色学校一般是指那些在全面贯彻教育方针的过程中，在办学主体刻意追求之下，在较长的时间内，在某些方面具有区别于其他学校的独特之处，形成比较稳定的鲜明个性风格、成绩卓著、社会公认的学校。特色学校是对办学中能出色地完成学校教育任务，而又在整体上具有独特、稳定、优质的个性风貌的学校的统称。特色学校不仅要有区别于其他学校的地方，还要有杰出的成绩，能为社会所认同。

有学者认为，特色教育是“多元主义”教育价值观的体现，以教育的差异和个性得以尊重和提升为特点。同样强调特色学校的个性化，英国在上世纪末的教育改革中推出作为个性化学习推动者的特色学校政策，把个性化学习作为特色学校的核心理念。

有学者还对特色学校的学校特色进行分析，将对学校特色的认识分为宏观、中观和微观三个方面，并选择中观认识作为学校特色的指向，即学校办学中带有整体性的个性风貌。

分析：以上文献综述有些是大段引用文献原文，或者简单罗列不同研究者的原文，达不到真正综合内容的目的，且都不符合文献综述语言概括与信息浓缩的要求(第一、二、三篇)。甚至有将某一或某些研究观点进行全局摘录的现象(第四篇)，更无法到达“综”各家之言的目的。少数综述基本达到了综述的目的，对不同文献的观点进行了综合叙述，不是简单引用或罗列文献，但还可以在分类和表述上更为准确精炼(第五、六篇)。

(3) 选择性地探讨文献。有些研究者不是系统化地回顾现有的研究文献，找适研究的问题或可预测的假设，却宣称某种研究缺乏文献，从而自认他们的研究是探性研究。如果有选择地探讨现有文献，则文献综述就变成了研究者主观愿望的反映成了一种机会性的回顾。

案例 2-22　文献综述的文献选取问题

试分析，下列文献综述是否有问题，为什么？

第一篇

关于特色学校的理论研究和实践操作自 20 世纪 90 年代以来一直持续不断，经久不衰。这一领域研究的缘起是 1993 年 2 月中共中央、国务院颁布的《中国教育改革与发展纲要》中提出的广大中小学要“办出各自的特色”的政策性要求。近二十年来，相关的研究文献很多，理论建树颇丰，在全国各地雨后春笋般出现了许多所谓的特色学校。本文拟从对特色学校的理论思考和个案研究两大方面作简要说明，并尝试提出笔者的一些浅见。

分析：例文仅仅说明理论思考和个案研究，往往会受到作者的主观偏好的影响，不能代表这个研究领域的全部的内涵，所以，最好做全面的了解与分析。

第二篇

阅读教学根据不同的内容有不同的教学策略，应根据实际，灵活选择教学策略。本文对语文阅读教学策略的文献的综述从“从文本开始、以自主学习为主、教师主导学生主体、以体验为主”四个角度展开。将对不同教师的阅读教学策略进行分类阐述，有利于在阅读教学中可以准确运用。

分析：“从文本开始、以自主学习为主、教师主导学生主体、以体验为主”还是从某些方面做的文献综述，存在一定的局限性。

(三) 文献综述的结构

1. 标　题

2. 前　言

内容是选择这一专题的目的和动机、应用价值和实践意义。问题的历史、现状和发展动态,有关概念和定义。

常用句式有:

……是……的重要研究内容;

过去研究主要集中在……;

(深度上)……;

(广度上)……;

(有争论的问题)……;

鉴于……的工作将对今后……研究意义以及……的现实应用意义;

作者就……的关键问题进行了系统的分析和综述。

3. 主　体

综述主体部分的篇幅范围特别大,短者五千字左右,长者可达几万字,其叙述方式灵活多样,没有必须遵循的固定模式,常由作者根据综述的内容,自行设计创造。一般可根据主体部分的内容多寡分成几个大部分,每部分标上简短而醒目的小标题。部分的区分标准也多种多样,有的按年代,有的按问题,有的按不同论点,有的按发展阶段。然而,不论采用何种方式,都应该包括历史发展、现状评述和发展前景预测三方面的内容。

历史发展:按时间顺序,简述该主题的来龙去脉,发展概况及各阶段的研究水平。历史背景采用纵式写法,围绕某一专题,按时间先后顺序或专题本身发展层次,对其历史演变、目前状况、趋向预测作纵向描述。

现状评述:重点是论述当前国内外的研究现状,着重评述哪些问题已经解决,哪些问题还没有解决,提出可能的解决途径;目前存在的争论焦点,比较各种观点的异同并作出理论解释,亮明作者的观点;详细介绍有创造性和发展前途的理论和假说,并引出论据,指出可能的发展趋势。写目前状况采用横式写法,对某一专题在国际和国内的各个方面,如各派观点、各家之言、各种方法、各自成就等加以描述和比较。通过横向对比,既可以分辨出各种观点、见解、方法、成果的优劣利弊,又可以看出国际水平、国内水平和本单位水平,从而找到差距。

发展前景预测：通过纵横对比，肯定该主题的研究水平，指出存在的问题，提出可能的发展趋势，指明研究方向，提示研究的捷径。

需要注意的是，文献综述的是研究状况，而非研究对象的状况。同时，研究对象本身的历史不等于研究历史，文献综述需要综述研究历史，而不是综述研究对象本身的历史。还有，文献综述需要述评的也是研究的状况，而非研究对象的状况。

案例 2－23　文献综述的文献性质问题

试分析，下列内容作为文献综述，是否合适？

第一篇

一、特色学校的有关政策和学术会议

1. 1993 年《中国教育改革和发展纲要》提出“中小学要由‘应试教育’转向全面提高国民素质的轨道，面向全体学生，全面提高学生的思想道德、文化科学、劳动技能和身体心理素质，促进学生生动活泼地发展，办出各自的特色”的政策。

2. 2009 年 3 月，教育部副部长陈小娅在“中美高中特色办学研讨会”上再次强调了特色办学的意义。2009 年 12 月全国教育科学“十一五”规划在北京召开，共设立 100 所高中特色学校建设项目校和 200 所培育校。

3. 2004 年 9 月在江苏省吴江市教育局承办的“创建特色学校论坛”。

4. 2008 年 12 月重庆市教育局承办的“用世界的眼光办教育，树品牌”。

5. 2010 年 1 月重庆市永川区第三届全国中小学特色学校发展高峰论坛暨中国中小学首届名校论坛。

二、特色学校创建的背景

（一）政策背景

1992 年 10 月 12～18 日在北京召开的中国共产党第十四次全国代表大会上，提出了建设有中国特色社会主义理论。在这个理论的指导下，1993 年颁行了《中国教育改革和发展纲要》。纲要指出：发展基础教育，必须继续改善办学条件，逐步实现标准化。中小学要由“应试教育”转向全面提高国民素质的轨道，面向全体学生，全面提高学生的思想道德、文化科学、劳动技能和身体心理素质，促进学生生动活泼地发展，办出各自的特色。普通高中的办学体制和办学模式要多样化。

1999 年 6 月 13 日，《中共中央国务院关于深化教育改革全面推进素质教育的决定》指出：实施素质教育应当贯穿于幼儿教育、中小学教育、职业教育、成人教育、高等教育等各级各类教育，应当贯穿于学校教育、家庭教育和社会教育等各个方面。在不同阶段和不同方面应当有不同的内容和重点，相互配合，全面推进。

在不同地区还应体现地区特点,尤其是少数民族地区的特点。

2009年3月23~24日在北京召开了“中美高中特色办学研讨会”,会议指出:高中教育在整个国民教育体系中处于承上启下的关键位置,具有独特的重要性和教育价值。在中国义务教育普及化、高等教育大众化的新背景下,高中教育必然迎来发展高潮,加大高中学校特色发展的力度是高中教育事业改革与发展的重要课题。

(二)社会背景

当代中国社会正在经历着一场急遽的社会变革,其基本特征就是以社会主义市场经济体制的建立为核心的社会结构的转型。经济领域的市场化、政治领域的民主化和社会领域的自治化是这场社会转型的基本内容。在全球化和信息化的世界发展趋势下,社会的转型既构成了教育改革和发展的社会背景,也对人才培养和教育发展提出了新的要求。这种要求是当代中国教育改革和发展的根本动力。《中国教育改革和发展纲要》中曾指出:“中小学要由‘应试教育’转向全面提高国民素质的轨道,面向全体学生,全面提高学生的思想道德、文化科学、劳动技能和身体心理素质,促进学生生动活泼地发展,办出各自的特色。”表明我国教育政策反映社会转型对教育发展的需要,明确提出了中小学创办特色学校的政策要求。(刘复兴,2003年)

随着全球经济一体化的来临,学校作为人才培养的最重要的组织,面临着市场规则的严峻挑战。“择校”问题在市场经济的条件下日益凸显。学校对生源的竞争开始变得激烈。有些学校因容纳不了过多的学生而正在扩建、招募。而另外一些学校却面临着生源短缺的现象,这种现象无论是在农村还是城市都有所表现。学校若不能办出自己的特色,最终摆脱不掉被淘汰出局的局面。(李淑珍,2003年)

(三)教育背景

当代我国的基础教育改革是中小学创办特色学校的一个宏观教育背景。素质教育与新课程改革是我国基础教育改革的基本内容。素质教育和新课程改革提出了基础教育改革发展的新思路,从教育教学目标、课程内容到教学与学习方法、教学形式都提出了新的改革要求。传统的“千校一面”的学校发展状况和学校发展战略难以适应基础教育改革的要求。为了改革“应试教育”的弊端,实现中小学生全面的、生动活泼的发展,中小学必须要办出各自的特色。所以说,中小学创办特色学校是基础教育改革的一个基本要求。同时,基础教育改革也构成了中小学创办特色学校的一个宏观背景。(刘复兴,2003年)

第二篇

20世纪初语文单独设科，特别是“五四”以后以现代文教学为主，识字教学也以分散识字教学法为主。基本方法是随课文识字，即在阅读教学过程中进行识字教学。其优点是在具体的语言环境中识字，易于理解，避免了死记硬背；缺点是每篇课文只能识三五个汉字，速度太慢，因而影响了读写能力的发展。

毛泽东早在1945年就在《论联合政府》中提出：“从百分之八十的人口中扫除文盲，是新中国的一项重要工作。”把识字教育与提高人民的文化水平、巩固人民政权和进行社会主义建设联系在一起，强调在文盲充斥的国家里是建不成社会主义和共产主义的。

一、祁建华“速成识字法”

人民解放军某部文化教员祁建华，总结解放区扫盲工作的经验，根据汉字音义形相结合的特点，创造了“速成识字法”。基本方法是以注音符号为辅助识字的工具，联系生活实际理解字义，通过读写训练达到会读、会讲、会写、会用，互教互学，集中识字。

二、斯霞“随课文分散识字”教学法

南京师范学院(今南京师范大学)附属小学教师斯霞创立的“随课文分散识字”教学法形成于20世纪60年代初，最大特点是“字不离词，词不离句，句不离文”。优点是：① 符合儿童的认知规律和汉字规律；② 强调语言环境，有助于儿童语言和智力的发展；③ 有利于减轻学生过重的课业负担，促使学生身心健康发展。

三、辽宁省黑山学校、北京景山学校实验的集中识字教学法

1958年辽宁省黑山县北关实验学校率先进行集中识字教学法实验。1960年以后，北京景山学校及其他地区的部分学校也相继开展了这项实验。实验主要依据汉字的构形规律，把生字归类集中，指导学生用比较类推的方法学习汉字。

无论是古代还是现代的识字方法都有较高的理论和实践价值，但也有一定的局限性。我们必须系统地把握汉字及汉字认知的特点和规律，理性地认识各种识字方法的特点和优势，扬长避短，综合运用，提高识字教学效率。

分析：文献综述的状况是研究的状况而不是研究对象的状况。上述文献综述的对象为研究对象的发展状况、存在问题，而非研究状况或研究存在的问题。从文献性质上讲，上述文献属于零次文献，而非一次文献，不是文献综述的对象。

综述主体的结构格式举例如表2-10。

表 2-10

第一句	第二句	第三句	第四句	第五句	第六句
主题句	陈述理论 1	研究支持 1	陈述理论 2	研究支持 2	略
主题句	研究支持 1	研究支持 2	研究支持 3	略	例外情况
研究意义	主题句	研究支持 1	说明理论 1	略	主题句

常用句式有：

了解……的成因及其影响因素对认识……有重要的意义；

……的特征可用……来描述，其中常用的有……；

由于……受……等多种因素的影响，所以研究者通过……来描述各因素对……的影响；

影响……的因素很多，下面就……进行论述；

……不仅取决于……，而且受到……的制约；

……与……有关；

……是……的重要影响因素之一；

……对……的影响主要表现在……；

研究表明……；

产生……的原因有……。

4. 总　结

总结是对研究过程中的核心观点、材料来源、主要方法等展开评论，以确认本课题待进一步研究的问题。

案例 2-24　文献综述的文献背景问题

请分析该文献综述中的总结部分的质量。

一、文献现状

(一) 文献数量

本文主要研究了从 1993 年到 2010 年期间的关于特色学校创建的文章。从表 2-11 可以看出，此类研究越来越受到学者们的关注。

表 2-11

时间(年)	1993～1997	1998～2002	2003～2007	2008～2010
数量(篇)	27	32	34	80

(二) 文献发表情况

这些年有关特色学校的文章在国家级刊物上有 96 篇,地方性刊物上有 30 篇,其余的在各校报或杂志上发表的也不少。可以看出特色学校建设已成为社会热点性问题。

(三) 作者情况

1. 作者背景

这些文献的作者绝大多数是有教学经验的教师或研究人员,如表 2-12。

表 2-12

类别	领导人物	研究员	大学教师	中小学教师
人数(个)	21	17	55	35

其中大学教师或博士生导师占了相当大的比重。

2. 作者分布地区

作者的居住地区主要在江苏、广东、四川和上海一些发达地区。这与当地的文化发展和经济状况有直接的关系,同时在这些较发达地区特色学校更容易开展起来。

分析:① 在描述文献综述的现状时,从文献的数量、文献发表情况、作者情况三方面进行分析,以反映研究的规模、质量和分布状况,这种方式是可取的。但是,需要注意的是,在描述文献研究的现状时,应当尽可能进行全面分析,如还可从文献研究的动因、频率、方向等方面进行分析。② 在总结文献发表的情况时,将发表的文章分为国家级和地方级以及各校报或地方杂志几类。这种分类方式并非是严格意义上的学术分类,且存在分类标准的混乱,在杂志上发表的文章和在国家级、地方级刊物上发表的文章并不是按照同一标准划分的。③ 在对文献作者身份背景的描述上,该作者同样犯了标准不一的逻辑错误。领导和研究员、大学教师、中小学教师可能出现几种身份集于一身的情况。

5. 注释切忌喧宾夺主

综述需要对观点来源进行注释,但切忌在文章中进行人物、文献名或发表地(刊等的介绍。除非,该人物或文献或发表地(刊)对综述对象起着关键性的作用。

案例 2-25　文献综述的学术引用问题

关于教学策略的概念,学术界并没有定论。有学者从教学设计出发,如肖刚认为"教学策略是教学设计的有机组成部分,是在特定教学情境中为适应学生学习需要和完成教学目标而诊察做出,并随情境变化而做出调整的教学谋划和采取的教学措施。"(《教学策略的内涵及结构分析》,载《高等师范研究》,2000 年第 12 卷第 5 期)也有从教学方法出发,如陈心五认为"教学策略是教师根据具体情境,运用一定教学理论去解决某一实际问题的谋略,它既包含解决某一实际问题的教学理论,又包含解决某一实际问题的带有规律性的教学方法。"(《中小学课堂教学策略》,人民教育出版社 2000 年版,第 1 页)也有从教学方案上出发,顾明远主编的《教育大辞典》中认为:"教学策略是建立在一定理论基础之上,为实现某种教学目标而制定的教学实施总体方案,包括合理选择和组织各种方法、材料,确定师生行为秩序等内容。"(《课程与教学论》,南京大学出版社 2005 年版,第 164 页)李方的界定是"教学策略是指在课程与教学目标确定后,依据学生的学习规律和特定的教学条件,灵活机动地选择与组合相关内容、媒体、组织形式、方法和各种手段等,以便形成具有效率意义的特定的教学方案的原理、原则与方法。"(《课程与教学论》,南京大学出版社 2005 年版,第 164 页)从上述观点可以看出,无论从哪个角度出发,教学策略都是围绕"怎么教"这个核心,包括教学内容、教学方法、教学环境、教学目标、教学组织等,目的都是为了应对教学过程中可能出现的各种信息和问题,从而达到教学效果的最优化和有效性。正是由于教学策略的概念多样性,同时因其最终的目标是优化教学,致使教学策略本身具有多样性和灵活性。

分析:在做文献综述时需要对观点来源进行注释,但上述注释方式是不可取的。这会增加正文篇幅,使读者阅读不便。同时也会出现重复注释的情况。

注释有两种,第一种是插入脚注或尾注的"序号"式注释,第二种是插入"作者+发时间+页码"式注释。前者需要自动生成相关脚注或尾注。优点是节省正文篇幅,点是同一篇文献重复性注释。而后者的优缺点恰恰与此相反。也有人用第一方式,用手工插入序号的方式。这种方式的优点是避免了第一种方式的缺点,但可能因为删内容而导致混乱。

第五节　撰写研究计划

课题一旦确定，接下来就要全面规划整个研究过程，合理安排研究中的各项工作，制定切实可行的研究计划。研究计划在整个研究过程中具有重要的作用，具体表现在以下几个方面：①

1. 研究内容的细化

课题研究会牵涉很多因素，研究不仅要把握重点，也要顾及细节。研究者通过制定研究计划，可以使研究的目标、内容、范围、方法、程序等更加明晰，使课题内容更加具体化、可操作化，使研究有条不紊地展开。

2. 课题申报的形式

研究计划是研究者的基本构想，也是课题申报的主要形式。课题申报必须提交研究计划，科研管理部门主要是通过研究计划的申报、评审来确定课题研究是否有价值，是否具有可行性，是否需要立项给予资助。

3. 研究行动的指南

在研究过程中，研究计划是研究实施的指南。有了计划，可以避免忘记一些重要的细节。研究计划中必须制定详细的研究程序与步骤，要合理安排研究的资源，还要设想可能遇到的困难和解决的方案。有了研究计划，行动就有方向，可以少走弯路。

4. 评价检查的依据

在研究的进行过程中以及研究结束后，科研管理部门通常依照研究计划检查课题研究的进展情况或完成情况，并对课题研究进行评估鉴定。有时，一个颇有创意的研究构想，只有落实到研究计划书面文字的过程中，才会发现某些先天的不足和意想不到的困难，才会促使研究者努力设法去解决。有了书面的研究计划，还可以作为同行间沟通的依据，把自己的设想告诉别人，征求建议与指导，使研究课题更趋完善。

① 陶宝平. 研究设计指导［M］. 北京：教育科学出版社，2004：267－288.

一、研究计划的基本要素

研究计划的基本要素可以概括为以下四个问题：

（一）研究什么

当人们阅读一份研究计划时的第一个反应可能是：这个课题要研究什么？因此，研究者必须明确地回答这个问题，让别人了解，要研究的是什么内容。要回答这个问题，首先，要有合适的标题，标题最好能涉及研究的范围、对象、内容、方法；其次，要明确提出研究问题，让别人了解研究问题的性质；第三，要有文献综述，使人了解研究领域的基本状况；第四，要列举研究的待答问题或研究假设，让别人了解研究的重点；第五，要界定研究的变量及重要的名词、概念，让别人了解研究的范围。①

（二）为什么研究

在解决了“研究什么”的问题之后，人们很自然会继续发问：为什么要从事这项研究？因此，研究者必须在研究计划中解释从事这项研究的理由。要回答这个问题，首先，要说明研究的动机；其次，要提示研究的重要性和必要性，揭示研究的意义和价值；第三，要列举研究的具体目标。

---

① 教育研究需不需要“理论支撑”？

问题研究要以已有思想、理论和方法为基础，这是不言而喻的。但是，这不等于说任何问题的研究都必须有具体的“某人某理论”为支撑。有些学者，甚至是一些科研成果颇丰、教学颇有经验的研究生导师，经常要求学在开题报告里要有个专门部分明确写出“理论支撑”。我觉得这种做法和主张是十分值得商榷的。我们做研究目的，是为了解决问题，而不是为了某种理论或者方法的运用；是为了解决问题，而不是为了固守一个理论视、找出个对问题的“视角形象”。研究要以问题为中心，而不是理论中心、学科中心、方法中心。因此，凡是有利解决我们的问题的理论和方法，都是我们的“理论支撑”或者“方法支撑”。要不要在开题报告或者论文里专门代“理论支撑”，这要看研究的类型、问题的性质。对于那些“应用型”课题，它的研究本身就是要运用某个或者几个理论来解决自己的问题，自然要交代这个理论。这种情况的前提是，研究者认为这些具体理论对于解决这问题特别有效、甚至是无此理论则不能解决这个问题。但是更多的课题并不是这样的，对它们的研究当然也需理论指导、理论基础，然而这些理论基础不是解决问题的“模板”，而是以指导、渗透、规范等多种方式影响着我的整个研究。并且这些理论基础很广泛，可能是博采了已有相关研究的一切积极成果，也可能只采用了其中的本理念。这样，就不好具体说研究的具体“理论支撑”。对于大部分研究来说，局限于某一个或者某几个具体理论支撑”反倒不利于问题的解决，是一种违反研究方法论的做法。（引自：孙振东. http://blog.gmw.cn/u/745/archives/2008/39262.html#158030.）

（三）如何研究

当了解研究的理由之后，人们顺理成章地想知道研究将如何进行。要回答这个问题，首先，要说明研究的方法和实施程序，包括研究对象及其取样、研究的方法与步骤研究工具的选择与编制、收集资料的程序、资料分析的方法等；其次，对研究资源的合理配置，包括研究人员的组织、研究进度的安排、研究经费的预算等。

（四）有何成效

研究的价值体现在研究结果对现实世界和精神世界的贡献上。因此，人们最后总会问：研究最终会获得什么样的研究成果？要回答这个问题，首先，研究者必须在研究计划中具体说明研究的预期成效；其次，要有成果达到的水平和表现形式。

无论采用什么格式撰写研究计划，以上四个问题是必须要具体回答的。掌握了这四个基本要求，研究计划中才不会遗漏必要的信息和内容，研究计划才可能得到更多的外部支持。当研究计划完成后，我们也可以按是否清楚地回答了这四个问题来评价研究计划的优劣。

二、研究课题的申报与评审

（一）课题申请书的内容

课题的申报与研究计划有密切的联系。研究计划是课题申报的基础，申报课题立项后，研究计划便列入科研部门的管理，并可以获得经费的资助以及其他方面的支持课题申报需要填写“研究项目申请书”，项目申请书大致有以下内容：

（1）课题名称包括所属学科、研究类型等。

（2）课题负责人情况包括性别、年龄、工作单位、职称、职务等。

（3）课题组主要成员情况包括性别、年龄、职称、工作单位、专长、外语程度、分工情况等。

（4）课题负责人及课题组成员近期取得的与本课题有关的研究成果，包括成果名称、作者、成果形式、发表刊物或出版单位、发表出版时间等。

（5）课题组成员正在担任的其他研究课题，包括课题名称、课题类型、实施时间批准单位、资助金额等。

(6) 课题论证包括课题研究的目的、性质、立论依据，国内外有关研究概况、水平、发展趋势，研究的实际意义和理论意义，以及应用前景等，通常还要求附主要参考文献。

(7) 研究方案包括研究目标、研究内容、研究方法、研究过程、本项目拟解决的关键问题和特色创新之处等。

(8) 完成研究的条件分析包括现有的研究工作基础、研究的外部条件、课题组人员结构、资料准备情况、研究设备等。

(9) 成果形式包括主要研究阶段、最终完成时间、最终成果形式、成果的预计走向及使用范围等。

(10) 经费预算包括课题经费估算、申请经费资助的数额、开支项目及年度预算等。

(11) 推荐人意见。不具有高级专业技术职务的申请人，须由同专业两名具有高级专业技术职务的专家做出书面推荐。推荐人主要介绍课题负责人和课题组成员的业务水平、科研能力、科研态度、科研条件以及完成课题的可能性。

(12) 课题负责人所在单位领导意见和信誉保证。基层领导就申请书内容是否属实，课题负责人的科研素质、能力水平是否适合承担该课题，单位是否能提供完成课题所必需的时间和条件等签署意见。

由于课题立项评审主要根据研究项目申请书的各项内容来考虑是否给予课题立项，因此填写研究项目申请书至关重要。一定要实事求是，充分论证。

研究计划是行动的纲领。课题计划考虑的越周密、越充分，研究就越能顺利达到预想的目标。当然，研究计划并非是一成不变的，研究计划毕竟是在研究过程开始阶段所进行的预想，在实际研究过程中可能会遇到意想不到情况，因此，研究计划的实施不应该是机械地贯彻落实，有时需要根据实际情况做出必要的调整、补充、修改。

(二) 课题申请书的论证

课题论证是研究设计的最后环节，也是科研课题评审立项的步骤之一。课题论证是有组织、有系统地对所选定的课题是否有价值、是否有新意、是否切实可行进行实事求是的分析和评价，目的在于避免由于选题不当造成的人力、物力、财力的浪费。另外，通过论证还可以进一步完善课题计划，为顺利实施研究提供保证。了解课题论证的形式和课题评审的标准，可以倒过来反思所制定的研究计划的合理性。

课题论证是一项严肃认真的工作，对课题申报人员和评审人员都有严格的要求。

要求课题申报人员认真准备论证材料，详细介绍课题情况，虚心听取论证意见，并根据论证结论修改完善研究计划。课题论证的形式有三：① 课题论证会。课题论证会也称开题报告会，通常由科研主管部门或由课题负责人邀请专家评委对课题计划进行讨论和可行性分析。课题负责人报告课题内容，并对专家评委的提问质疑进行解答。② 课题评审。课题评审指科研主管部门组织专家评委对上报的科研项目申请逐一进行评议、审核。通过对申请课题的意义和内容、研究思路和方法、研究的基本条件和能否取得实质性进展提出意见，并对能否立项投票表决。课题评审有两种形式，一是会议(集中)评审，二是通讯评审。课题评审通过，经上级主管部门批准，即为正式立项课题。③ 自我论证。自我论证是完善课题的一个环节，是课题论证会和课题评审的基础。作为个人自定的、不纳入科研规划的课题，虽不必履行审批手续，但仍需对课题的价值、创新、可行性进行自我论证。通常可请同事、同行对所选课题进行评议，提出意见。

三、评价研究计划的具体指标

在实际评审课题计划的过程中，还可以从课题计划的细节入手。尽管不同单位不同科研机构提供的研究项目计划书繁简不一，会有一些特殊的要求，但基本的要素是相似的，结构也大同小异。评价研究计划可以先从全篇的文字、结构、观点、创见、文献的应用等方面进行一般性的审阅，然后就研究计划的细节部分进行考查。

(一) 研究计划的整体评价

研究计划的一般性评价需要兼顾内容与形式两个方面。形式方面主要考虑语言文字的运用，文章的组织结构；内容方面主要考虑观点、创见、可行性以及文献的应用。

另外，国家及省市级科研主管部门在制定课题指南和进行规划课题管理过程中也会制定相应的课题评审标准。整体评价的评审标准可以分为以下几项：

(1) 有一定的理论意义和实践意义。

(2) 对学科建设和发展有一定的促进和推动作用，有较高的学术价值。

(3) 能为科学决策提供理论依据和论证。

(4) 有利于积累、弘扬民族优秀文化，有利于吸收、借鉴世界文明成果。

(5) 论证充分，切实可行，经费预算合理，承担者具有按计划完成任务的素质和能力。

(6) 预期有良好的社会效益，成果有出版、使用、推广的可能。

（二）研究计划的局部评价

局部评价是对研究计划中各个部分的内容及其表达形式的评定。以下一些问题可供参考：

1．研究问题和目的

研究问题是什么？

题目是否具体、明确？

研究课题范围是否合适？

研究的目的明确吗？

研究课题是否有价值？

是否有实际意义？

值得研究吗？

对教育理论有何贡献？

对教育实践有何帮助？

研究目标或议题是否明确？

研究有何创新之处？

2．文献综述

文献综述是否与研究问题相关？

别人是如何看待这个问题的？

相关的理论是如何描述这个问题的？

本研究与以往的研究有何不同？

综述能否代表问题领域的最新成果？

本研究在理论上、实践上有什么依据？

能否充分占有文献资料？

引用文献是否权威、新近？

能否代表最新研究成果？

通过文献综述能了解研究的创新之处吗？

3．研究对象

研究对象是否明确？

抽样是否具有代表性？

样本容量是否合理？

抽样方法是否恰当?
研究方法是否适合研究问题的需要?
还有什么资源可以利用?
如何使用资源?

4. 测　量

是否有研究假设?
研究中有哪些主要变量?
研究变量是否清楚?
如何界定研究变量?
如何测量研究变量?
如何控制研究变量?
是否应用操作性定义?
有没有测量工具?
测量工具可靠、有效吗?
测量手段合理吗?

5. 资料收集方法

用什么方法进行研究?
采用的方法符合伦理道德吗?
是实验研究还是经验研究?
是实地研究还是文献分析?
是定性研究还是定量研究?
收集资料的方法主要有哪些?
能收集到所需资料吗?
收集的资料能说明、解释研究的问题吗?
研究结果能重复吗?

6. 分　析

课题计划中的分析合理吗?
用什么方法来解释事实或数据?
是采用数据统计分析还是理论逻辑分析?
统计方法、分析手段是否恰当?
能确切解释教育现象吗?

是对事实描述感兴趣吗？
是对变量之间相互关系感兴趣吗？
是对因果关系感兴趣吗？
7. 时间进度与人员安排
课题计划中有没有时间进度表？
课题计划中有没有工作项目进度表？
时间进度安排合理吗？
能按时完成课题计划吗？
研究人员的结构是否合理？
研究人员的研究基础和实力如何？
8. 经费预算和预期成果
经费预算合理吗？
项目支出是研究必需的吗？
预期成果能否完成？
预期成果的社会效益和经济效益如何？
预期成果的适用范围和推广力如何？
课题评审标准通常用表 2－13 表示。

表 2－13　课题评审评分表

评审内容	权重	评审标准				得分（百分制）
	1	A 级（80～100 分）	B 级（60～79 分）	C 级（40～59 分）	D 级（0～39 分）	
选题意义	0.2	有重要创新性或应用性	有比较重要的创新性或应用性	创新性或应用性一般	基本属于重复性工作	
研究基础	0.15	已有相关成果丰富，熟悉研究现状，所列参考文献具有代表性	已有比较丰富的相关成果，比较熟悉研究现状，所列参考文献比较有代表性	已有一般相关成果，一般了解研究现状，所列参考文献有一定代表性	没有相关成果，不了解研究现状，所列参考文献没有代表性	

续表 2-13

评审内容	权重	评审标准				得分（百分制）
	1	A级（80～100分）	B级（60～79分）	C级（40～59分）	D级（0～39分）	
课题设计	0.4	目标明确，内容充实，思路清晰	目标比较明确，内容比较充实，思路比较清晰	目标基本明确，内容基本充实，思路基本清晰	目标不够明确，内容空泛，思路模糊	
研究方法	0.15	方法适切	方法比较适切	方法基本适切	方法不当	
研究条件	0.1	完全具备	比较具备	一般条件	不具备	
总计						

以上各项问题可以制成一份课题研究计划评价的检核清单（check list），评价者可以按清单内容逐项核对研究计划的内容，最后综合判断研究计划的质量。当然，这个清单不可能穷尽课题研究计划评价的全部内容，但至少可以揭示研究计划评价的大致方向和基本内容，可以作为撰写研究计划和评价研究计划时的参考。

第三章　教育研究的论证

论证就是用已知为真的判断去确认另一个判断的真实性或虚假性的思维过程。论证的基本结构包括:① 论题,即论辩双方所共同谈论的某个话题,尽管他们在这个话题上可能具有完全相反的观点。② 论点,即作者在论证中所要证明的观点。③ 论据,也就是论证者用来论证他的论点的理由、根据。④ 论证方式,即论点和论据之间的联系方式,通常表现为一系列推理形式的复合。⑤ 隐含的前提或假设,在一个论证中,常常隐含地利用一些前提或假设,相应的也隐含地使用了一些推理形式,只是没有把它们统统明明白白地说出来或写出来。

如笔者应《中国德育》约稿,撰写关于“班主任专业化”的论文。① 在把握相关资料后,笔者提出了“班主任专业化为什么这么难”的论题。② 围绕这个论题,有三个基本论点:班主任专业化的内在动力匮乏;班主任的专业领域界限模糊;班主任专业准入制度门槛过高。从逻辑上讲,这三个论点不一定能全面覆盖论题的内容,但却能有效支撑论题的基本假设。③ 根据论点,笔者选择了相关论据。如第三个论点的论据就有两个方面:第一个方面是一般性的,“2008 年,全国小学、初中和普通高中的生师比分别为 18.38,16.07 和 16.78。假设全国中小学的班级学生配额大致一致,为 49～55 人,这意味着每三位教师中必定要产生一名班主任。”第二个方面是个别性的,“以安徽省太湖县为例,2009 年该县小学所有班级数为 1 389 个(含复式班 128 个),其中人数低于 25 的班级有 911 个,占总数的 66%;人数低于 45 的班级有 1 224 个,占总数的 88.12%。126 个复式班的学生人数均低于 25 人。也就是说,在该县有 66%的小学教学班只有一位教师的编制,该教师也就不得不同时充当班主任的角色;而在 126 个复式班中,这位教师既是所有科目的任课教师,又是所有年级的班主任和该校校长。即使剩有 22.12%的班级学生人数处于 25～45 之间,那也意味着至少每两位教师中间就必须产生一位班主任。”④ 论证方式。通过一般性和个别性数据，不难得出对比性的结论：“如此庞大的班主任需求和如此紧缺的教师岗位造成的对比告诉我们：在我国教师编制无法做出根本变革的时期，论证班主任专业化和班主任准入制度，到底是显得有些奢侈和盲目。”⑤ 隐含的前提和假设。实际上，笔者的本研究成果就是对很多提倡班主任专业化说法所隐含的前提和假设的一种批评。如果班主任专业化没有条件实现，提出班主任专业化的建设途径就有些盲目了。

教育研究的活动是一种理性的活动，它需要遵循人类思维的基本逻辑。它不但要回答研究形式的有效性问题，还要回答研究前提的真实性和可信性的问题。成熟的研究者不仅需要提出和论证自己的观点，也需要评估自身论证的可靠性。在对一个论证的可靠性做出评估时，常常需要把它们都考虑进来。

第一节　教育研究常用的论证方法

一、直接演绎法

直接演绎法就是引用一些已经为人们认同的真实判断，运用演绎推理形式从论据直接确立论题的真实性或虚假性的论证方法。直接演绎法又叫引证法，权威的言论常常是人们引用的论据。但引用权威的观点也有风险，任何权威都有出错的时候，这尤其表现在他不熟悉的领域中。

案例 3－1　直接演绎法案例及分析

规模经济理论表明，社会组织的规模扩大和收益之间变化关系不是无限递增的，现实生活中表现为先增、随后短期不变、最后递减的走向，经济学把规模扩大造成收益递减阶段称为规模不经济阶段。本来将分散的、规模过小的中学撤并，对这些教育资源进行优化配置，使师生和生源集中，确实提高了教育资源的利用效率，实现了教育质量的提高，但是由于学校规模过大，致使这些“巨型学校”可能会产生有规模但不经济的问题。尤其是班级规模过大，不能保证教育质量，也就无法达到提高教育资源利用效率的目的。同时，由于学校规模过大对学校安全管理造成了巨大压力。这些巨大规模的学校几乎都集中在城区，学校场地普遍狭小，无法满足从各地集中过来的学生的学习和生活需要，学校安全管理隐患增加，尤其是在寄宿生管理这一块更是让学校投入巨大精力，校内外学生的住宿安全、饮食安全等问题都是对学校管理的巨大挑战。

来源：万明钢，白亮．“规模效益”抑或“公平正义”：农村学校布局调整中“巨型学校”现象思考［J］．教育研究，2010(4)：34－39．

分析：直接演绎法指从一个数据、理论或观点引出自己观点。上文作者运用规模经济这一理论来阐述“巨型学校”是一种规模不经济的模式。从教育资源的利用效率、学校安全管理以及教育质量几方面来进一步证明这种“巨型学校”确实是一种规模不经济的模式。属于直接演绎法。

二、反证法

反证法是通过证明与论题相矛盾的论断为假，然后根据排中律确定论题为真的论证方法。

案例3－2　反证法的案例及分析

内容：详见《发霉的奶酪》

来源：钟启泉．发霉的奶酪：《认真对待“轻视知识”的教育思潮》读后感［J］．全球教育展望，2004(10)．

分析：在该论文中，作者主要是要表达在基础教育改革中应该实施的是“大众主义的教育观”，但是他没有直接说明大众主义教育观有什么优势，而是通过说明之前所提倡的精英教育和素质教育的一些质疑以及不足之处来最终表达自己的观点。

他在文章中是这样论述的：精英主义教育是指教育活动的主要目的甚至唯一目的是培养和选拔精英人才，这种人才是对以学科专业人才为主体的“高级”人才的总称。其理论假设是受教育者在发展潜力上有“三六九等”之别；其现实依据是精英人才对社会发展的贡献率远远高于普通民众，或精英人才主导甚至主宰着社会的发展；其课程的开发是以学科本位或专业知识本位为立足点，从而形成了学科化、专业化的课程体系；其实施方式是以学科化、专业化为标准对受教育者经层层甄别和选拔，并最终“培养”出所谓的精英人才。精英主义教育对人才的培养是建立在牺牲大多数人利益基础之上的，所有学生在精英主义教育模式之下试图走上专业化发展的道路，其所学所知主要指向成为高级专业人才，而无益于作为一般社会成员，但当他们中的大多数在层层选拔中半途而废时，黄金年华却换来了对未来的迷惘和无助。此外，精英主义教育还催化并加深了社会的不平等，催化并加剧了应试教育的盛行，将教育的各个阶段异化为更高一级教育的预备阶段。精英主义教育是人类教育发展的一个阶段，尽管我们不能站在今天的历史坐标上对曾经的和现在的精英主义教育冠以"非人性""非公平"的罪名，但我们却应当反思这种教育的利弊得失，转而在基础教育领域中确立和倡导一种新的教育价值观——大众主义的教育价值观。

三、归谬法

归谬法是由被反驳的判断(对方的论题或论据)合乎逻辑地导出一个荒谬的结论，从而揭露出它的虚假性。归谬法还有一种特殊的形式叫做"导出矛盾法"，即从被反驳的论题合乎逻辑地推出一对逻辑矛盾出来。

案例 3-3　归谬法的案例及分析

针对过去的标准化文本解读之弊端，新课标特别指出"学生对语文材料的反应是多元的……应尊重学生在学习过程中的独特体验。"多元解读正成为当今阅读教学的一种走向。然而，在教学《孙悟空三打白骨精》时，却出现了这样的"多元"：

老师：课文中有三个主要人物——唐僧、孙悟空、白骨精。请同学们选择其中一个人物，找找有关的描写内容，想一想，然后说说他(它)是一个怎样的人。

学生 1：我想评价一下白骨精。就像课文里说的，它诡计多端，残害百姓……(接下去列举了不少文中的内容来加以证明)

学生 2：不过我觉得白骨精也有好的地方，至少它很孝顺嘛。你看，它抓到了唐僧之后就派人去请自己的母亲一起来吃，这不是很有孝心的表现吗？

(许多学生愕然，有人在微微点头)

学生 3：我听了刚才同学说的，觉得也有点道理，有好处时能马上想到母亲，这总是一件好事。

学生 4：不过它请母亲来吃唐僧，却使得母亲也被孙悟空打死了呀。

学生 5：可是它一开始也没想到会这样嘛。它只是想让母亲也能长生不老。

所以母亲被孙悟空打死，不是白骨精的错误嘛。它的出发点还是好的。

（学生继续发表意见，教师不做干预，意见趋向于肯定白骨精的“孝心”）

老师：大家说得真好，听了同学们的发言，我也很有启发。是啊，我们从来都是说白骨精怎么怎么坏，可是经过大家的讨论，我们发现，它的身上也有闪光点值得学习呢。

在这个课例中，孩子们表现出来的多元解读、个性解读的意识和能力都令人刮目相看，但是无论如何，“白骨精也值得学习”，这个结论却令人不寒而栗。让我们再次审视这个文本，学生所说的“孝”在文中到底体现了多少呢？很明显，学生是仅凭“请母亲共享唐僧肉”这一个孤立的举动得出的结论，却没有关注到这一举动的背后是血淋淋的屠杀；他们认为老妖婆的死是未曾预料的偶然，却不知道这是作恶自毙的必然结局；他们只知道“孝”是一种美德，却没有考虑到凌驾在个人道德层面之上的还有公德、正义、人性等更具有普遍意义的概念存在。其解读视野之狭隘，对小学生来讲是可以原谅的，但是作为教师，在学生解读发生如此重大偏差的时候，非但没有及时负起点拨引导的责任，反而对此加以肯定和赞赏，其可能造成的严重后果，已经不仅限于阅读教学本身。教师要充分尊重学生的个性化解读，要在教学中深入挖掘人文因素，但不能放弃价值引领，这样的价值迷失和误导，已使“人文熏陶”走向了一种险境。

来源：周雨明．语文教学不能在“人文熏陶”下迷失［J］．中国教育学刊，2008(07)．

分析：这段文章使用了归谬法的论证方法。新课标提出语文是“工具性与人文性的统一”，既要打好语文学习的基础，又要重视语文的人文熏陶感染作用，教师在这个过程中应该给予学生正确的指导和引领。文中采用了“以退为进，引入荒谬”的方法。假设所有的课文全面偏重于人文性教育，让学生自由讨论，在学生解读发生如此重大偏差的时候，教师完全尊重学生的看法，放弃引领指导，那么就会出现例文中这等荒谬的讨论结果——白骨精也值得学习。作者用这种归谬法论证了教师在学生自由讨论的同时，不能完全地放任自流，否则学生很有可能会走向歧途。

四、选言证法

选言证法又叫“排除法”或“淘汰法”，这是一种通过否定与论题相关的其他几种判断，从而确定论题为真的论证方法。

案例3-4　选言证法的案例及分析

在主张回归传统语文教育的人看来，我国传统语文教育是符合汉语的特点和教学规律的；语文单独设科以来，特别是“五四”以来的现代语文教育，背离了传统语文教育的正确轨道，造成语文教育质量严重下滑。因此，必须“折回到传统的路子上去”。可见，要想证明该不该回归传统语文教育，首先就得证明语文单独设科以来对传统语文教育的变革是否必要和正确。

关于传统语文教育的弊端，用不着多费笔墨。我们知道，我国的传统教育是不分学科的教育，即语言文字教育、历史教育、哲学教育等混合在一起。现在所说的传统语文教育，其实就是这种综合性的教育。传统教育发展到明清以后，已经完全沦为统治阶级统治和愚弄人民的工具，思想之腐朽、内容之空疏、方法之僵化，已经到了非变革不可的地步。鸦片战争以后，要求变革传统教育的人越来越多，不论是洋务运动，还是戊戌变法，矛头都直指传统教育。经过几代人的努力，才赢得了清朝末年的兴新学、废科举。从此，传统教育作为一种制度，逐渐退出了历史舞台。

新的学校教育实行分科教学，现代语文教育由此诞生。从颁布《奏定学堂章程》到“五四”运动乃至新中国成立，现代语文教育进行了一系列变革，逐渐摆脱了传统教育思想、内容和方法的束缚。现代语文教育的变革是否正确？只要看看现代语文教育变革了什么，就不难做出正确的判断。

（一）变禁锢思想的教育为解放思想的教育；

（二）变远离生活、学用脱节的教育为走近生活、注重实用的教育；

（三）变言文分离、重文轻语的教育为言文一致、言文并重的教育；

（四）变“暗中摸索”、经验主义的教育为“明里探讨”、追求理论指导的教育。

综上所述，现代语文教育的这些重要变革在我国语文教育发展史上有着巨大贡献，其方向都是正确的。虽然在变革的过程中也出现过一些失误，例如，在追求语文教育贴近生活、注重实用的过程中，有时候片面地理解了语文与生活的关系，忽视了语文教育的文化教育功能；在追求语文教学科学性的过程中，有时反而违背了科学性原则，误入“科学主义”的歧途。但是，这些都是改革过程中的失误，是可以纠正的。不能因为现代语文教育在某些局部有失误，就全盘否定它。

来源：武玉鹏. 是现代化还是回归传统：也谈现代语文教育的出路[J]. 教育研究，2011(1)：101－105.

分析：选言证法也可以理解为排除法，即指文章可能会列举几种不同的观点，但根据文章需要对不适宜的观点进行排除，最后只剩下一种观点，即作者所赞同的观点；或者指明某事物共有几部分组成，然后对各部分进行分析，最后没有包含在论述中的就是所剩下的那一部分。《是现代化还是回归传统：也谈现代语文教育的出路》这篇文章在题目上就给予我们两种选择，仅凭题目我们能根据自己的经验或者想法排除一种取向而选择另一种取向。在第一段的论述中作者也向我们介绍了两种取向立场的不明确性，即到底是该走现代化还是回归传统还需看变革的成果。仅在于此并没有刻意去排除哪一种取向，但是之后的几段包括结论部分就开始从传统语文教育的弊端以及现代语文教育的变革所取得的成就两方面对语文教育回归传统予以否定，将其排除在考虑之外，并指明教育还是应该坚定不移地走现代化之路，尽管其在改革过程中也出现了一些失误。所以这是一种典型的先列举不同观点，然后根据需求对不符合的观点予以排除，剩下一种作者所赞同的观点的选言证法。

五、分解法

分解法是将要论证的论题分成若干分论题，然后分别加以论证，从而使论题得到证明的方法。分解法是教育研究中经常使用的方法。将总论题分成若干分论题有三种常用的方式：① 分情况证明。先穷尽地列举与总论题相关的各种情况，再分别证明在每一种情况下论题都能成立。② 分方面证明。将论题所涉及的主体分解为若干方面，分别证明每一方面都有某属性，而这些属性的总和可以说明总论题成立。③ 分类证明。分类证明是将论题所涉及的一类事物分成若干小类，分别证明每个小类都具有某属性，从而使论题“整个大类都具有某属性”得到证明。

案例 3－5　分解法的案例及分析

贯穿于教学活动的提问是教师有效教学的基本能力，也是对话教学的保证，但并非所有教学中的提问都是有效的。提问过程应分成三个阶段：提出问题，获取答案，有效理答。在提出问题阶段，要根据不同的目的提出适宜且有效的问题；在获取答案阶段，要合理使用候答时间并使课堂参与最大化；在有效理答阶段，要学会使用追问、转问、澄清等技巧。只有在实践和反思的基础上，教师有效提问的能力才能不断精进。

来源：洪松舟，卢正芝．提问：教师有效教学的基本能力［J］．中国教育学刊，2008(2)：30－34.

分析：文章整体采用的是分解论证方法。文章的论题是教师有效教学的基本能力,作者将这种基本能力分为三个部分,分别是有效的提问、有效的从学生那里获取答案和有效的整理答案。通过这三个方面的具体分析论证了这种基本能力到底是指哪些能力。其实,从每个具体方面来看,作者的论述仍然使用的是分解法。对于有效提问的论证作者从问题的预设性、清晰性、启发性和少量性进行了分析。对于有效的获取答案,作者从等待答案的时间和课堂参与两方面进行了分析。对于有效的整理答案,作者从追问、转问和澄清等三个方面进行了分析。

六、例证法

例证法就是引用比较有代表性的事例使论题得证的方法。例证法使用的推理形式是不完全归纳推理中的简单枚举法或典型归纳法。例证法能使论题得到一定程度的证明,支持的效度取决于例子的多少和是否具有典型性。

案例 3-6　例证法的案例及分析

要会运用形象思维去解决抽象思维所不能解决的实际问题

科学史研究告诉我们,不同的思维方式对人们的认知发展有不同的价值和作用。抽象思维与形象思维,“聚合思维”与“发散思维”,往往相反相成,它们都能通向创新之路。门捷列夫元素周期表的产生以及新元素的发现,海王星与冥王星的发现等,都是抽象思维、聚合思维导致创新与发明的佐证;牛顿在苹果树下的奇思遐想引发对万有引力的研究,凯库勒受炉火“金蛇狂舞”的启发提出苯分子结构的设想等,说明了发散性思维在自然科学的创造活动中大有可为;高斯在演算 1+2+3+…+100 的时候,首先是突破思维定势,找到 1+100、2+99、…的奇特组合,接着是依据每组之和均为 101 的推理,迅速得出了最后的结论。这是将发散思维与聚合思维结合、大胆突破和创新的绝好范例,也是钱老从小学即引入逻辑推理等抽象思维教育的一个有力佐证。

来源:龚放. 从思维发展视角求解“钱学森之问”[J]. 教育研究,2009(12):5-8.

分析:在这段内容中,作者运用了例证法。作者首先列出自己的观点,即“不同的思维方式对人们的认知发展有不同的价值和作用。抽象思维与形象思维,‘聚合思维’与‘发散思维’,往往相反相成,它们都能通向创新之路。”随后作者举出了具体的且典型的事例:门捷列夫元素周期表的产生以及新元素的发现、海王星与冥王星的发现、牛顿在苹果树下的奇思遐想引发对万有引力的研究、凯库勒受炉火“金蛇狂舞”的启发提出苯分子结构的设想、高斯的演算，等等。这些例子证明了抽象思维与形象思维，“聚合思维”与“发散思维”对创新与发明的巨大作用。例证法的运用增强了作者观点的说服力。

七、类比法

运用类比推理的方法来证明论题，就是类比法。类比法就是我们平常所说的“打比方”。类比推理的结论是或然的，不能独立用来证明科学定律，只能作为演绎证明的补充。

案例3-7　类比法的案例及分析

“囚徒困境”是博弈论的一个著名案例，两个涉嫌共谋犯罪的嫌疑犯在被捕后面对“坦白”与“不坦白”的策略选择时，从各自利益最大化的理性出发，不管对方选择什么策略，都以‘坦白’作为最佳应对策略而获得自身最大利益，结局是两人都被判入狱。在囚徒困境中，双方都选择对自己收益最大，风险最小的策略，从而导致了对策的稳定均衡点的出现，即博弈的“纳什均衡点”，它解释了何以短视地以利益为目标将导致对大家都不利的结局。亦即我国目前“教育减负”的实际状态就是一种典型的“囚徒困境”博弈。当前，大家普遍都认识到了应试教育对学生的危害，无论是专家、学者、还是家长、学生本人，都认为在应试教育的驱动下学生“负担过重”，其不仅影响了学生的身心健康发展，也成为了家庭、社会的一个“问题”。因此“教育减负”一时成为了全社会的呼声。从上个世纪80年代末，我国教育部门就开始实施从应试教育向素质教育的转向，提出要减轻学生过重的学习负担，保障学生的身心健康和活力。应当说，在社会各界的共同努力下，“教育减负”也取得了一系列的成效，但也要看到的是，提出素质教育已经十多年了，中小学生的学习负担不但没有减轻，而且还有越来越重的趋势，这是大家有目共睹的事实。学校、家庭不断给学生增加学习负担是目前教育的实际状况。

来源：文雪，扈中平. 从博弈论的角度看教育减负[J]. 中国教育学刊，2007(1)：22-24.

分析：以上是用囚徒的博弈理性来类比利益相关者在教育减负事件中的利益博弈。类似于囚徒博弈中利益受损的是审判方一样，教育减负博弈中利益受损的是学生。

八、喻证法

喻证法就是用比喻来说明道理的方法。喻证法的最大好处就是形象生动，但它也不是必然性论证，因此常常作为一种辅助的论证方法与演绎论证、归纳论证相结合运用。

案例 3-8　喻证法的案例及分析

在一次全体教职工会议上，校长在总结上学期期末考试成绩后，宣布了今后学校将实行末位淘汰制的决定：排名末位的教师的档案将被送到区教育局人事科，工作由教育局人事处另行安排，工作无法安排的将意味着下岗。最后，校长还打了一个寓意深刻的比喻：当两个在森林里行走的朋友同时被一只熊追赶时，他们的对手已不是熊而是对方了。换言之，他们已化友为敌了，因为两人中跑得慢的将会被熊吃掉，自己的生路就在于战胜对方。

来源：薛文平."熊来了"，给我们带来了什么[J].中国教育学刊，2007(1)：26-27.

分析：以上是用熊来后朋友变成对手的这个故事来喻证末位淘汰制需要教师学会超越同事。

第二节　教育研究的有效论证

一、有效的演绎是无遗漏的演绎

所谓演绎的有效性是指演绎的形式是否符合逻辑规则的要求，是否包括和分析了所有的内容。

案例 3-9　演绎逻辑的分析 1

全文主要有三个部分："爱国"的抽象性与行为的情境性；"爱国"的事实与表达的虚空；作为规范的"爱国"与道德的隐身。

大致意思是：人的行为是具体的，具体行为与抽象的“爱国”之间缺乏明确直观的对应关系。即便有这种对应关系，“爱国”的事实却不一定能够表达和被人认识到。即便能被人认识到，因为“国”的复杂内涵，所以“爱国”不一定具有道德的内涵。可见，“爱国”不能作为道德评价的直接指标的结论是作者一步步毫无遗漏地分析出来的。具体情况如表3-1。

表3-1

<table>
<tr><td colspan="3">难对应</td></tr>
<tr><td rowspan="3">能对应</td><td colspan="2">掩饰</td></tr>
<tr><td rowspan="2">表达</td><td>没道德价值</td></tr>
<tr><td>有道德价值</td></tr>
</table>

三段论：

大前提：只有具有道德价值且能观测到的具体行为才能作为道德评价的直接指标。

小前提：“爱国”是抽象的行为；“爱国”不一定能被观察到；“爱国”不一定具有道德价值。

结论：“爱国”不能作为道德评价的直接指标。

来源：辛治洋，刘娟. “爱国”能否成为道德评价的直接指标［J］. 中国德育，2008(5).

图3-1是某毕业论文所呈现的演绎框架。

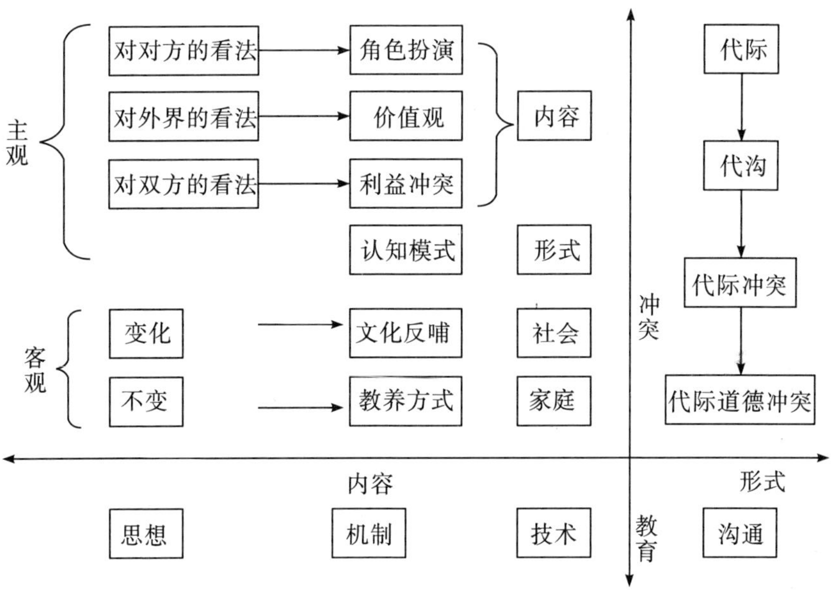

图3-1　代际道德冲突的研究模型

二、纯形式化演绎是无效论证

很多研究者作研究，最后呈现给别人的研究报告（或论文）就是三个部分：① 内涵、表现与意义；② 缺失的表现与原因；③ 对策与建议。原因分析和对策建议基本上呈现"管理有问题"—"转变管理方式"、"社会有问题"—"营造社会氛围"、"自身的因素"—"自觉意识"。这相当于：表现"精神不佳"，原因"饿、渴、困"，对策"吃、喝、睡"。

这样的研究表现有二：① 没有研究重心；② 形式化演绎，不考虑进行原因分析和对策建议的可能性和有效性，直接出主意。这样的研究不是服从思维逻辑的规则，而是服从于"有现象就有原因，有问题就有对策"的蛮干想法。这种蛮干想法潜在的错误的思维是：现实（国内）都是有问题的，发生这些问题肯定是有原因的（国外做得好，无须质疑；怎么做得好，需要介绍），出现的问题总是有解决办法的。这些研究者忘记了，有意义和有效的研究还有一种结果，那就是提醒行动者：这个问题是没有办法解决的，不要盲目行动。

案例 3 - 10　演绎逻辑的分析 2

下面呈现的就是一些硕士毕业论文主体部分的框架。总体来看，这些论文都出现了形式化演绎的特点，缺乏分析的效度。

师生隐性冲突之研究

……

二、师生隐性冲突的成因分析

三、师生隐性冲突的生成过程及发展趋向

四、师生隐性冲突的应对策略

课堂师生文化冲突研究

……

第二章　课堂师生文化冲突的表现

第三章　课堂师生文化冲突的类型及影响

第四章　课堂师生文化冲突的过程和影响因素

第五章　课堂师生文化冲突的协调与整合

新课程背景下对话教学问题研究

……

第二章　对话教学的理论基础

第三章　新课程背景下对话教学实施中的问题探析

第四章　解决对话教学问题的有效策略

师生交往的非道德化倾向问题研究

第一章　当下师生交往的非道德化倾向之表现

第二章　师生交往的非道德化倾向原因分析

第三章　师生交往走向道德化交往的基本策略

论生态文明视野下的生态人格塑造

一、生态人格的基本内涵和特征分析

二、当下生态人格塑造的困境探因

三、生态文明视野下生态人格塑造的策略探讨

高校青年女教师的心理健康问题及其教育管理干预研究

……

第二章　高校青年女教师心理健康问题的调查

第三章　高校青年女教师心理健康问题的原因

第四章　高校青年女教师心理健康的教育管理干预策略

三、有效地归纳需要科学地收集标准

根据现实数据总结归纳出相关结论是比较典型的科研途径，但数据必须具有比较高的覆盖率。不能为了证明自己的结论而强行地截取数据，置其他的相关数据于不顾。

案例 3-11　归纳的有效性问题

试根据下述选题中的资料情况，判断其归纳的有效性问题。

为全面、深入地了解当前中学初任教师教学实践智慧的发展状况，本人设计了有关初任教师实践智慧现状调查问卷。调查对象是安徽省芜湖市和吉林省梅

河口市范围内的十所学校(安徽师范大学附属中学、芜湖市三中、芜湖市二中、芜湖市二十七中、梅河口市博文中学、第五中学、第六中学、实验中学、第十中学、翰林中学)的初任教师,这些学校在办学条件和水平上存在较大差异,既有示范中学又有一般中学,既有高级中学又有初级中学,抽样具有一定的典型性。问卷的主要内容是围绕教学实践智慧的五个特征动态生成性、实践性、个体性、缄默性、情境性来设计,同时问卷的内容涵盖教师实践智慧所包括的专业理念、专业知识、专业能力等几个重要方面,本问卷的设计具有一定代表性。

笔者到上述学校进行问卷调查时,由于大多数学校初任教师的数量较少,只能根据每所学校新进教师的数量进行调查,每所学校大致发放20份左右,总共发放170份,实际回收158份,回收率为92.94%。问卷回收后对数据做了认真统计和分析,对多选、漏选、矛盾选择的答案均做了废卷处理,最后获得有效问卷144份,问卷有效率为84.71%,问卷总体情况良好。

分析:该调查只调查"初任教师"的实践智慧,数据信息来源太狭窄。此外,上述很多学校在最近三年并没有引进这么多的教师,平均每学校超过15位初任教师的数据并不准确。这些都影响了论文的信度。

四、没有实体对象的论证是无效论证

研究对象应该是实体对象,如人、物和意识,而不能只是研究范围。如果研究中没有"责任者",这样的研究是无效的。

案例3-12　论证的实体对象问题

《普通高中素质教育政策与实践偏离问题研究》和《师生交往的非道德化倾向问题研究》是两篇硕士毕业论文。从论文目录来看,该研究属于没有实体对象的研究。

普通高中素质教育政策与实践偏离问题研究

……

二、样本学校素质教育状况调查

三、样本学校在素质教育实施过程中存在偏离现象和原因

(一) 存在偏离的现象① 应试教育模式凸显② 教学措施陈旧落后③ 考试成为激励手段④ 课堂教学简单枯燥⑤ 学生抵触素质教育⑥ 领导认识存在偏差

（二）产生偏离的原因① 教育外部的原因② 教育内部的原因
四、促进普通高中素质教育政策与实践相统一的建议
（一）国家层面
（二）地方层面
（三）学校层面
（四）家长层面
（五）学生层面

师生交往的非道德化倾向问题研究

……

第二章　师生交往的非道德化倾向原因分析
一、社会思想原因
（一）功利至上
（二）效率优先
二、学校制度原因
（一）学校的制度不能被一以贯之
（二）学校的制度之负面影响
三、教师原因
（一）教师的功利化取向
（二）教师的工作压力
（三）教师传统的权威思想

五、逻辑起点存疑也导致论证无效

这种存疑的逻辑起点通常表现有二：

1. 国外好，国内差，借鉴国外改国内

国外是否真的好？国外的好是否就是因为它是国外的，具有该土壤的特殊性？有研究者往往不考虑这些因素。

案例 3－13　论证的逻辑起点问题 1

《危机意识下的 20 世纪美国基础教育改革及启示》是某硕士毕业论文。其提

纲所反映出作者的基本假设是:国外的好,国内的差。

危机意识下的20世纪美国基础教育改革及启示

……

二、工业化时代的危机:美国进步主义教育改革

三、国防竞争时代的危机:国防教育法及其基础教育改革

四、知识经济竞争时代的危机:美国20世纪80～90年代的教育改革

五、美国20世纪基础教育改革对我国基础教育改革的启示

(一) 我国基础教育改革的历程及现状

(二) 美国20世纪基础教育改革对我国基础教育改革的启示

2. 传统的坏,现代的好;或者传统和现在都坏,理想或未来的好

案例3-14　论证的逻辑起点问题2

《师生对话缺失问题研究》是某硕士毕业论文。其提纲所反映出作者的基本假设是:现代的好,传统的坏。

……

三、师生对话精神缺失的原因分析

(一) 传统教育理念和文化伦理背景的负面影响

1. 绝对的真理观和知识教育的传统

2. 传统文化伦理背景的负面影响

(二) 现代制度化教学的规制和教学条件的规约

1. 现代制度化教学的规制

2. 教学条件的规约

第三节　教育研究中的反驳论证

论证包括证明和反驳。用已知为真的判断确定另一个判断真实性的思维过程证明。用已知为真的判断确定另一判断虚假性的思维过程是反驳。

一、反驳的方法:反驳论点、论据和反驳论证形式

反驳论点可以通过例证反驳,即提出新的事实论据,证明对方论点的错误。例证反驳,常采用的方式是先总括出对方的错误的论点,然后摆出事实证明其荒唐谬误,从而得出正确结论。反驳论点还可以运用反证法和归谬法。

论据是论点的基础和支撑。驳倒论据,犹如釜底抽薪,对方论点也便颓然倒塌。论据通常有三种:事实论据、数字论据和理论论据。反驳论据也就常常从这三个方面入手,可以揭露其事实虚假、数字含混或理论的荒谬。

论据与论点之间必须有内在的逻辑关系,才能成为论点的有力支撑。指出对方论点与论据之间不存在必然联系,也可以达到反驳的目的。论证的错误表现是多方面的:有时是演绎过程中大小前提与结论不合逻辑;有时是观点间自相矛盾;有时是论点与论据之间推理不妥……总之,只要发现对方在论证上有逻辑错误,就可以从这一角度入手,展开反驳。如“我们班有些同学,追求奇装异服,跟风赶时髦,男女经常混在……这说明精神污染在这里很严重。”这一论述,没有明确“精神污染”的涵义,与上面列举的内容毫不相关,逻辑关系也就错了。

二、反驳的思维:否定思维与换位思考

就研究者的总体思维来说,应该是肯定思维和否定思维相结合。实际上,肯定和否定两者是辩证的统一。肯定了的东西,自然是肯定,肯定不了的东西,自然是否定;否定了的东西,自然是否定,否定不了的东西,自然是肯定。那些既肯定了的,又否定不了的肯定,才是最“结实”的肯定;那些既否定得了的,又没有任何肯定根据的否定,是最彻底的否定。

所谓换位思考,即主观上站在对立面的角度去考虑与发现一个问题或观点的正确性,避免因考虑问题的主观性,从而使自己的观点缺乏客观普遍性产生片面结果或片面的决策,在现实中往往产生固执或一意孤行或无法接受他人的观点,总以为自己的观点是最合理的、最有效的。而换位思考则能够使观点的主观性得以淡化,使观点更全面、一般性,更容易被普遍接受。

第四节　教育研究违背思维基本规律举例

一、教育研究违背同一律举例

（一）概念上违反同一律

研究者在概念方面违反同一律主要是对概念的内涵与外延不保持一致性。常见的有三种：混淆概念——区分不清概念的内涵或外延；偷换概念——有意识地将概念的内涵外延转换掉；界定的概念不能在论证过程中保持一致。

案例 3－15　调研成功与否的概念分析

X：我认为这次调研总体来说是非常失败的。这种失败首先表现在调查的消耗与调查的结果上。如果不反对，我觉得此次调查的结果全部被 Z 老师用手记反映出来了，但近两万字的结果与近××的投入，代价大收获小。这种失败其次表现在这并非第一次调研。对于 Z 老师和我而言，我们已经有过第一次调研。但这次调研的收获居然被表述成“形成了一些问题”，我感觉这可能对于其他成员来说合适，但对于我和 Z 老师而言，就是一个嘲讽。

我认为这次失败主要是因为准备不充分造成的。首先是我们的调研主题不明确，问题没细化；其次是我们的主要调查目的是为了深化研究，还是为了锻炼团队，还是为了本科专业建设，等等，一直在游离。如果是深化研究，那不应该有这么大的队伍，我甚至觉得真正的调研更多的是个人行为；如果是锻炼团队，那就应该有前期的主题策划与调查方法培训；如果是本科专业建设，那就应该给本科生发问和讨论的机会。但一切都有，一切都不完全。

这次总结会仍然是一个主题不明确的会，尽管做了分工，但分工的时侯我们应该能明显地感觉到大家的动力不够。因为到现在大家仍然不明白：我到底是在干什么？我到底是在为谁干？我能从中收获什么？

Z:你说对了,调查的目的是什么?不清楚。三个方向的取向都有,但又都没有。这是问题的根本。或许你我的出发点是想就某些问题作深化研究,但随着整个事态的发展,这种想法已经不切合实际了。到郎溪以及现在确定的主题都过于庞大,让人有摸不透的感觉,至少对我而言是如此。这可能与我们习惯于书斋而少作调查研究有关。不过,反过来说,你的担忧与思想,何尝不是一种收获?至少它给了我们设想研究的教训以及要进行调查研究应该注意的事项,这在教育科学研究方法中是学不到的。这样,你在上课的时候,就有了一个典型的案例了。你说是不是?

C:或许在当事人看来,收获不大,但对我来说,这几篇手记好像是个窗口,让我看到了一些东西,了解了现在农村学校中的一些问题,而这些我原本都是不知道的。

Z:你的话让我明白这样一个道理:每个人都有自己期望得到的东西。如果通过某项活动而不能满足其所得,则"收获不大"就会成为必然的结果。说穿了,收获就是期望得到的东西得到了;而没有收获就是期望得到的东西没有得到。这等于在说废话。

D:调研一定要调出所谓"收获"的收获吗?其实"行"帮助了我们的"思",又何尝不是一种"收获"呢,如果没有此次的"行",也就没有了X的"思",我觉得X不必那么心切,事物都有两面性。

Z:全在于我们对收获做怎样的理解。有的时候,我们收获了,但感觉不到;有的时候,我们感觉有收获,却未必有收获。"行"与"思"的比喻很恰当!

X:一个问题的讨论如果不能就事论事,而在讨论背后的某人的责任和失误,或迷恋于后补式的教训或收益,这样的讨论类似于阿Q式的辩证法,那样的辩证法很能安慰人,但却于事无补。

Z:看来问题复杂了。其实也没有那么复杂的。

分析:在本案例中,X、Z、C、D四个人关于失败或收获的概念没有统一的界定标准:

X认为失败表现在调查的代价大收获小,消耗与结果不成正比,没有达到预期目的。Z则认为虽然没有达到调研目的,调查后的"担忧与反思"也是一种收获,并为课堂提供了教学案例。C是站在自己的立场上,认为调研成果(手记)使他"看到了一些东西",是有收获的。D用"思行比喻"说明调查是有收获的,因为调查的"行"帮助了我们的"思"。

在探讨中,Z、C、D三个人都有意地偷换了A的关于"失败"的概念,把一些衍生的成果如事后反思、调查手记作为收获，而对于调研没有达到原定目的则不作为失败的表现。

(二) 判断上违反同一律

转移论题——无意识地使论题转移，如写文章主题不明、游移不定；偷换论题——有意识转换论题。无论是混淆偷换，还是转移偷换，这只是伦理上的不同，从逻辑规律讲本质是一样的。

案例 3-16 论证逻辑的同一律分析

何以树立科学的儿童观

为此教师不可把成人的意志强加给儿童，需顺应儿童的身心发展特点。教师要在提高自己的教学水平的同时，懂得如何育人，做个善于教书育人的教师。正如《学记》所指出的："君子既知教之所由兴，又知教之所由废，然后可以为人师也。故君子之教，喻也。道而弗牵，强而弗抑，开而弗达。道而弗牵则和，强而弗抑则易，开而弗达则思。和、易、以思，可谓善喻矣。"意指优秀的教师，会对学生进行启发诱导、鼓励、鞭策；能处理好教与学的矛盾，使学生不视学习为畏途，如此，才可称得上是善于教书的教师。做到这些，笔者认为，教师需要热爱儿童、信任儿童和尊重儿童。

(一) 热爱儿童

爱是师生之间沟通的桥梁和纽带。在儿童接受教育期间，除了和自己的父母相处以外，多数时间是和教师朝夕相处的，学生从教师那里收获的不只是知识，在人格方面也被潜移默化地影响着，所以教师对学生的影响往往是一生的。教师不仅要懂得如何教书，更要懂得如何爱他的学生。只有真正地爱学生，教师才会积极主动地体悟学生的所需和所求。教师要多与学生沟通，了解学生的需要和兴趣；注意学生的差异性；教师要做到以发展的眼光看学生，给每个学生以机会。都说有爱就有一切，同样，教师的爱能够感化学生，使学生鼓足对学习和生活的勇气和信心，正如一位博士的日记所记载的："三年级是我小学学习生活的转折点。我遇到了上学以来第一位对我倍加关怀的女教师，现在一想起她，其音容笑貌仍历历在目。李老师那有淡淡雀斑的脸上总是流露出丝丝的微笑，严中透射出慈爱的目光。是她的关怀、信任给了我自信和永求上进的巨大动力。"

此外，教师在爱儿童的同时，也要注意培养儿童对教师的爱，因为如此的爱才会源远流长，连绵不断，正如温家宝总理在三十五中学的调研中所说：“没有爱，就没有教育，没有道德，也就没有一切，老师要懂得爱，同学们也要懂得爱，这个世界充满爱，我们这个世界才能更美好。”教师要让学生了解自己的良苦用心，让爱的接力棒传递下去直到世间的每个角落。

……

分析：从这个案例可以看出作者在判断上违反同一律。作者只是提出“何以树立科学的儿童观”的论题，在下面的论证中缺乏论据，只是一味强调“教师需要热爱儿童、信任儿童和尊重儿童”。而没有指出“热爱儿童、信任儿童和尊重儿童”与“树立科学的儿童观”之间的关系。文章就显得结构松散，没有说服力。

特色学校之“特”在何处

近年来，我国学校发展的现状，就像顾明远先生认为的：当前，教育界出现最频繁的两个词就是“特色学校”和“创新人才”。这说明人们已经把增强办学特色、创办特色学校作为增强学校活力、提供办学效益、实施素质教育的重要举措。那么，什么样的学校才是特色学校？

从字面意义上理解，“特色”包含“独特”和“出色”两层含义。按照《现代汉语词典》的解释，所谓“特色”就是事物表现出独特的形态、色彩和风格。古人曰，“事物之独胜处曰特色。”根据这种理解，所谓“特色”，也就是某事物呈现与众不同而且特别优异之处。“特色”的本质在于“独特”和“优质”两个方面。[①]那么特色学校就应该在遵守共同的办学规范的基础上根据地方化独特特征，给学生提供一种优质教育。优质性是特色学校的一个最显著的特质，如果一个特色学校提供的不是一种优质的教育，那么特色学校就名不符实，那就只能称为特长学校。特色学校究竟“特”在哪里？这样的问题是许多想举办特色学校校长的困惑。

一、创新精神

二、内涵式发展

三、独特校园文化

四、优质教育

总之，学校是育人的场所，它的一切工作出发点和归宿，都是为了培养德智体全面发展的社会主义事业的建设者和接班人。特色学校创建应以此为指导方向，在本校传统文化和现实物质基础上，做到理念新颖，思路清晰，着力于建设独特的校园文化，培育合格＋特长的具有创新精神和创造能力的人才，另外特色学校建设不是一个静止的过程，而是一个不断发展的过程，特色只有通过不断的提升才能形成永恒的特色。

分析:首先,文章题目“特色学校之‘特’在何处”隐含一个假设,即特色学校可以被分解出“特”之处和“不特”之处。事实上有些概念是不能够被分解的,比如“美”这个概念,而这里的“特色学校”也具有这一特征。作者试图对它进行分解,显然违反了同一律。其次,文章将特色学校的特色归结为“创新精神”、“内涵式发展”、“校园文化”、“优质教育”四个方面。同样根据同一律,我们不禁要问:特色学校的“特色”这一概念能够被分解成以上四个方面吗?为什么是这四个方面而不是其他?这说明作者在将特色学校之“特”分为四个方面的时候所论述的已经不是“特”这个概念本身,而是自己所认为的几个特点,也违反了同一律。而且这种将前人文献进行分析总结而得出观点的论证,缺乏效度。

专业化进程中教师专业自主权研究

导　论

一、教师专业自主权的内涵及表现形式

二、教师专业自主权缺失的表现和原因

三、实现教师专业自主权的对策和建议

分析:作者的题目中“专业化进程中”的前提在文中没有相对应的部分。文章更多的可以说是关于“教师专业自主权”的研究,而并不是特指在“专业化进程中教师专业自主权”问题的研究。文章的主题发生了变化,违反了同一律原则。

二、教育研究违背矛盾律举例

矛盾律的基本内容是:在同一思维过程中,两个互相否定的思想不能同真,必有一假。矛盾律要求在教育研究中:第一,在概念方面,矛盾律要求在同一思维过程中,不能用表示“A”和“非 A”两种思想的概念来指称同一个对象。第二,在判断方面,矛盾律要求在同一思维过程中,不能用表示“A”和“非 A”两种思想的判断来断定同一个事物的属性。

违反矛盾律的逻辑错误主要是自相矛盾。具体有如下三种表现形式:① 自相矛盾的概念。一般表现为所使用的概念本身蕴涵着不可调和的矛盾。② 自相矛盾的判断。指判断本身包含有不可调和的矛盾。③ 自相矛盾的思想体系。指在一个思想体系中既肯定一种思想,同时又在否定这种思想。

案例 3 - 17　论证逻辑的矛盾律分析

中学初任教师教学实践智慧问题与对策研究

分析:该文有两个独立的观点。第一个观点是:初任教师实践智慧欠缺,这是可以被对策补救的。第二个观点是:与教龄长的教师相比,初任教师之所以缺乏实践智慧,是因为教龄短。一个是自然的观点,一个是人为的观点,两个矛盾的观点不应该在同一篇文章中并驾齐驱。

促进新教师职业道德形成的实践策略

一、建立在结构功能主义理论基础上的实践策略

二、冲突主义理论基础上的实践策略

三、符号互动理论基础上的实践策略

分析:① 这种分析有一种将这些理论化为工具论的想法,作者不顾上述理论之间的关系如何、是否矛盾,硬将这些理论作为自己论证的基础。② 结构功能主义、冲突主义理论、符号互动理论三者之间本身就是相互对立的思想体系和思想派别。这是违背矛盾律的,是一种自相矛盾的思想体系。③ 指导我们的思想永远只能有一个,我们的理论基础也是如此,而作者在本文中却先后用了多种理论基础来证明自己的论点。

论惩罚的教育价值及合理使用:需要指出的是,合理的惩罚未必有效,有效的惩罚未必合理;不合理的惩罚未必无效,无效的惩罚未必不合理。某种合理的惩罚对甲有效,对乙可能无效。

分析:在该研究中,作者对于惩罚所具有的观点就是矛盾的。首先,就一般情况而言,"合理的惩罚未必有效,有效的惩罚未必合理;不合理的惩罚未必无效,无效的惩罚未必不合理"可以用图 3 - 2 表示,只有第一象限的"有效且合理"的惩罚才是作者所应该追求的。但其次,作者又从特殊情况对第一象限的可能性提出了质疑:可能对乙无效。

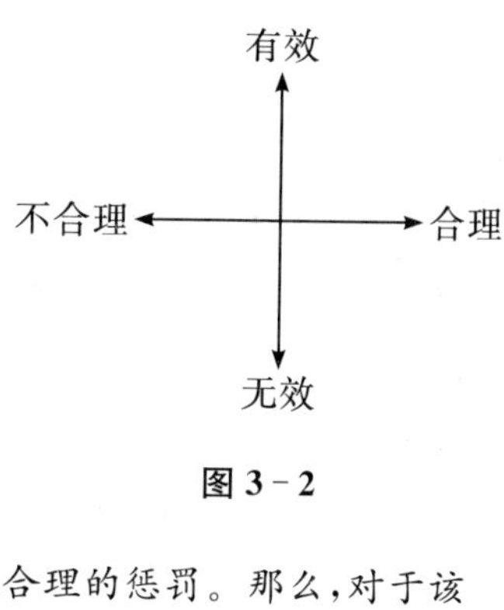

图 3 - 2

所以,尽管作者用了很多的"可能"来表明自己论证的科学严谨,但实际上,作者找不到普遍有效的且合理的惩罚。那么,对于该作者来说,他在主张一个有效的合理的惩罚的同时,也在主张一个无效的合理的惩罚;他在主张一个有效的合理惩罚的同时,也在主张一个有效且不合理的惩罚。

但同时，他又在反对他自己的这种观点，主张要合理使用惩罚的教育价值。

三、教育研究违背排中律举例

排中律的内容：在同一思维过程中，两个互相否定的思想不能同假，必有一真。

排中律要求教育研究：第一，在概念方面，它要求对任一对象，或者用A概念去反映它，或者用非A概念去反映它。第二，在判断方面，它要求人们对于同一对象所作出的两个互相对立或反对关系的断定，必须肯定其中有一个是真的。

在同一思维过程中，如果对两个相互矛盾或相互具有反对关系的思想都加以否定，那就违反了排中律的要求，犯"模棱两可"或"是非两不可"的逻辑错误。

案例3－18　论证逻辑的排中律分析

内容：详见《教育学终结了吗?》。

来源：郑金洲．教育学终结了吗?：与吴钢的对话［J］．教育研究，1996(3)：38－39．

分析：郑金洲在与吴钢争论"教育学是否已经终结了"这一问题时，认为"'吴文'以《论教育学的终结》为题，包含有教育学业已存在之意。否则，就无所谓终结……然而依'吴文'的观点和论述，时至今日，教育学仍是不存在的，因为教育从来没有确切的取向，传统上沿用哲学和心理学的成果。它所借用的哲学、心理概念，从未被组织为一个逻辑的理论框架。并且现在人们仍在进行的教育学著述传达到的仅是赫尔巴特式教育的种种模仿，或各门教育理论的粗略概括。因此，依'吴文'的逻辑，教育学自古至今就从未出现过。对于一个尚未出现的东西，言其终结，就无异于胎死腹中了……为自圆其说，'吴文'又说教育学或许一开始有自己的研究对象。"

依照郑金洲的观点来看，吴钢"教育学终结"这一论断，或者说吴钢对于"教育学是否已经终结"这一设问是一个复杂问语，回答"是"或"否"，都得承认错误的前提。所以问题本身就是个错误的预设，无论如何回答都违反"排中律"，因而吴钢的设问本身就违反了"排中律"。其次，吴钢在文章题目中就明确表明了教育学终结的观点，但是之后又说教育学"或许"有研究对象，其观点是模棱两可的。郑金洲正是抓住了吴钢在逻辑论证方法上违反了"排中律"的错误对其观点进行了反驳。

四、教育研究违背充足理由律举例

论题：不清楚、不明确。要做到论题清楚明确，首先自己要对论题有清晰的理解。

论据：不真实。“论据必须为真”这条规则有三个方面的具体要求。① 作为论据的判断本身必须是真实的。引用虚假判断（材料）来作为论据的错误叫“论据虚假”；② 基本论据的真实性必须是已知的，而不是尚待证实的。违反这一要求，用想当然的所谓理由来为自己观点作论证的逻辑错误是“预想理由”。③ 非基本论据的真实性不应依赖论题的真实性来证明。违背这条规则的逻辑错误叫“循环论证”。

论证：从论据中不能推出论题。违反这条规则的逻辑错误叫“推不出”。这种错误有三种常见的表现形式：① 论证中运用的推理形式违反了各种逻辑规则。② 论据和论题不相干。③ 论据不足。

违背充足理由率的表现形式有：① 诉诸个人品质；② 诉诸权威观点；③ 诉诸情感（公众认同、公众怜悯）；④ 诉诸无知；⑤ 数据与结论不相干；⑥ 虚假理由；⑦ 预期理由；⑧ 推不出来。

案例 3－19　论证逻辑的充足理由律分析

高等教育发展岂止于公平（思路）

高等教育发展不仅是一个教育问题，随着经济的发展，愈来愈成为一个复杂的社会问题，我们当前的高等教育发展在取得很多成果的同时，也充满着荆棘。随着党的十七大报告指出，“教育是民族振兴的基石，教育公平是社会公平的基础。”以及 2009 年 3 月 5 日温家宝总理在政府工作报告中，强调要促进教育公平，落实好城乡免费义务教育政策，提高农村义务教育公用经费标准，提高义务教育阶段教师待遇和师资力量。越来越多的学者开始关注教育公平问题，尤其是高等教育公平问题。但是高等教育发展是否能解决公平问题，且解决公平问题之后是否就能一帆风顺地发展下去，颇值得怀疑。

1. 高等教育不公平不仅仅是一个教育问题，更是一个复杂的社会问题。首先，我国是一个发展中国家，经济发展水平总体来说还较低，从根本上来说，经济的不平等决定了教育尤其是高等教育的不公平。其次，我国人口众多、幅员辽阔，但是我们教育资源尤其是高等教育资源紧缺，导致高等教育只能为少数人提供受教育的机会。第三，我国贫富差距较大，各个地区经济发展不平衡，从而导致教育尤其是高等教育机会不平等。

2. 行政部门对教育的关注所带来的影响。当前关于教育不公平的呼声越来越高,政府对此问题十分关注,实施政策倾斜,这将有利于弱势群体的教育机会均等的实现,促进社会和谐发展。但是政府对教育的过分关注,尤其是对高等教育的过度干预,将制约着高等教育的发展,我国当前许多高等教育体制还显现出计划经济体制的模式就是政府过度干预的结果,其次高等教育理应是一个学术自由的场所,但是在政府的规范化的评估标准下,不得不遵循所谓的统一模式,以至于高等教育的培养目标与现实的差距越来越大,甚至与社会脱节,怎能让高校创新之花盛开、创新之树常青呢?政府对高等教育发展的关注在某种程度上更加注重形式,而忽视了实质,即对教育的财政性支出占GDP的比重一直低于国际平均水平,也没有达到规定的4%的指标。

3. 我国学者对此问题高度关注,在理论上厘清高等教育公平的问题,有利于政府更好地针对此问题制定相应的政策,以期实现教育公平,但是在某种程度上忽视高等教育发展的本质问题,那就是高等教育发展对人的培养问题。随着近年来高校的扩招,高等教育生源素质日趋下降,突显出许多问题,正如著名的科学院钱学森之问"为什么我们的学校总是培养不出杰出的人才",我们当前处在改革和发展的关键期,理应以市场经济为主、政府干预为辅发展我国高等教育,然而事实却与此相悖,接踵而来的便是高等教育不适应培养国家所需人才的办学目标。

4. 一切教育最终都要回归其本质,高等教育亦是如此。高等教育不仅对个人发展具有重大意义,也是国家繁荣富强的重要组成部分。高等教育应利用有限的资源,提高教育教学质量,实现对培养知识型人才向创造型人才转变的办学目标。

分析:这篇文章存在的逻辑问题有以下两点:

1. 违反同一律。整篇文章的逻辑问题:"高等教育发展岂止于公平"这一论题所论证的重点应该是公平为何不仅仅是高等教育发展的目标,而高等教育发展的目标还应该有哪些。但是作者花费了大量的笔墨分析实现高等教育公平的社会条件、政府对高等教育的关注等问题,文章内容主题不明游移不定,违反同一律。而且文章在关于作者所提出的高等教育公平之外的诉求"促进人的发展"方面几乎是一笔带过,语焉不详,论证缺乏效度。

2. 违反充足理由律。表现为两个方面:第一,论证方面。正文第一段作者试图论证高等教育愈来愈成为一个复杂的社会问题。但作者所用论据虽都与教育有关,但并不倾向于高等教育,论证不足以说明问题。这违反充足理由律,表现为"推不出"结论。与此类似,正文第三段整个逻辑思路"促进高等教育公平——政府促进高等教育公平——政府过度关注高等教育——规范化和统一模式下的过度关注;形式关注而不是实质关注——制约高等教育的发展"的论证都缺乏充足的论据,似乎只是作者的主观感觉,也表现为"推不出"结论。第二,论据方面。正文第一段中作者提出"越来越多的学者开始关注教育公平问题,尤其是高等教育公平问题"。又在正文第三段中提出"但是政府对教育的过分关注,尤其是对高等教育的过度干预,将制约着高等教育的发展"。这些判断的真实性本身尚待证实。而作为论证主题的理由,它只是作者的"预想理由",不能说明问题。以上都违反了充足理由律。

案例3-20 教育研究的论证信度和效度分析

试用教育研究的思维逻辑,分析下段材料的论证信度和效度。

关于公布王化敏同志谈幼儿教育来信的通知

皖教基函〔2010〕8号

各市教育局:

我省规范办园行为系列政策出台以来,在全省得到了很好的贯彻执行,尤其是禁止使用幼儿教材的相关规定,得到了广大幼儿园园长、老师和家长的响应,也得到了教育部的肯定和支持。今年1月4日,中央教科院幼儿教育研究室副研究员、中国学前教育研究会秘书长王化敏同志就幼儿教育相关问题,给省教育厅基教处夏业柱同志发来电子邮件,充分肯定我省规范办园行为的政策和举措,深刻阐述了我国幼儿教育政策的指导思想和核心理念,并从国际视野加以论述,详细介绍了发达国家幼儿园科学保教的普遍性做法。王化敏同志作为教育部知名幼教专家,一直高度关注和积极支持我省幼教工作,其观点具有权威性和指导性,对促进广大幼教工作者树立科学保教理念,具有重要的现实意义。为进一步推动各级各类幼儿园规范办园,科学保教,提高质量,根据厅领导意见,现将王化敏同志来信(来信内容经教育部基教司幼教处领导审阅)全文公布,并就开展学习和讨论有关事项通知如下:

一、要认真开展学习讨论

各市要以学习王化敏同志来信为契机,组织广大幼儿园开展"科学保教"大讨论,对园长和老师进行一次"科学保教"培训。重点讨论六个方面问题:一是如何做到以游戏为基本活动(如何保证时间、空间、材料、内容等);二是禁用幼儿教材后,如何开展科学保教;三是如何自制教学玩具和活动材料,让孩子"有东西玩"。三是如何使用教师参考书，让老师“有东西教”；四是如何添置适合幼儿翻看的图画书或绘本，让孩子“有东西翻看”；五是如何转变家长理念，如何吸引家长参与游戏活动等。

二、要覆盖各级各类幼儿园

各市要在寒假前进行具体部署，可通过下发文件、召开会议等形式进行部署，确保覆盖到每一所幼儿园；要将王化敏同志来信通过网上下载、翻印、复印等形式，发至园长和老师、家长，保证人手一份；各级各类幼儿园要组织全体园长和老师学习讨论，确保覆盖到每一位教师。

三、要注重抓龙头和重点

要充分发挥省级一类园、市级一类园在学习讨论中的龙头作用，加强对其他幼儿园的辐射；要把广大民办幼儿园作为重点，把一线教师作为重点，把六个方面问题作为重点，开展学习和讨论。

四、要结合相关政策开展学习

各级各类幼儿园要把学习王化敏同志来信，与学习省教育厅规范办园行为相关文件精神结合起来，与“幼教专家下基层”巡讲团活动的四个专题二级培训结合起来，加深对规范办园政策的理解，提高对规范办园行为重要性的认识，增强规范办园行为的自觉性。

五、要加强对学习讨论的指导和参与

各市、县（区）教育局基教科要加强对学习讨论情况的检查和指导，基教科负责人要抽出时间参与若干所幼儿园的学习和讨论，以便掌握学习讨论情况和进一步熟悉幼儿园工作。

六、要在寒假前部署到位

各市要就学习、讨论提出明确要求，避免简单地转发上级通知，各市部署情况（部署文件），由各市教育局基教科于2月5日前反馈至省教育厅基教处；省教育厅基教处将在下学期开学初检查各市学习讨论情况，并召开相关会议，由各市教育局基教科负责人就六个方面问题讨论情况作汇报和交流发言。各市部署情况、学习情况、参与情况、反馈情况等，省教育厅基教处将记录在案，作为今后评优奖励、外出考察名额分配等的依据之一。

安徽省教育厅基础教育处
二〇一〇年一月十九日

王化敏同志谈幼儿教育来信

夏处长：你好！

在网上看到你们省和有关网站的信息，安徽省禁止使用幼儿教材得到各大报纸、媒体的支持，也看到你们教师巡讲培训已经完成，而且效果很好，为你们的成就表示祝贺！

从新中国成立以来的60年中，教育部从没有要求幼儿园的大、中、小班幼儿要使用教材，但却十分重视中小学教材的开发与使用。这是针对不同阶段教育特点和需要制定的符合教育规律的国家政策。幼儿园的教育对象是3～6岁的儿童，这个年龄段儿童的特点是活泼、好动，注意力易转移，年龄特点决定了幼儿园的教育不能向幼儿传授系统的知识，而应以游戏为主要活动，让儿童在游戏中学习与自己生活以及周围环境相关的知识，培养良好的习惯和能力。在面临知识爆炸的时代，重要的是要从幼儿时期开始培养儿童对各种知识的兴趣、学习掌握知识的方法，如：观察力、思维力、创造力、注意力和学习的坚持能力等，这些对儿童学习和终身发展都是很重要的素质，这就是幼儿园的教育任务，而并非要孩子掌握如：大量识字、珠心算、幼儿奥数、英语等大量繁难的教材要求的知识本身，这样做违背了孩子的年龄特点和发展规律，对孩子的身心发展都是不利的。直到上世纪末，全国的幼儿园仍然是“没有教材是正常，有教材才不正常”的状态，但是随着经济的进一步发展，很多机构看到了幼儿教育的巨大商机，各种名目繁多的教材、包装各异的幼教产品进入了幼儿园。最近，我到西部一些省的农村，看到滥发各种幼儿教材的情况也是很严重的，有一个县级幼儿园，要每个幼儿都必须购买一套以灌输知识为主的、价格500元的教材，而幼儿园的课程就是围绕完成这套教材而进行。根本谈不上按照儿童发展规律和水平进行因材施教。你们金厅长说得对，“幼儿教育进入了一个明显的误区，到了必须改变的地步了”。你们省的做法应该说是正本清源，是弘扬科学的教育思想的举措。

你们省的举措对各地有很大的影响，你在上海的会上发言很好，向大家说明了这项政策出台的背景，在其他地方，要下这样的决心也是不容易的，商业化的影响是重要因素，教材的发行和使用都会带来一定的经济利益，可想你们承担的社会压力很大。在网上看到一些媒体反映少数家长不理解，我想这是必然的。特别是在当前，一些机构把本应是在小学学习的知识提前到幼儿园，比如冯德全的“早教革命”在炒作的什么“3岁扫盲”之类的错误做法在社会上已经形成了一定市场，一些发挥示范、引领作用的公办幼儿园置教育部门的规定不顾，竟然也参与其中，给家长和社会造成了误导。在这种情况下，家长产生“没有教材何谈教育”的想法，担心幼儿没有课本，学不到可见到的、具体的知识点会输在起跑线上就可以理解了。我认为家长认识的改变可以通过家长培训来解决。这几年，教育部与联合国儿童基金会一直在边远贫困地区开展“早期儿童发展”合作项目，项目重点针对目前各种教材泛滥，小学化、成人化严重的现状，要求各项目县一方面坚持正确的教育内容和方法，同时加强对农村家长培训，通过吸引家长参与以游戏为主的幼儿园的活动，引导他们在教育活动中，感受真实的体验，从而很快地转变观念，提高科学育儿的水平，项目地区家长转变的例子是很多的。而知识分子的家长一般认为自己有一定的文化水平，有的认为自己的理论基础比教师的高深、全面，如果幼儿教师只用说教的方法来转变这类家长的观点，显然是苍白无力的，更需要让他们参与，从参加实际活动的效果中体会孩子的发展，明白了只有具有良好学习能力和习惯的人，才不会输在起跑线上的道理，采用家长参与式的学习是很有效的。

从国际视野来看，世界其他发达国家和发展中的国家，也与我们持有同样的课程价值观，也没有使用幼儿园教材一说，这一点同我们国家在《幼儿园教育指导纲要》中的目标要求、教育方法上具有高度一致性。最近，我们中国学前教育研究会课程和管理专业委员会组织一批大学教授、科研人员和幼儿园园长到美国著名的 High/Scope 早期教育研究机构培训，学习他们的“高瞻课程”，这个课程的核心思想是认为孩子是主动学习者，而不是接受成人灌输知识的、被动的接受者，成人的主要任务是为孩子创设能促进孩子主动学习的环境和条件。这个世界著名的“高瞻课程”，只有大量的教师参考书，而且在不断研究更新出版，没有任何幼儿课本一说。我们在美国看到的许多高质量的、不同课程模式的幼儿园，他们的课程的核心价值观都比较一致，即高度尊重幼儿、关注幼儿的兴趣，以幼儿发展为本，培养创造、独立、自信的幼儿。没有哪个幼儿园的教学使用幼儿教材，包括采用蒙台梭利教育方法的幼儿园也没有什么课本。美国的幼儿园每日的教育课程，基本是教师根据本班儿童的兴趣、认知发展的特点和水平，调整和安排适宜的内容，重点在创设适合课程需要的教室环境，也就是说，教师是以观察儿童、评价儿童发展特点为下一阶段新课程的基础，课程着眼于促进每个儿童的全面发展。教师的教育内容、教材和课程步骤，可以自行设计，也可以从教师参考书或由专家开发的各领域的课程资料中，选取适合本班、本时段需要的教学内容。这些课程资源内容丰富，并有理论指导和实践步骤。对教师来讲是非常实用和方便的。从这个角度来看，需要开发一些课程参考书，为教师的教学提供课程资源。这种资源应该来源于教师的实践，建议好好总结你们省多年教改实践的经验，收集整理一批有好效果的课程内容，特别是有地方特色的，就是最好、最实用的教师参考书。

值得一提的是，美国的幼儿园几乎每班都有许多适合孩子阅读的图书，教师是按照孩子阅读的兴趣、质量、水平，在不断调整和更换图书，我们看了 High/Scope 幼教机构，一个班的储藏室里就有三百多种幼儿图书。试想，按照你们省的做法，如果明年把现在每个孩子买一套同样教材的钱，用来买不同的图书，不也就可能很快就拥有同 High/Scope 幼教机构一样资源丰富的班级图书馆吗？

在网上看信息，知道你们也碰到一些压力，希望一定要坚持下去，一定会有很好的效果，要相信广大教师是支持你们的，广大家长是会理解和改变的，正确的教育理念总会占领主流的。目前，教育部正在开发《3～5 岁早期儿童发展指南》。该指南一旦出台，将强调一切从儿童的特点和发展需要出发来贯彻和实施《纲要》，并从幼儿园和家长两个层面开展《指南》的宣传和培训工作。教育部办公厅最近在网上发布了“早教革命”的各种教材盗用教育部名义的严正声明，揭露了这些实质上是拔苗助长，是违反教育科学规律的、对幼儿终身发展有害的课程和教材。相信只要政府、教育部门、幼儿园一起努力，一定能把不符合幼儿教育规律的问题向社会澄清，让中国的幼教事业在科学化的道路上不断前进。

这里写了好多多余的话，让你看得受累了！谢谢你对幼教研究会工作的支持！代问你们金厅长新年好，谢谢她对幼教事业的关心和支持！

顺致冬安！

王化敏

2010 年 1 月 4 日

来源：http://www.ahedu.gov.cn/show.jsp.

《王化敏同志谈幼儿教育的来信》逻辑谬误分析

王化敏在这封信里明确表达了自己对安徽禁止使用幼儿教材这一做法的支持，并阐述了支持的多项理由。但是，信中的论证存在多处逻辑谬误，现分析如下。

一、违反同一律

在论证过程中，首先要明确核心概念的内涵和外延。这里的核心概念无疑是“教材”。信中王化敏并未对“教材”这一概念作出界定，导致其后的论证出现混乱。关于教材，《辞海》上的解释是“根据教学大纲编选的供教学用和要求学生掌握的基本材料。有文字教材，如教科书、讲义、讲授提纲等；视听教材，如挂图、投影（幻灯）片、音带、录像等多种形式”（上海辞书出版社，1999 年缩印本，第 4176

页）。可见，教材并不仅仅就是纯粹的用来识字的材料，它可以是一些图文并茂的小故事，也可以是一些能吸引学生兴趣的音像制品等。据此，幼儿教学中所使用的材料都可以称为教材，而这些材料不可能被禁止使用。王化敏认为的儿童教材仅仅等同于“大量识字、珠心算、幼儿奥数、英语等等大量繁难的教材”，但对于下文中提出的“从教师参考书或由专家开发的各领域的课程资料，需要开发的一些课程参考书”，“三百多种幼儿图书”都不属于教材之列，把儿童教材看得太狭隘，以致将当前存在的儿童教材的一部分当成全部。这就违反了教育研究的同一律，表现为混淆概念——区分不清概念的内涵或外延。

二、违反矛盾律

违背矛盾律的地方有四：

1. 对使用幼儿教材的态度违反矛盾律。一方面王化敏认为幼儿教育不应该使用教材，幼儿园的教育任务是“培养儿童对各种知识的兴趣，学习掌握知识的方法，如：观察力、思维力、创造力、注意力和学习的坚持能力等”。并且认为如果幼儿园的课程围绕完成教材进行的话，就“根本谈不上按照儿童发展规律和水平进行因材施教”。王化敏还认为安徽省禁止使用幼儿教材是“正本清源，是弘扬科学的教育思想的举措”。从这些观点可以看出王化敏是反对幼儿园使用教材的，主张让儿童在游戏中学习知识。

但另一方面王化敏又说：“值得一提的是，美国的幼儿园几乎每班都有许多适合孩子阅读的图书，教师是按照孩子阅读的兴趣、质量、水平在不断调整和更换图书，我们看了 High/Scope 幼教机构，一个班的储藏室里就有三百多种幼儿图书。”这句话提供给我们的信息是美国幼儿园有许多适合幼儿的图书，并且这种做法是值得我国学习的。王化敏在这句话中有流露出幼儿园要有许多图书的观点，这与他认为幼儿园不应该使用教材，要让儿童在游戏中学习知识的观点自相矛盾，即违反了矛盾律。

2. 对幼儿学习的“知识”的论述违反矛盾律。王化敏在来信中说：“幼儿的教育不能向幼儿传授系统的知识，而应以游戏为主要活动，让儿童在游戏中学习与自己生活以及周围环境相关知识。”这句话一方面指出幼儿园教育不能向幼儿传授系统的知识，另一方面又认为要让儿童在游戏中学习“与自己生活以及周围环境相关的知识”，这些知识不就可以看成是系统的生活知识吗？很显然这里违反了矛盾律。

3. 对幼儿特点的论述违反矛盾律。信中说“注意力易转移”是儿童的一个特点，那么，作为特点，它就会一直伴随着儿童；如果儿童的注意力不易转移，则这个

“注意力易转移”本身就不能作为儿童的特点了，也就不成为特点。但后文却又说幼儿教育要“培养儿童对各种知识的兴趣、学习掌握知识的方法，如：观察力、思维力、创造力、注意力和学习的坚持能力等”，把培养“儿童的注意力和学习的坚持能力”放在了教育目标里，认为儿童的这个特点可以改变；既然可以改变，那么改变了的儿童作为儿童中的一分子，却又失去了这个特点。很显然这里自相矛盾，违反了矛盾律。

4. 对安徽省教育厅这一做法的评价违反矛盾律。来信开头说：“在网上看到你们省和有关网站的信息，安徽省禁止使用幼儿教材得到各大报纸、媒体的支持，也看到你们教师巡讲培训已经完成，而且效果很好，为你们的成就表示祝贺。”后面却又说知道安徽省教育厅因此举“承担的社会压力很大”，从网上“知道你们也碰到一些压力，希望一定要坚持下去，一定会有很好的效果”。我们可以发现，既然是“希望一定要坚持下去，一定会有很好的效果”，那就说明目前并未有很好的效果，与前文相矛盾。此外下文中提到“在网上看到一些媒体反映少数家长不理解”，这就使人困惑到底媒体是支持还是不支持。可见这里违反了矛盾律。

三、违反充足理由律

从整体上看，王化敏是反对幼儿园使用教材的。她反对的理由主要有三：①“从新中国成立以来的60年中，教育部从没有要求幼儿园的大、中、小班幼儿要使用教材。”②“世界其他发达国家和发展中国家，没有哪个国家幼儿园的教学使用幼儿教材，只有大量的教师参考书。”③ 3～6岁儿童的年龄特点决定了不能使用教材向幼儿传授系统的知识。

对这三大理由进行逻辑分析就会发现，其实每一条本身都不能成立，现逐条分析如下：

1. 第一条纵向论证，“教育部从没有要求幼儿园的大、中、小班幼儿要使用教材”，从“没有要求”四个字可以看出教育部对幼儿园使用教材的态度是中立的，不鼓励，也没有明令禁止，说明幼儿园使用教材并不违反教育部的相关政策，所以我们并不能以此作为反对幼儿园使用教材的理论依据。这是很典型的“推不出来”错误。

2. 第二条横向论证，“世界其他发达国家和发展中的国家，没有哪个国家幼儿园的教学使用幼儿教材。”这个理由的逻辑起点是国外好—国内差—借鉴国外改国内。这一逻辑起点本身就是存疑甚至错误的，根本不能用来说明问题。没有给出什么理由或者是什么数据说明这些国家的做法是对的，也没有说明这种做法对幼儿教育的好处，所以并不能以此来判断幼儿园使用教材这种行为是错误的和不好的，也就不能以此作为反对幼儿园使用教材的论据。此外，关于幼儿园是否要使用教材就应该根据我国教育的特点以及学生的特点等方面来决定，而仅仅凭借外国幼儿园不使用教材就判断我国幼儿园也不应该有教材，这完全是不合逻辑的。所以说这条论据理由也是不够充分的。而举出我国西部地区的例子也只能说明西部的情况，不能迁移到其他地区，以此作为论据也不充分。

3. 第三条从儿童身心特点方面进行论证，王化敏信中指出幼儿的特点，又指出幼儿时期开始培养儿童对各种知识的兴趣、学习掌握知识的方法，如：观察力、思维力、创造力、注意力和学习的坚持能力等，这些对儿童学习和终身发展都是很重要的，是幼儿园的教育任务。但是幼儿园采用教材不能说明就不能培养儿童的这些兴趣或素质，因为并没有具体的例子能说明如果我们使用幼儿教材，就不能培养儿童对各种知识的兴趣、学习掌握知识的方法。难道现今的幼儿园教育因为有了教材，就不能培养出幼儿的这些素质么？因此这一条论据也无法证明中国幼儿园不应该使用教材的观点。

综上三点可见，王化敏用来论证禁止使用幼儿教材的三大理由都不能成立，那么这一结论也便因为无充足理由而站不住脚。

总体看来，这封信中的论述存在诸多逻辑问题，所论述的观点不能成立。

第四章　教育研究中量的研究方法

第一节　教育研究中的问卷法

问卷法是社会调查研究中最常用的收集资料的方法之一，它是调查者运用统一设计的问卷向被选取的调查对象了解情况或征询意见的调查方法。从形式上讲，问卷一般能获得总体的分布状态，不同样本之间的差异状态和相关状态。

问卷法一般能够进行下列资料的收集：① 收集现况事实。为了解某项问题，必须通过问卷调查，搜集有关的现况或事实数据，并以文字、数字、照片或统计图表来表示。② 收集态度和建议。调查可以获得调查对象对教育改革或现状的理解和意见。调查对象相对于调查者而言，不仅是教育事件的亲历者，也是教育事件的利益人。教育改革是为调查对象服务的，他们的意见和建议往往是教育改革的努力方向。

一、问卷法的利弊

（一）问卷法的主要优势

1．省时省力省钱

问卷法可以在很短的时间内，同时调查到很多人的情况，比访谈调查方法效率更高。特别是可以采用邮寄的方法，不受地域的限制，使调查的空间得以拓宽。

2. 增强研究的信度

当被调查者面临社会现象、个人隐私、社会禁忌等敏感问题时，往往难以与陌生人交谈。而问卷法无需被调查者署名，也不易受他人影响，这样就使得回答的隐私性和真实性更强。问卷调查中，每一个被调查者所得到都是完全相同的问卷，问题的表达、题目的次序、答案的类型和回答的方式都是一样的。而访谈法由于访谈员的本身差异，比如性别、年龄、态度等，访谈的方式的差异等往往会影响被调查者的回答。问卷法可以更好地避免人为的各种误差，更加真实地反映出不同被调查者的情况。

3. 便于研究结果分析

问卷调查所得到原始资料很容易转换成数字，特别便于计算机进行处理和定量分析。由于当前社会研究向定量发展的趋势，问卷法作为调查资料的主要收集方法便显得尤为重要。研究者将预期研究的问题，通过问卷的形式得到可以量化的结果。

(二) 问卷法的主要劣势

1. 调查问卷设计难

调查问卷的主体内容设计的好坏，将直接影响整个专项调查的价值。问卷的问题既需要问题覆盖的广泛性、逻辑的严密性，又需要具有现实的针对性。没有比较丰富的调研经验和比较深入的问题分析，是很难设计出好的问卷出来的。

2. 回收率难以保证

问卷法依赖于被调查者的合作程度。如果被调查者对所调查的内容兴趣不大，或者态度不积极，责任心不强，或遇到一些突发事件无法完成问卷时，回收上来的问卷数量自然会受影响。

3. 问卷结果可靠性不高

有时，问卷是在调查人员不在场的情况下填答的，所以答题环境无法控制。有时被调查者并非亲自做答，他们可能与别人商量着做，也可能与其他人共同完成。对问题理解不清时，他们也无法向调查人员询问，各种错答、误答、缺答的情况难以避免。这样可能造成问卷调查的质量比较差，可信度不高。此外，问卷法的调查结果往往广而不深。问卷调查是一种用文字进行对话的方法，如果问题太多，被访者会产生厌烦情绪，因此，一般的问卷都比较简短，也就不可能深入探讨某一问题及其原因。

二、问卷的编制

（一）问卷编制的原则

1．目的性

目的性指的是问卷必须与调查主题紧密相关。违背了这一点，再漂亮或精美的问卷都是无益的。而所谓问卷体现调查主题其实质是在问卷编制之初要找出与“调查主题相关的要素”，避免可有可无的问题。除了少数几个要求提供背景或人口统计信息的题目（如询问性别、年龄、工作年限、职称之类的题目）外，其余的题目要与研究的问题、假设直接相关。

2．可接受性

调查问卷的编制要比较容易让被调查者接受。请求合作就成为问卷设计中一个十分重要的问题。应在问卷说明词中，将调查目的明确告诉被调查者，让对方知道该项调查的意义和自身回答对整个调查结果的重要性。问卷说明要亲切、温和，提问部分要自然，有礼貌和有趣味，必要时可采用一些物质鼓励，并代被调查者保密，以消除其某种心理压力。问卷调查法是研究者用来搜集资料的一种工具，其目的不在测量填答者的能力，也不是教育和宣传的手段。许多研究者在问卷编制时首先想到的是研究本身，把问卷设计成专业试题或教育手册，或是仅从研究者的角度出发考虑和编制问卷，不为被调查者考虑如何回答问题，这样的问卷是难以达到调查效果的。

3．逻辑性

问卷的编制要有整体感，这种整体感即是问题与问题之间要具有逻辑性，独立的问题本身也不能出现逻辑上的谬误。从而使问卷成为一个相对完善的小系统。在问卷编制时，要讲究问题的排列顺序，使问卷条理清楚，顺理成章，以提高回答问题的效果。问卷中的问题一般可按下列顺序排列：①容易回答的问题（如行为性问题）放在前面；较难回答的问题（如态度性问题）放在中间；敏感性问题（如动机性、涉及隐私等问题）放在后面；关于个人情况的事实性问题放在末尾。②封闭性问题放在前面；开放性问题放在后面。这是由于封闭性问题已由设计者列出备选的全部答案，较易回答，而开放性问题需被调查者花费一些时间考虑，放在前面易使被调查者产生畏难情绪。

4. 操作性

问卷调查的最终目的是通过对问卷结果的统计分析，来揭示与研究目的有关的结论和观点。因此，问卷编制一定要易于统计操作。如尽可能采用封闭式、客观性问题，对相关信息能合理编码等。

案例 4－1　试分析下列两个调查问卷中可能存在的问题

××中学学生道德成长(2008 寒假)家长调查问卷

(请在所选择的○中打上✓)

1. 寒假前，你是否收到了孩子情真意切的“感恩之心回报于行”家书。

① 已经收到○；② 没有收到○。请谈谈您对这次活动意义的评价：

2. 学校不准学生蓄养长头发和怪异发型上学，家长有责任配合管理。寒假开学，学校对蓄养和保留长头发以及怪异发型的学生采取暂缓报名措施，对此你有何看法。

男生标准：前不遮眉，后不盖领，边不掩耳，鬓发不超过耳朵中心。

女生标准：不烫发、不留披肩散发、不剪男生发型。

① 坚决支持学校按规定处理，督促孩子上学保持合格发型○；

② 现在社会开放，对孩子张扬个性能够理解○。

3. 按照高中新课程改革方案要求，学生上学迟到作为公民道德素养综合考查内容，列入学业评价，你的孩子有上学迟到现象，作为家长您有及时督促的责任，你对此持什么态度。

① 学习很辛苦，偶尔迟到能够理解○；

② 教育孩子严格要求，除不可抗拒的特殊情况，不能有迟到记录○。

请谈谈您如何履行这种职责。

4. 你的孩子是否携带通讯工具上学，带进校园在学习上没有任何用处，学校不允许学生在校园使用通讯工具，请填写号码并表明您的态度。

小灵通		手机	

① 家庭条件允许便于联系○；② 不赞成学生携带通讯工具○；

③ 发现学生上课或者自习时间用手机由学校没收代保管○。

5. 请填写你的家庭收入情况(父母分别按不同职业在相应的空格内填写)

当地做工	财政工资	企业薪水	经营收入	外地打工
日收入　　元	月收入　　元	月收入　　元	年收入　　元	年收入　　元

6．用于孩子的学业费用情况(全部格内填写)

学期用于学习	学期生活费	月零花钱	其他

7．教师备课、上课、批改作业总体计算一节课，国家规定教师每个工作日的工作量是两节课，您认为我校发给教师补课加班费每节课以25元○30元○35元○为宜。

高______(　　)班学生__________家长签名：________

分析：

1．该问卷标题有歧义，“××中学学生道德成长(2008寒假)家长调查问卷”，这样的标题表述会让人费解：要调查的对象到底是学生的道德成长还是家长？要调查的内容是否是2008年寒假学生的道德成长？道德成长也是可以被调查的？

2．该调查问卷缺少开头语和指导语。

3．该调查问卷中问题的形式较少：问题的形式只有填空题和两项选择题及问答题，并且问题设置的也很少，不能很好地调查所要调查的内容。

4．该调查问卷中问题的内容设置中出现的问题

(1) 问题不具有普遍性，与题目想调查的问题相关性不大：例如，本问卷的第七题(您认为我校发给教师补课加班费每节课以多少为宜)，一方面，这个问题与题目想调查的问题相关性不大(这一问题在本问卷的第六题也有所体现)，另一方面，该问题不具备普遍性。因每个学校的实际情况不同，每个家长的经济情况也不同，因此对于教师补课加班费多少这一问题不具备普遍性。

(2) 问题带有明显的倾向性、引导性：例如，本问卷的第四题(您的孩子是否携带通讯工具上学，带进校园在学习上没有任何用处、学校不允许学生在校园使用通讯工具)，这道题带有明显的倾向性和引导性，既然问题中说的那么多携带通讯工具的弊端以及学校的禁止，那么家长如果还支持携带岂不是不配合学校的工作和管理，还有为什么要家长填写下小灵通和手机号码呢？同样，本问卷的第二题也具有明显的倾向性和引导性。

(3) 涉及敏感问题，没有采用恰当的方式：例如，本问卷的第五题(请填写你的家庭收入情况，父母分别按不同职业在相应的空格内填写)，这一题，一方面它

选项中提及的职业没有分类标准，不方便家长作答；另一方面，又涉及了敏感问题，也没有采用适当的方式去表述。

5．此问卷选项的编写中存在的问题

（1）选项的纬度不具有单一性和独立性：例如，本问卷的第四题，分为三个选项，而第一个选项和第三个选项有同一个前提，即允许孩子带手机，只是侧重点不同，第一个侧重便于联系，第二个侧重上课玩教师应没收，因此该题选项的纬度不具有单一性和独立性。这类选项在本问卷的第一题中也有所体现。

（2）选项的代表性与覆盖面不广：例如，本问卷的第五题的选项中，涉及的父母的职业只分为当地做工、财政工资、企业薪水、经营收入、外地打工这五类，代表性和覆盖面不广，而且五个选项之间还具有交叉性。

（3）选项区间设置不是很合理：还是以本问卷的第四题为例说明，在该题的三个选项中，第一个选项和第三个选项的区间设置不合理，这一说明已经在上一部分做了阐述。

6．本问卷没有结束语。

现代青少年心目中的传统道德调查表

声明：本表属于无记名调查表，您无需考虑您的真实回答会受到别人的指责或嘲笑。我们的宗旨是在找出问题的基础上解决问题。请您记住，您的真实回答将会给我们的工作提供巨大帮助。衷心感谢你们的帮助！

一、笔答题

1．什么是传统道德？

2．道德的作用是什么？

3．写出你和父母之间关于道德问题的冲突。

二、选择题

下面是一些道德行为或态度，请根据问题做下面的选择题，可以单选也可以多选，如有不同意见，您也可以补充。

（1）热爱祖国、热爱集体	（2）大公无私	（3）为国捐躯
（4）严于律己，宽以待人	（5）诚信	（6）谦虚
（7）任劳任怨，不计报酬	（8）尊敬师长	（9）明哲保身
（10）活着就要享受生活	（11）艰苦朴素	（12）知足常乐
（13）富贵不能淫，贫贱不能屈	（14）展现个性	（15）为官是从
（16）敦亲睦邻，安分守己	（17）实事求是	（18）孝敬父母

(19) 生命是至高无上的 (20) 舍己为人 (21) 开拓进取

(22) 中庸 (23) 损人利己 (24) 乐于助人

(25) 按劳取酬 (26) 重义斥利 (27) 活着就要有意义

(28) 友善 (29) 节俭 (30) 铺张浪费

(31) 超前消费 (32) 量力而行 (33) 见义勇为

(34) 事不关己,高高挂起 (35) 损人利己 (36) 精忠报国

(37) 自尊、自信、自爱 (38) 团结 (39) 热爱学习

(40) 有责任心 (41) 勤劳 (42) 勇敢

(43) 开拓进取 (44) 大义灭亲 (44) 一切向钱看

(45) 只要对自己有好处,不关心有没有损害到别人的利益

(46) 生命诚可贵,爱情价更高,若为自由故,两者皆可抛

1. 选出你认为的传统道德观念(如有不同意见,请补充)。

2. 选出你认为的传统道德行为(如有不同意见,请补充)。

3. 选出你认为的现代传统道德观(如有不同意见,请补充)。

4. 选出你认为的现代道德行为(如有不同意见,请补充)。

5. 选出你对待传统道德的态度(如有不同意见,请补充)。

(1) 全盘否定(2) 全盘接受(3) 批判接受(4) 与时俱进(5) 发扬光大(6) 不屑一顾

6. 传统道德是什么时期的道德(如有不同意见,请补充)。

(1) 孔孟(2) 朱熹(3) 中华民国(4) 中华人民共和国(5) 从封建社会到改革开放前

7. 选出你对传统道德的感觉(如有不同意见,请补充)。

(1) 神圣化,遥不可及(2) 经过努力,可以实现(3) 已融入生活

8. 您知道什么是道德吗(如有不同意见,请补充)?

(1) 不清楚(2) 不太清楚(3) 只可意会,不可言传(4) 知道

9. 你知道什么是传统道德吗(如有不同意见,请补充)?

(1) 不清楚(2) 不太清楚(3) 只可意会,不可言传(4) 很清楚

10. 你认为现代属于什么时期(如有不同意见,请补充)?

(1) 中华民国时期(2) 中华人民共和国成立至今(3) 改革开放至今(4) 21世纪

三、总结

1. 从对以上各题的回答中,你可以总结出传统道德观念和现代道德观念的

冲突表现在：

2. 从对以上各题的回答中，你可以总结出传统道德行为和现代道德行为的冲突表现在：

分析：

1. 该调查问卷的开头语很生硬、影响被调查者的心情。缺少指导语。

2. 该调查问卷中问题的形式设置及其排列方式，缺乏逻辑性，容易让被调查者产生厌烦心理，从而可能会影响问卷填写的质量：问卷开头首先就是笔答题的形式，接着看到的是46个选项，再接下来是6个单选题，最后又是2个总结题。这种形式设置及排列方式，让人觉得很繁冗、没有层次感，而且容易让被调查者感觉主观回答的题特别多，会耽误被调查者大量的时间，不言而喻，会影响到问卷填写的质量。

3. 该调查问卷中问题的内容设置中出现的问题

(1) 问题指向不明：例如，本问卷第一部分的三个笔答题，都包含有抽象概念和专业术语，不利于被调查者理解和作答。

(2) 问题范围不清晰：例如，本问卷的第三题是写出你和父母之间关于道德问题的冲突？道德问题的冲突，这一概念首先是理解很难，其次，道德问题的冲突这一范围太大，不清晰也不易于理解。

(3) 问题难度过大：例如，本问卷的第二大部分虽然为选择题，但一开头便呈现46个可供选择的项，而且这些选项和学生的生活联系不密切，都较抽象化和概念化，不易于读者理解，难度较大；其次，它下面让被调查者在上面46个选项中选出传统道德观念、传统道德行为、现代传统道德观和现代道德行为，这个难度相对更大，这些概念本来就比较复杂难以区分，再加上要在46个选项中选择，让人很厌烦，使问卷调查的质量受到很大的质疑。

(4) 问题提法不科学、不恰当，让人产生歧义：例如，本问卷的第六题(传统道德是什么时期的道德?)让人觉得哪个选项都可以选择，我觉得他要表达的意思应该是：哪个时期可以被称为传统道德时期？

(5) 问题意义不明：例如本问卷的第十题，让人感觉莫名其妙，青少年心目中的传统道德与本世纪属于什么时期没有相关性。

4. 此问卷选项的编写中存在的问题

(1) 选项的纬度不具有单一性和独立性。例如，本问卷的第十题，分为四个选项，第三个是改革开放至今，第四个是21世纪，而第三个选项和第四个选项时间上有所重叠，因此该题选项的纬度不具有单一性和独立性。

（2）形式不合理，笔答题太多。在问卷的开头就是三个笔答题，而结束时又是以两个总结题结束，让被调查者感觉问卷难度很大，尤其是两道总结题，竟然让被调查者自己总结传统道德观念和现代道德观念、传统道德行为和现代道德行为的冲突各表现在什么地方，这个问题应该是问卷设计者自己总结的，或者说是在了解这个之后才去设计这份问卷。

5. 本问卷没有结束语。

（二）问卷的编制步骤①

问卷调查从确定问卷调查目的开始，到问卷正式实施后撰写问卷调查报告，主要包括问卷编制、实施和结果报告三个步骤。一般说来，问卷的编制包括如下步骤：前期准备；概念操作化；编制初稿；试用；修订与定稿。

1. 前期准备阶段

（1）明确问卷调查的目标。总体研究目标是什么？问卷中涉及的核心概念是什么？这些概念与总体研究目标的关系如何？

（2）了解问卷调查样本属性。性别构成；年龄（年级）分布；民族；受教育程度（学历结构）；专业背景；职业构成；经济状况分布；价值观（宗教信仰）；风俗习惯；生活方式；心理与人格特点；地域、社区分布等。

（3）明确问卷的类型和形式。结构型，无结构型；集中发放，分散发放。

（4）确定问卷结果的统计方式。描述性统计；参数检验；非参数检验……

2. 概念操作化阶段

教育课题的研究中使用的概念一般都是人们通过对感性认识的抽象和概括而得到的，所以开始往往是模糊的或含义不清的，并且概念一般都具有综合性，由一些低层次的亚概念、子概念组合而成。一个概念越抽象，它所包含的信息就越多，也就越难把握。如果不对它们确切定义和具体化，就无法对社会现象和事物进行观察和度量。概念操作化的使命有三：第一，在于使概念或命题具体化，使教育调查研究得以进行；第二，在于使概念或命题量化，避免了教育问题分析的片面性；第三，使定性分析即结论能建立在客观化的基础上，而不是一种主观的臆断。

目前，人们大都按照美国著名社会学家拉扎斯菲尔德的主张，将这一过程分为四

① 王君，赵世明. 问卷编制指导[M]. 北京：教育科学出版社，2006：14－24.

个阶段:概念的形成—概念的界定—选择测量指标—编制综合指标(地位或权重)。这实际是一个在理解的基础上具体操作的问题。研究者要学会如何操作。

案例 4-2　安徽省普通高中学生道德现状的调查问卷的内容设计

普通高中学生道德现状的概念分解和指标确定:

道德知觉:对相貌、对尊老爱幼、对老师、对心态、对性别交往、对国家宣传、对信仰

道德判断:对"见义勇为"、对公正、对不公正待遇、对不公正的处理、对捐款、对不理解的制度,道德的情境性难题、帮助同学与竞争的关系、对老师和家长的冲突,对知行不一的理解

道德的生活相关性:群际冲突问题,道德影响因素:家庭、社会、学校、互联网、榜样

道德的来源与依据:为什么要道德?评价依据来源于外界,还是自己?道德动力来源于外部还是自己?道德目标是道德自身还是其他?

对道德教育的理解:学生对学校道德教育目标、内容、方式、效果的理解

对道德行为和道德效果的理解

道德行为是直觉、习惯、文化传统,还是思考的结果?

3. 编制问卷初稿阶段

经过探索性工作,在对所要询问的各种问题及其可能的答案有了初步印象之后,可以动手设计问卷初稿了。有两种具体的设计方法,一种称为卡片法,另一种称为框图法。

卡片法的工作顺序是问题—部分—总体。第一步是根据探索性工作所得到的印象和认识,把每一个问题和答案写在一张卡片上。第二步是根据卡片上问题的主题内容,将卡片分成若干堆,即把询问相同事物的问题卡片放在一起。第三步是在每一堆中,按合适的询问顺序将卡片前后排序。第四步是根据问卷整体的逻辑结构排出各堆的前后顺序,使卡片联成一个整体。第五步是根据回答者阅读和填答问题是否方便、是否会形成心理压力等角度,反复检查问题前后顺序及连贯性,对不当之处逐一调整和补充。最后把调整好的问题卡片依次写在纸上,形成问卷初稿。

框图法的操作过程正好与此相反。第一步是根据研究假设和所需资料的内容,在纸上画出整个问卷的各个部分及前后顺序的框图。第二步是具体地写出每一个部分中的问题及答案,并安排好这些问题相互间的顺序。第三步是根据回答者阅读和填答

问卷是否方便等方面，对所有问题进行检查、调整和补充。最后将调整的结果重新抄在另一张纸上，形成问卷初稿。

这两种方法的差别在于前者是从具体问题开始，然后到部分，最后到整体；而后者相反，先从总体结构开始，然后到部分，最后到具体问题。

4. 问卷试用阶段

试用这一步在问卷设计过程中至关重要，这是因为问卷设计中所出现的任何一点不足或缺陷，都将在调查所得到的问卷资料中留下印记，有时甚至造成难以弥补的损失。

试用问卷初稿的具体方法有两种，一种叫做客观检验法，另一种叫做主观评价法。

主观评价法的具体做法是，将设计好的问卷初稿复印若干份(3～10 份)，分别送给该研究领域的专家、研究人员以及典型的被调查者，请他们试做或分析问卷初稿，并根据他们的经验和认识对问卷进行评论，指出不妥之处。

案例 4-3　安徽省普通高中学生道德现状的调查问卷的设计步骤

各子课题单位负责同志：

您好！谢谢宝贵的意见。表 4-1 是我对各位所提意见的解答情况，请审查。

表 4-1

相关意见与建议	解答与接受情况
总量偏多的问题 15～16 主观题偏多的问题(保留 19、27) 多设计一些问题情景，更接近现实；把问题更具体化，面还可以更宽一点	本问卷试图从道德知觉、道德判断、道德的生活相关性、道德的来源与依据、对道德教育的理解等几个方面对学生进行调研。所以总量有些偏多，考虑到大家的意见，我们尽量删除部分题目，特别是主观题。不过，由于收集信息的困难，有些主观题不得不保留，还请大家谅解。我们也试图尽量使问题情境化，但这样一来无疑又增加了学生的阅读负担。实际上，我们的很多问题已经情境化处理了
第 1 题中“什么是做人做事的最终依据”的“最终”二字学生不好做判断	接受
第 1 题中的“赞成”后的箭头能否换成“那么”	接受
第 1 到 4 注释问题和答谢语删除	接受

续表 4－1

相关意见与建议	解答与接受情况
第 2 题中的“不符合”后面的问题题义不清，学生有可能不知怎么回答	接受
第 6 题增加“尊敬师长、父母”、“热爱劳动”、“学会合作”、“善良”等选项	部分接受，因为这些题目就是依据从多到少挑选出来的。这些题目选择的同学稍微偏少
第 6 到 9 题要精简，可以合并	不好合并
第 7 题　表述问题	接受
第 8 题　备选项存在严密问题	接受
第 9 题　增加“不尊敬师长”“推卸责任”、“不诚信”、“虚伪”、“摆阔”等选项	部分接受，原因同上
第 10 题　表述存在问题	接受
第 11 题　备选项存在严密问题	接受
第 13 题　对于吸烟、沉溺于网吧到底是不是道德品质，学生不清楚。再如果学生认为这些行为与道德无关，这时再去提建议，就失去考察的目的了	部分修改
第 14 题　见义勇为的问题，是否可以设计为“见义勇为”与“见义智为”的冲突	“义”本身就是权衡之意。自然就有智慧在里面。见义勇为不等同于鲁莽。这里主要调查学生对临时行为的道德抉择能力
第 15 题可以增加一项“利人又利己”	接受
第 15 题与第 21 题有重复之嫌，可考虑去掉其中一个	本意是为了考察学生的道德判断是否具备一致性。但为了避免题量过多，同意删除其中一题
我校研究的课题是“当代青少年道德意识与传统道德的冲突与整合”，但问卷中这类题目较少	第 19 题就是代表。但这类问题最好是贵校自己设计问卷。考虑到题量问题，删除 19 题
第 23 题可以增加一个选项“讲道德不为他人理解和认同，或讲道德有时付出的代价太大”	接受
第 23 题如果放到第 4 题后面是不是更好一点	接受
第 24 题问得不确定，学生可能没办法回答	接受

客观检验法的具体做法是，将问卷初稿打印若干份(一般在 30～100 份)，然后在

式调查的总体中抽取(随机或不随机均可)一个小样本,用这些问卷初稿对他们进行查。最后认真检查和分析试调查的结果,特别是关注题目的回答率、区分度和相关,从中发现问题和缺陷并进行修改。

问卷试用阶段一般可以发现问卷中可能存在的以下问题。

(1) 选项。选择率极低的选项(选择率在5%以下);过度集中的选项;存在错误的项;选项排列顺序不当。

(2) 题目。与问卷调查目标不一致的题目;与概念纬度不一致的题目;区分度为值或比较低的题目;存在错误选项或答案的题目;多数被调查者没有回答的题目;提有误的题目。

(3) 问卷设计。卷首语不完整;指导语解释不清;多数被调查者的问卷回答不全;卷各部分排列顺序不当;问题排列顺序不当;文字错误;排版、印刷错误。

(4) 问卷实施。问卷实施的时间和场合不当;问卷实施的方式不当。

5. 修订与定稿阶段

经试用发现和检查出来的问题需要进行修订。问卷修订应包括三个方面的内容:改删除或替换不适用的题目;对问卷的整体结构和版面做适当调整;对问卷的实施案做出必要修改。

(三) 问卷的内容结构

问卷虽然都包含一组问题,但仅仅有一组问题并不能成为一份问卷。一般来说,卷由以下几个部分构成:

调查问卷有4个基本部分:开头语、指导语、问题、结束语。

(1) 开头语。我是谁;要调查什么;为什么要进行调查;为什么找你;调查有什么;不会有损被调查者的利益;感谢辞。

(2) 指导语。限定回答范围;指导回答方法;指导回答过程;规定或解释概念和问的含义。

(3) 问题。特征问题;行为问题;态度问题。

(4) 结束语。需要注意的问题,再次感谢,调查者的联系方式。

案例4-4　安徽省普通高中学生道德现状的调查问卷的卷首语

尊敬的同学:

您好!为促进安徽省新课程实验的科学化进程,我们受安徽省教育厅的委托，特组织此次道德现状调查。本次调查主要是想了解普通高中学生的道德认知和道德判断能力，您的回答将是形成我省教育决策咨询的重要依据。本次问卷采用匿名方式填写，仅供统计使用，承诺不会对您和您的学校产生任何负面影响，敬请您如实填写。

填写本问卷时，敬请您注意：① 为保证您观点的充分表达，本问卷由选择题和问答题组成。选择题只需要在题号上打勾，根据需要可多选；问答题尽量简要回答。② 本次问卷大约需要耽误您30分钟的时间。

谢谢您的支持！

"普通高中新课程道德教育的研究"课题组

2007年5月25日

(四) 问卷问题的编写

1. 问题的形式

A. 填空题(单项选择题)：从所列出的选项中选择一个合适的答案。

例如：年级：① 高一　　② 高二　　③ 高三　　④ 高三复读

B. 两项选择题：从所给出的两个选项中选择一个合适答案。

例如：也有人认为：不是自己不想讲道德，而是别人太不讲道德。这也是您的法吗？

①是　　②不是

C. 多项选择题：从所给出的选项中选择两个或者两个以上合适的答案。

例如：有同学们认为以下13种品质或行为是"有道德"同学的特征。您赞同哪种？(可多选)① 乐于助人　② 刻苦学习　③ 礼貌待人　④ 遵纪守法　⑤ 有任心　⑥ 诚实守信　⑦ 团结同学　⑧ 不讲脏话　⑨ 爱护环境　⑩ 尊敬师长　⑪ 尊敬父母　⑫ 热爱劳动　⑬ 宽容(体谅)

如果您觉得还可以增加，请问您认为最应该加上⑭ ________________

D. 排列式选择题(权重)：每个问题后列有许多答案，要求被试者依其重要性定等次，所以排列式也叫编序式、评判式，是用数字表示几种答案应排列顺序。

例如：上例题中的特征是否有主次轻重之分？

① 有，请按主次从左到右排序(只需要填写序号) ________________

② 没有，都同样重要

E. 矩阵式问题：将同一类型的若干问题集中在一起，构成一个问题的表达式。

例如：你觉得表 2－3 中所列的现象在你们学校是否严重？（请在每一行适当的方框内打上√）

表 2－3

很严重	比较严重	不太严重	不严重	不知道
迟到	□	□	□	□
早退	□	□	□	□
旷课	□	□	□	□

F. 后续式问题：问卷就一个问题的回答设置不同的情况，被试者依照自己的情况进入不同的问题。

例如：大多数同学认为“帮助同学”是种美德；但竞争是学习中经常出现的事情。帮助了同学无疑增加了自己竞争的难度。请问您考虑过这种困境吗？

① 考虑过

您的处理方式是？

① 以各种理由不帮助同学；

② 只帮助比自己差的同学；

③ 帮助各种同学，因为同学的进步能促进自己的进步；

④ 其他。请填写：

② 没考虑过

G. 问答题：提出问题，不列可能答案，由被试者自由陈述。

例如：贵校教师对个别同学的下述行为很是头疼。请您给老师提出对策建议：

① 沉溺网吧：________________________________

____

② 吸烟、喝酒：________________________________

____

③ 穿戴举止不符合身份特征：________________________________

____

2. 问题的内容

A. 问题指向应明确

问题指向明确指问题前后涉及的相关关系、概念等应清晰、明确，易于理解。例如，现代青少年心目中的传统道德调查问卷第一部分的三道笔答题，都包含有抽象概念和专业术语，而且概念表达也不清晰、明了，不利于被调查者理解和作答。

B. 问题应具有独立性

问题应具有独立性是指在一个问题中只能涉及一个维度的调查，不应涉及两个或更多的问题。例如，在某中学学生道德成长家长调查问卷中，第一题是问家长是否收到家书，只有两个回答是和否，可是在选项中又出现请谈谈您对这次活动的评价，显然是包含双重问题。

C. 问题范围应清晰

问题范围清晰是指问题中所涵盖的范围表述清楚、明晰。例如，现代青少年心目中的传统道德调查问卷中第一部分的第三题是写出你和父母之间关于道德问题的冲突。道德问题的冲突，这一概念首先是理解很难，其次，道德问题的冲突这一范围太大，表述也不清晰。

D. 问题不应带有倾向性和引导性

问题不应带有倾向性和引导性是指问题的提出不应引导被调查者做出某种回答或使被调查者易于产生某种调查者所需要的答案。例如，在某中学学生道德成长家长调查问卷中的第四题(您的孩子是否携带通讯工具上学，带进校园在学习上没有任何用处、学校不允许学生在校园使用通讯工具)，这道题带有明显的倾向性和引导性，既然问题中说了那么多携带通讯工具的弊端以及学校的禁止，那么家长如果支持携带不是不配合学校的工作和管理，为什么还要家长填写下小灵通和手机号码呢？同样本问卷的第二题也具有明显的倾向性和引导性。

E. 问题应具备普遍性

问题具有普遍性指的是所提的问题对所有被调查者都适应，并不是只对一部分被调查者适用，比如：“您的儿子平均每天上多长时间网？”这个问题只适用于有儿子的父母，所以不具有普遍性，“儿子”应改成“孩子”。

F. 问题难度应适宜

问题难度适宜是指问题难度不应过难，要针对被调查者的实际情况，进行设计。例如，在现代青少年心目中的传统道德调查问卷中的第二大部分虽然为选择题，但开头便呈现46个可供选择的项，而且这些选项和学生的生活联系不密切，都较抽象和概念化，不易于读者理解，难度较大；其次，它让被调查者在46个选项中选出传统道德观念、传统道德行为、现代传统道德观和现代道德行为，这个难度相对更大，这些念本来就比较复杂难以区分，再加上要在46个选项中选择，增加了问卷的难度。

G．敏感问题应使用正确的方法提出

敏感问题即所提出的问题对于被调查者来说，可能涉及被调查者的隐私或者可能是被调查者不愿意为人所知的，总之，涉及被调查者个人问题，而且可能使被调查者产生逆反心理的问题，对于这类敏感问题应使用正确的方法提出，例如可以使用投射法、假设法、从众法、合理情绪法、登门槛法等。例如，在现代青少年心目中的传统道德调查问卷中的第五题（请填写你的家庭收入情况，父母分别按不同职业在相应的空格内填写），这一题涉及了收入状况和父母职业属于敏感问题，在这设计者可以采用适当的方法去表述。

H．应设置防伪题

防伪题即用于检验被调查者的诚实度，通过问卷前后设置类似的题目去检验被调查者有没有隐瞒自己内心的真实想法。在以上两个问卷中都没有设计防伪题，对于现代青少年心目中的传统道德调查问卷中的七、八、九题，都应该设计一个防伪题。

I．应适当使用敬意语

敬意语是指在进行问题设计中，必须相应地使用一些表示敬意的词语，而不应该直接提出问题。例如，在某中学学生道德成长家长调查问卷中的第一题（寒假前，你是否收到了孩子情真意切的“感恩之心回报于行”家书），在这个问题中提到“你”，而应该用“您”，总之，适当地使用敬意语，可以使被调查者更好地配合，从而可以提高问卷调查的质量。

3．选项的编写

A.维度要单一

所谓维度单一，指的是各选项应当属于同一范畴，也就是划分的标准要统一。

例：选出你对待传统道德的态度（如有不同意见，请补充）

a．全盘否定　b．全盘接受　c．批判接受　d．与时俱进　e．发扬光大　f．不屑一顾

在这里，选项中“不屑一顾”与“全盘否定”难以区分、“发扬光大”与“全盘接受”不易区别；另外“与时俱进”是关于传统道德的发展问题，而其他选项则是关于对传统道德本身的评价问题，维度不同。

B．选项要独立

所谓选项独立，指的是选项之间没有包含，相互之间界限明确。

例：您的月收入是

a. 1 000 以下　　b. 1 000～2 000　　c. 2 000～3 000　　d. 3 000 以上

在这里，相互选项之间的上限与下限是重合的，因而选项之间没有做到完全独立

C. 代表性与覆盖面

指的是使得问卷作答者都能够在选项中找到符合自己的情况以便进行选择。

例：传统道德是什么时期的道德(如有不同意见，请补充)

a. 孔孟　　b. 朱熹　　c. 中华民国　　d. 中华人民共和国　　e. 从封建社会到改革开放前

在这里，在孔孟到朱熹之间出现了空当，朱熹和中华民国之间出现了空当，因而没有完全覆盖整个历史时期。

D. 选项区间合理

指的是选项自然生成的内涵范围大小基本一致，不要人为制造某个选项过为集中。

例：对一所学校教师的年龄进行统计，问题设置：您的年龄是

a. 20～25(不含)　　b. 25～30(不含)　　c. 30～35(不含)　　d. 35 及以上

显然选项 d 的范围相对于其他三个来说过于宽泛，不合理。

E. 避免使用不当的程度副词或形容词

指的是不要让一些形容词或副词对答卷者有提示作用或使得对某个选项有歧视的倾向。另外，要避免一些形容词或副词使用混乱，使得选项表达的含义不清晰。

例：你知道什么是传统道德吗？(如有不同意见，请补充)

a. 不清楚　　b. 不太清楚　　c. 只可意会，不可言传　　d. 很清楚

选项 a 与 b 的区别就在于“不”和“不太”，两者间的区别不好界定，因而会造成作答者的混乱。

三、问卷的发放与回收

调查问卷的发放一般有当面发送，邮寄发送、报刊发送、网上发送等形式，具体特点见表 4－2。

回收问卷的两项工作：

第一，检查无效问卷。

第二，统计有效文件的回收率。70%以上的回收率才能作为研究结论的依据。

表 4-2　问卷的发送方式及其特点

特点＼发送方式	当面发送	邮寄发送	报刊发送	网上发送
调查范围	比较窄	比较广	比较广	比较广
影响力	很大	比较小	很小	很小
样本代表性	很高	比较高	比较低	比较低
控制力	很大	比较小	很小	很小
回收率	很高	比较低	很低	比较高
有效性	很高	比较高	比较低	比较低
反馈时间	很快	比较慢	比较慢	很快
经济成本	很高	比较高	比较低	很低
人力成本	很高	比较低	很低	很低

第二节　教育研究中的测量法

测量在日常生活中并不陌生。例如，人们总是在用人体自身的各个器官去对外部世界进行测量：眼睛测量物体的大小、颜色、形状、空间距离；耳朵测量各种声音的高低、方向、含义；鼻子在测量各种气体的味道；皮肤在测量周围的温度。只是由于人体器官的能力有限，测量的结果也不够精确，因而人们发明了许多专门的测量仪器，并在科学研究中规定了各种测量的特定程序，创造了许多规范的测量方法，极大地提高了测量的水平和效果。

教育测量是指根据某种规则和尺度，把所观察到的教育现象或教育对象的属性予以数量化的活动过程。教育测量是测量里的一种，是对教育中一些问题的数量化测定（广义），是对学生精神特性的测定（狭义）。运用最广泛的工具是测量和考试。测量法的基本理论前提是："凡物的存在必有其数量"（桑代克），"凡有数量的东西都可以测量"（麦柯尔）。

一、测量法的利弊

（一）测量法的主要优势

1. 客观性

标准化程度较高，施测、计分、评价等均有统一标准，容易控制，便于操作。测验量表的编制过程客观、严谨，效果准确可靠，测验结果直观形象。

2. 方便性

定量化水平较高，测量所获得的均为客观的数据资料，便于记录、分析和计算机处理。经济实用，省时省力，研究者只需根据研究需要直接选择合适的测验量表施测即可。

（二）测量法的主要劣势

① 测试结果往往是相对的。教育测验通常是间接测验。测量涉及的心理、智力能力、知识、技能、性格等因素难以直接测量，因此测量的结果往往是相对的。

② 教育测量的对象很不稳定。

③ 教育测量的工具还不是很科学。测验编制难度较大，费时费力。测验编制专业化程度高，非专门机构、专业人员不能胜任。

二、测试题的编制

（一）编制前的准备

1. 明确测量客体

测量客体指测量的对象。测量的客体可以是人，也可以是教育研究中的事物或现象。

2. 明确测量内容

测量内容指测量客体的属性和特征。测量内容可以是外显的，如学生的性别、年龄、身高、体重等，也可以是内隐的，如学习兴趣、动机、态度、价值观等。通常有：学业成就测验；智力测验；能力倾向测验；人格测验。

3. 明确测量的目的

常模参照测验是指以学生团体测验的平均成绩为参照标准，说明某一学生在团体中的相对位置，将学生分类排队。标准参照考试是指以体现教育教学目标的标准为准，看学生是否达到标准以及达成标准的程度。它主要不是用于比较个人之间的差异。见表4-3。

表4-3　常模参照考试和标准参照考试比较

维度	标准参照考试	常模参照考试
目的	确定每个学生是否达到课程目标规定的要求 确定每个学生在课程开始前后获得知识、技能、能力等的差异，或水平的差异	对学生在某一内容领域的知识、技能、能力等进行排队 区分高分和低分的学生
内容	严格依照课程标准，要求有较好的覆盖面 以课标描述为难度依据，要有难度梯度，尤其是合格水平要求充分的表达 每种知识、技能等都表述为教育目标或课程目标	题目要有较好的区分度 由于时间有限可能放弃对覆盖面的要求
试题特征	每个目标至少有四道试题，以获得适当的学生行为样本，并且最大可能地降低偶然因素效应 每道试题难度是平等的	测量每个目标的试题量一般小于四道 试题的难度是变化的 试题要有比较好的区分度
分数解释	通常标定合格及其他等级水平 每个学生的成绩与预先设置的标准比较，与其他考生的表现无关 报告考生在每个测量目标方面的学习情况	考生成绩通常与其他考生成绩比较 分数通常以百分位分数，或其他标准分数表示 通常总体报告学生的水平而不分测量目标

4. 明确测量规则

测量规则指测量的法则或方法。也就是说，要构建一套如何分派数字或符号的准则，按准则对测量内容进行规范化、标准化的操作。双向细目表是确定内容要目、目标层次、权重的最好办法，具体案例见表4-4，表4-5。

表 4-4　小学自然常识测验编题计划

行为目标 教材内容	获得基本知识	理解原理原则	应用原理原则	分析因果关系	综合成系统见解	建立评价标准	合计
生物世界	3	5	6	3	2	1	20
资源利用	2	3	3	1	1	0	10
动力和机械	2	3	4	2	0	1	12
物质、物性与能量	5	6	8	3	2	1	25
气象	2	4	3	2	2	0	13
宇宙	2	5	4	1	0	0	12
地球	2	2	2	1	1	0	8
合计	18	28	30	13	8	3	100

表 4-5　试卷组合双向细目表

题号	分数 内容	能力					题型						难度系数
		记忆	理解	分析	综合	其他	判断	选择	填空	计算	问答	其他	
1	第一章　第四节	1	2						3				0.6
2	第三章　第二节	1	1						2				0.7
3	第七章　第一节	3							3				0.6
4	第一章　第四节	3							3				0.7
	…	…	…	…	…	…	…	…	…	…	…	…	…
	小计	8	3						11				加权难度系数
	总计	100					100						0.62

5. 明确测量工具

编制量表。测量需要有测量的工具，测量的工具应具有单位和参照点，并且有表示量数的方法，我们把这种工具称之为量表。如，尺是度量长度的量表，血压计是测量血压高低的量表，智力测验是测量智商高低的量表。量表有四种不同水平：

A. 类别量表(称名量表)

根据事物的某一特点,对事物属性进行分类,用名称或数字来代表事物或性质,是给事物进行简单归类的一种量表形式。如运动员的号码,学生的学号等。又如,对于性别,我们可以用数字1表示男生,用数字0表示女生,在这里1和0只是代表事物的性质,只是起到给事物分类的作用,数字本身并不具有数量意义,没有大小、高低、优劣之分,只是为了给对象分类,采用数字来代表罢了。

B. 顺序量表(等级量表)

只有等级顺序而无等距的单位和绝对零点,或只是按研究对象的某一种属性的顺序排列出等第次序。如根据学生的测验成绩排出名次,成绩最好的为1,成绩次之为2,再次之为3,依次类推。又如,对于生活水平,我们可以给出四个等级:贫困、温饱、小康、富裕。

C. 等距量表(间距量表)

具有相等的单位,但没有绝对零点的量表。等距量表的数量单位之间的间距是相等的。如,温度30~32 ℃与18~20 ℃的温差是相等的,都是相差2 ℃。三个儿童在智商测验中分别得分105、110、115,在智商测验分数体系中,分数差距是相等的。等距量表在学校教育系统运用广泛,一般将百分制评分看做等距量表。

D. 等比量表(比率量表)

除了具有类别、顺序、等距量表的特征外,还有一个具有实际意义的绝对零点。零点是指测量的起点或参照点。有些零点是人定的,称相对零点,如零摄氏度,这里零点并不意味着没有一点温度,而是以人定的冰点为参照标准。像学生的考试成绩、智商的0分都是相对零点。有些零点具有实际意义,称绝对零点。如年龄、高度、经费开支等都有绝对零点,0岁、0米、0元中的“零”都表示真实的“无”。

(二) 客观题的编制

客观题一般包括选择题、填空题、简答题、匹配题、是非题等。见图4-1。

1. 选择题的编制

题型特征:由一个“题干”和若干“选项”所构成。题干可用不完全陈述或疑问句表示,用于实现一个问题情境;选项,由一个正确或最佳答案和几个似真的错误诱答项或非最佳答案项组成。

适用范围:适合用文字、数字和图形等不同材料编题,可考查记忆、理解、应用、推理、判断、比较、分析等多种能力。该类题有多种形式,如配伍式、比较式、因果式、组合式、类推式等，其测量功能各有侧重。

编制要领：题干设问明确，表述简要，且尽量创设新情境；各选项的内容和形式要相互对等，数目尽量一致，且用词勿重复；正确项随机定位，且似真非真；干扰项似假非假，保证适度干扰性；每题仅有一个测试中心，且各题相互独立，避免链式。忌用“以上皆对”、“以上皆错”选项。

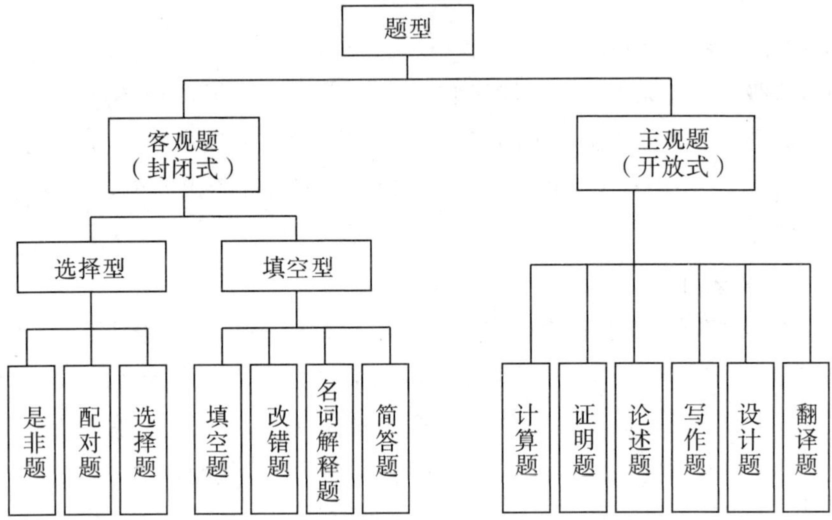

图 4-1　题型分类图

2. 填空题的编制

题型特征：提供一个完整的陈述，要求被试者把缺少的结论填上，全题可留 1～处空格，且多置于句中和句尾。

适用范围：适宜测量词组知识、名称或日期、对概念的简单理解及记忆，解决数量问题的能力等。属于“回忆性”测量。

编制要领：留空处须是关键字词，且与上下文联系密切；空格不宜太多；准备一个正确答案和可接受的变式的标准。

3. 简答题的编制

题型特征：由一个问句或陈述句构成，要求学生作答时提供适当的字词、短语、符号、观点及结论等。

适用范围：适宜测量记忆及简单理解。可考查术语知识、特定事实知识、原则的知识、方法和程序的知识；还可考查简单解释资料或使用数字符号的技能。

编制要领：答案唯一，且简单具体，尽量采用疑问句出题；应测学科知识的重要念；不可按书原文抄题；说明答题要求，无需论述、论证；需以数字作答的，应说明单位。

是非题和配对题的使用频率相对较少。

(三) 主观题的编制

主观题一般包含论述题、写作题、证明题、设计题等。见图 4－1。

1. 论述题的编制

题型特征：要求被试者根据题目自己立意、选材、组织与表达。它属于自由反应型试题，包括论述题和作文题。

适用范围：适合测量综合运用知识的能力、组织材料能力和文字表达能力，甚至考核评价能力和创造能力。可以了解学生对问题的理解深度和思考过程。

编制要领：明确规定作答范围和方法，避免题意空泛、笼统；设置新情境，让被试者应用知识解决新问题；题目数量需适度；不给被试者提供选答试题机会；备用数个"理想"答案，评分标准具体，易操作。

2. 应用题的编制

题型特征：叙述一个具体的情境并给出一些有关的数据或资料，让被试者解决所提出的问题。

适用范围：适合测量计算技能、数学和科学推理，以及运用知识到新情境中的能力。该类题常用于数学和自然科学领域的测验。

编制要领：解题说明清楚、完整；题目中应含解题所需的一切条件；题目内容应采用新情境材料；各测题答案间互相独立；文字简明。

(四) 测验题的加工

初步筛选出的项目虽然在内容和形式上符合要求，但是否具有适当的难度与鉴别作用，必须通过实践来检验，也就是要通过预测进行项目分析，为进一步筛选项目提供客观依据。

1. 预　测

项目性能之优劣，不能仅凭测验编制者主观臆测来决定，必须将初步筛选出的项目组合成一种或几种预备测验，经过实际的试测而获得客观性资料。预测应注意以下几个问题。

(1) 预测对象应取自将来正式测验准备应用的群体。例如，对于一个成就测验来说，进行预测的学生必须和以后的测验对象属于同一个年级，并且具有相同的课程背景，取样时应注意其代表性，人数不必太多，亦不可过少。

（2）预测的实施过程与情境应力求与将来正式测试时的情况相近似。

（3）预测的时限可稍宽一些，最好使每个被试者都能将项目做完，以搜集较充分的反应资料，使统计分析的结果更为可靠。

（4）在预测过程中，应随时记录被试者的反应情形，如在不同时限内一般被试者所完成的题数、题意不清之处及其他有关问题。

预测的目的在于获得被试者对项目如何反应的资料，它既能提供哪些项目意义不清、容易引起误解等质量方面的信息，又能提供关于项目好坏的数量指标，而且通过预测还可以发现一些原来想不到的情况，如检验时限多长合适，在施测过程中还有哪些条件需要进一步控制等。

2. 项目分析

对项目的分析包括质的分析和量的分析两个方面。前者是从内容取样的适当性、题目的思想性以及表达是否清楚等方面加以分析，后者是对预测结果进行统计分析，确定项目的难度、区分度、备选答案的适宜性等。

编制一套测验，只依据一次预测的结果所作的项目分析是不够的。由于预测的被试样本可能会有取样误差，故由此得到的项目分析结果未必完全可靠。为了检验所选出的项目的性能是否真正符合要求，有时需选取来自同一总体的另一样本再测一次，并根据结果进行第二次项目分析，看两次分析结果是否一致。如果某个项目的测试结果前后相差较大，说明该项目的性能值得怀疑。这种在两个独立样本中进行项目分析的过程叫做复核。

3. 合成测验

经过试测和项目分析，对各个项目的性能已有可靠的资料作为评价的根据，下一步就可以选出性能优良的项目，加以适当的编排，组合成测验。

一般说来，项目的区分度越高越好，这是选择项目的一条重要标准。特别是对于选拔测验，此标准尤为重要。选择项目的另一个指标是难度。难度多大为合适并无一个绝对标准，而要根据测验目的来确定。有的要求难一些，有的则要求容易一些，有时可不考虑难度。就是同一张试卷，题目难度也可以不同，只要整个测验的难度分布符合要求即可。

根据项目分析资料选出的项目，还要与测验计划再次对照，看看材料内容以及所测量的行为目标是否与计划相符，必要时加以适当调整。此外项目的数量还必须适合于所限定的时间。

项目选出之后，必须根据测验的目的与性质，并考虑被试者作答时的心理反应，加以合理安排。

在测验开头应该有一两个十分容易的项目，以使被试者熟悉作答程序，解除紧张情绪，建立信心，进入测验情境。对项目的总的编排原则是由易到难，这样可以避免被试者在难题上耽搁时间太多，而影响对后面问题的解答。在测验最后可有少数难度较大的项目，以测出被试者的最高水平。

4. 编造复本

为增加实际的效用，一种测验有时需要有两个以上的等值型，称做复本，复本越多，使用起来愈便利。例如，我们要用测验来考察一班学生在一学期中的进步，必须测量两次，一次在开学初，一次在学期末，两次结果的差别代表一学期中成绩的提高。如果测验只有一份，用两次就难免有练习的影响，两次测验结果的差异不能完全代表进步的大小。要是这个测验有几个复本替换使用，就可以避免这种影响。

测验的各份复本必须等值，所谓等值需符合下列几个条件：

① 各份测验测量的是同一种心理特质；

② 各份测验包含相同的内容范围，但题目不应有重复；

③ 各份测验题型相同，题目数量相等，并且有大体相同的难度分布。

只要有足够数量的题目，编造复本的手续是很简单的。先将所有适用的题目按难度排列，其次序为 1、2、3、4、5、6、… 如果要分成两个等值的测验本，可采用下面的分法：

A 本：1、4、5、8、9、12、13、16、17、20、…

B 本：2、3、6、7、10、11、14、15、18、19、…

如果要分成三个等值的测验本，可采用下面的分法：

A 本：1、6、7、12、13、18、19、24、…

B 本：2、5、8、11、14、17、20、23、…

C 本：3、4、9、10、15、16、21、22、…

采用上面的分法可使复本之间在难度上基本相等，从而获得大体相同的分数分布。复本编好后，应该再试测一次，以判定各本究竟是否等值。

（五）编制测验手册

为使测验能够合理地实施与应用，在正式测验编制完成后，还要编写一本手册，就下列问题做出详尽而明确的说明：

①测验的目的和功用；

②测验的理论背景以及选择项目的根据；

③测验的实施方法、时限及注意事项；

④测验的标准答案和记分方法；

⑤常模表或其他有助于分数转化与解释的资料；

⑥测验的信度、效度资料，包括信度系数、效度系数以及这些数据是在什么情境下得到的。

经过以上六个步骤，一个测验便可正式交付使用了。

（六）测验题的使用

1. 施测过程

尽管对于所有的被试者使用了相同的题目，如果在施测时各行其是，所得的分数便不能进行比较。为了使测验条件相同，必须有统一的指导语和时间限制。

给被试者的指导语属于测验刺激的一部分，它的内容通常包括对测验目的的说明和被试者应该如何反应的指示，包括如何选择反应、记录反应以及时限等。对于纸笔测验来说，这些指示一般印在测验的开始部分，也可以印在另外一张纸上。要求简单明确，不引起误解。如果题目形式对被试者是生疏的，还应该有一些例题。为了保证测验情境的一致，还要有对主试者的指导语，主要是对测验细节作进一步解释，以及其他一些有关事项，包括测验房间场地的安排、照明、桌椅、隔音、温度等，测验材料的分发，如何计时、记分，对被试者的各种提问如何回答，以及在测验中途发生意外情况如停电、有人迟到、生病、作弊等应该如何处理。由于主试的一言一行，甚至表情动作都会对被试者产生影响，所以主试者一定要严格遵守施测指导，不要任意发挥和解释。总的要求是，无论什么人在什么时候什么地点使用同一测验，都必须做同样的事，说同样的话。对主试者的指导语与测验是分开的。

确定测验的时限，要考虑施测条件和实际情况的限制（如一节课时间的多少），以及被试者的特点，如对儿童、老人、病人施测时间不宜过长，不过更重要的是考虑测量目标的要求。对于人格测验来说，反应速度是不重要的，可不必规定严格的时限，但是在测量能力和成就时，速度是需要考虑的一个重要因素。对于纯速度测验，时间应该严格限制，使被试者中没有人能在规定时间内做完全部题目。纯难度测验只考察被试者解决难题的水平而不考虑完成时间。实际上，大多数能力和成就测验介于上述二者之间，既考察反应的速度也考察解决难题的能力。通常所用的时限是使大约百分之十的被试者能在规定时间内完成全部测验，如果题目由易到难排列，应使大多数人在规定时间内完成他会答的问题。

2. 评分、记分

只有评分客观时，才能把分数的差异完全归于被试者的差异。一般说来，对于自由反应的题目如问答题、论文题等，评分者之间很难取得完全一致，而选择题、是非题的评分较为客观，因此有人将由此类题目组成的测验称做客观性测验。

无论哪种测验，为使评分尽可能客观，有三点要求。

(1) 及时而清楚地记录反应情况。特别是对口试和操作测验，此点尤为重要，必要时可以录音和录像。

(2) 要有一张标准答案或正确反应的表格，即记分键。选择题的记分键包括每一道题正确反应的号码或字母；问答题的记分键包括一系列正确的答案和允许的变化；论文题的记分键包含各种可接受答案的要点；人格测验不可能有明确而统一的答案，记分键上指明的是具有或缺少某种人格特征者的典型反应。

(3) 将被试者的反应和记分键比较，对反应进行分类。对于选择题来说，这个程序是很容易的，但是当评分者的判断可能是一个起作用的因素时，如问答题、论文题，就需要对评分规则作详细的说明，评分者将每一个人的反应和评分说明书上所提供的样例相比较，然后按最接近的答案样例给分。

三、分数解释

一个标准化测验，不但编制、施测和评分要标准化，对分数的解释也必须标准化，如果同一个分数可做出不同的推论，测量便失去了客观性。

测验分数必须与某种参照系统比较，方能显出它所代表的意义。例如，某生成绩单上写着：物理—85 分。我们仅从这个分数很难断定他学得如何，因为没有一个比较的标准。多数心理测验是把个人所得的分数与代表一般人同类行为的分数相比较，以判别其所得分数的高低。此处的“代表一般人同类行为的分数”，即为“常模”。例如，以温度计测得某人体温为 39 ℃，便可确诊为发烧，因为一般人的正常体温是 37 ℃，这就是成人体温的常模。

第三节　教育研究中的实验法

教育实验法就是在可控的教育情景中，依据一定的理论假设，有目的地改变一些教育因素（自变量），控制无关因素，观察记录另一些教育因素（因变量）的变化，到了一定时间后，在统计分析的基础上，找到两类教育因素之间的内在联系，验证理论假设的方法，也就是通过控制寻找教育因素间内在联系的方法。

一、实验法的利弊

（一）实验法的主要优势

实验研究法之所以为许多研究者使用，主要是因为与其他收集资料的方法相比，它具有下列多项优点：

1. 高效度

严密的控制影响实验结果的外扰变项与自变项。在问卷、访谈等调查法中，研究的结果常常会受到外在环境因素（如受测者的教育程度、个人认知差距等）的影响，但是在实验研究法中，这些因素已经在实验设计之初便事先考虑并加以排除，所以外在及环境的变数便已得到了控制。

2. 高控制度

使实验情境简化从而确定变量间的因果关系。在实验研究中，研究者至少操纵一个自变量，控制其他有关变量，以及观察一个或多个变量的结果。由于情境的简化，实验法是唯一能真正考验有关因果关系的研究方法。实验研究法对已经找到影响研究主题相关变量的研究者来说，是相当便利的，他只需要控制好变量及其外在影响的因素，就可以开始实验并分析结果。而在成本方面也不比调查法需要更多的人力及物力的支援。

3. 高信度

运用随机取样与随机分派的原则以提高实验信度。随机化为消除传统偏见及减弱无关变量之影响力的最有效因素。经由随机的选择与分派至各组间的差异，是由机率操作的结果，这些差异即是所谓抽样误差(sampling error)，其大小可以估量。且因为实验法是将影响研究主题的因素独立出来，并且专为这个原因如何影响研究主题特别设计一个研究方法，并采用随机且背景相同的组别来进行研究，就理论上来说，它是最精确严谨的科学研究。当研究者使用实验法研究出一个结果时，他便可以将这个实验设计套用到较大的团体去验证，并且可以将结果与小团体相互验证，得到重复实验的结果，并验证假设的可信度。

(二) 实验法的主要劣势

1. 人类行为的难控制

人类行为复杂多变，个别差异甚大，尤以中介变量之无法直接观察与测量为甚，因而构成实验者无法对实验情境中的有关变量完全控制。以人为对象的实验研究，实验者基于安全或人道的理由，不能像对物那样随心所欲地操作自变量，而不易收到预期的实验效果。实验工作是艰辛的历程，费时费力而又不容易获得实验对象的持续配合，因此不易普遍实施。

2. 实验情境人工化

实验研究重视控制，其情境易失去人类生活的现实性；因此所获得的原则不容易推论到现实生活的普遍事实。实验研究的样本往往受环境的限制无法采取大规模的样本，其推论性就受到很大的影响。

3. 测量工具的难觅及使用的偏差

在测量工具上，大多数只注意到工具的信度和效度，而忽略了研究问题的性质，易迁就工具而造成“工具第一”的执迷和偏差。另有时亦难求合适的测量工具。

二、教育实验的设计

教育实验法在操作之初，比其他研究方法更突出“形成研究假设”和“界定变量”的环节。在此环节之后，教育实验法就需要进行实验设计，通过选择教育实验的模式来进行具体实验的操作。

实验设计是实验研究的蓝图。它的意义在于给研究者提供如何控制变量，如何分析资料，可以获得怎样的结论的一种构想、计划和策略。实验设计各有利弊。在选择运用时，每种设计还可以根据实验情况加以改进。为了简明地表示各种研究设计的特征，下面的研究设计将用符号来表示。现先介绍实验设计的符号及其涵义：

X：表示研究者所操纵的实验变量；

O：表示观察分数或测量分数；

R：表示受试者是随机选择和随机分派到各组的；

…：表示由虚线所隔开的各组研究对象之间不相等；

-：表示由实验所隔开的各组研究对象之间不相等；

由左至右：表示时间次序或先后；

同一横行的 X 或 O：表示这些 X 或 O 是对同一组受试者的实验处理。

（一）单组实验设计

单组实验设计是用单一实验组为研究对象，施加某一种或数种实验处理的实验设计。

1. 单组后测设计

这种设计的模式如下：X　O

这种设计的要求是，首先选择一些受试者作为研究对象，并给予一种实验处理，然后测量实验处理的效果。例如，为试验一种新的教学方法对学习成绩的影响，于是采用一班学生实施这种教学方法，一个学期后，测验学生的学习成绩，并凭研究者主观的判断下结论说："这种教学方法有助于学习成绩的提高。"这个结论可能是不正确的，因为这种设计的内在效度甚差，如"历史"、"成熟"、"差异的选择"和"受试者的流失"等因素可能干扰实验结果。总之，这种设计虽然简单易行，但因缺乏控制组和可比较的量数，许多因素会混淆实验结果，在一般的教育研究中，这种设计已甚少采用，不过，能认识其优缺点，对于从事更适当的实验设计是必要的。

2. 单组前后测设计

这种设计的模式如下：O_1　X　O_2

这种设计的要求是，对受试者进行实验处理前的测验（O_1），然后给予受试者实验处理（X），再给予受试者一次测验（O_2）。最后比较前测和后测的分数，通常采用两个相关样本平均数差异的显著性的检验，以检验前后两次测验平均数的差异显著性（统计检验的具体方法可参阅有关章节）。这种研究设计的优点是：相同的受试者都接受前测和后测，"差异的选择"和"受试者的流失"两因素即可被控制。缺点则是：实验效果可能受到"历史"、"成熟"、"工具"、"选择与成熟的交互作用"的干扰，可见其内在效度也很差，少用为宜。

3. 单组相等时间样本设计

这种设计的基本模式是：X_1O_1　X_0O_2　X_1O_3　X_0O_4

这种设计是对一组受试者抽取两个相等的时间样本，在其中一个时间样本出现实验处理(X)，另一个时间样本不出现实验处理(X_0)，然后，比较这两段时间测验的分数。例如，新的教学方法与传统的教学方法对同一班学生相间出现，看两段时间的学习成绩有无不同。统计检验可采用变异数分析法，也可采用相关样本平均数差异的显著性检验。这种设计能完全控制影响内在效度的八个因素。缺点主要在外在效度方面，实验结果可能会受到"实验安排的反作用效果"、"选择的偏差与实验变量的交互作用"、"重复实验处理的干扰"等因素的影响。这一设计也可用于只有一个受试者的情形。

4. 单组纵贯时间系列设计

这种设计的基本模式是：O_1　O_2　O_3　O_4　X　O_5　O_6　O_7　O_8

使用这种设计时，要对实验组做周期性的一系列测量，并在测量的这一时间系列中间呈现实验变量(X)，然后比较实验变量前后的一系列测量记录是否有显著差异。例如，研究者欲探索提高工人的教育水平是否会提高工厂的产量，于是从1月至6月，在每月末都把准备参加教育培训的工人的生产量记录起来，然后，从7月至12月，对工人进行某一项专门技术的教育培训，接着，继续记录从第二年的1月至6月的生产量，看看经培训后的1～6月产量比培训之前1～6月产量是否有显著增加。

这种设计的统计分析除了可用相关样本平均数差异的显著性检验外，比较理想的统计检验方法是采用趋向分析。在内在效度方面，这一设计的缺点是："历史"的因素可能对实验结果产生干扰。要补救这一缺点，最好多增加一个控制组，成为"多重纵贯时间系列设计"。除了"历史"因素外，影响内在效度的其他因素均可被控制。在外在效度方面，"测验的反作用或交互作用效果"未能控制，因此，其实验结果只能推论到重复测验的群体。好在利用学校里的学生做实验时，学生便是常常接受重复测验的团体，而研究者所要推论的对象也正好是学生。因此，这一缺点，对于在校学生而言，并非真正的缺点。

5. 单组多因子实验设计

这种设计的基本模式是：(O_1　X_1　O_2)(O_3　X_2　O_4)

这一设计的要求是，以单组作为实验对象，施加两种或两种以上的实验处理。每一种实验处理均进行前测和后测，然后比较各种实验处理的效果。例如，要对一个班级进行两种教学方法的对比实验。具体做法是，在实施甲种方法前进行一次测验

(O_1)，在实施甲种方法(X_1)后，再进行一次测验(O_2)，对两次测验成绩比较，可求出甲种方法所产生的效果。同样，用乙种方法(X_2)实验一次，得出乙种方法所产生的效果。最后，对这两种教学方法所产生的效果进行比较，明确哪一种方法的效果比较好。

这种设计的统计分析，可采用相关样本平均数差异的显著性检验。内在效度方面，这种设计的缺点是：实验结果可能受到“历史”、“测量的工具”等因素的影响。在外在效度方面，这种设计的缺点是“多重实验处理的干扰”即后一实验处理在实验对象中所产生的变化，可能受到前一实验处理的影响。

(二) 组别比较实验设计

组别比较实验设计是以两个或两个以上的组作为实验组和控制组，然后比较各个组所发生的变化。

1. 静态组比较设计

这种设计的基本模式是：$\begin{array}{cc} X & O_1 \\ \hdashline & O_2 \end{array}$

这种设计要求选择一班学生作为实验组，另一班学生为控制组，给予实验组实验处理后，测验两班学生的成绩。统计分析可采用独立样本平均数差异的显著性检验。这种设计由于使用控制组比较，“历史”因素可被控制，如果两组年龄相同，也可能控制“成熟”因素。因在设计中没有前测处理，“测验”和“工具”两个因素也容易控制。但由于两组实验对象条件不相等，“差异的选择”、“选择与成熟”的因素可能会影响结果。因为有两个组，“受试者的流失”也可能干扰实验效果。

2. 等组前后测设计

这种设计的基本模式是：$\begin{array}{ccc} RO_1 & X & O_2 \\ \hdashline RO_3 & & O_4 \end{array}$

这个设计的主要步骤：

① 用随机方法选择受试者，并将其随机分派到实验组和控制组(R)；

② 实验处理前，两组都接受前测(O_1O_3)；

③ 实验组接受实验处理(X)，而控制组则否；

④ 实验处理后，两组都接受后测(O_2O_4)；

⑤ 比较两组实验结果[$(O_2-O_1)-(O_4-O_3)$]。

在实际研究中，有时可能有好几种不同的实验处理，这时，可根据比较的需要采用两组或超过两组以上的实验设计。

这种实验设计的内在效度是很高的，由于采用相等的控制组，而且两组都有前、后测，故在前测到后测期间影响内在效度的“历史”、“成熟”、“测验”、“工具”、“统计回归”等因素，两组完全一样。再者，由于采用随机方法，两组在各方面的特质相等，故可控制“差异的选择”、“受试者的流失”和“选择与成熟等因素交互作用”等三个因素的干扰。可见，它是一种严谨控制的实验设计，在教育实验研究中常被采用。但在外在效度方面，由于采用前测，实验结果可能受到“测验的反作用或交互作用效果”因素的干扰，“实验安排的反作用效果”因素的干扰有时也可能产生。

3. 等组后测设计

这种设计的模式是：

$$\begin{array}{ccc} R & X & O_1 \\ \hdashline R & & O_2 \end{array}$$

这种设计与前述等组前后测设计比较，不同之处是两组在实验处理前都没有测验。现以一例子来说明这种设计的使用方法。假定要探讨教师和学校领导交换意见的机会是否有助于提高教师的工作态度。于是从学校中随机抽取一些教师参加实验，其中一部分教师随机分派为实验组，另一部分为控制组。实验开始时，实验组的教师每日均有两次机会和校长交换意见，商谈校务和教学事宜，控制组则无此机会。经过一年后，实验组和控制组的教师，都接受一项测量“教师工作态度”的问卷。然后比较两组教师的工作态度是否有显著差异。统计分析可使用独立样本平均数差异的显著性检验。

这是一种十分理想的实验设计，因为它对影响内在效度的八个因素均可有效控制，而且，尚可避免因前测所产生的“测验的反作用效果”。这种设计的局限性在于，它无法确定实验处理是否对不同层次的受试者有不同的效果。如果有前测时，则可据之以形成不同组别，从事进一步的分析。例如，假定要比较采用归纳法和演绎法教数学的效果，如实验前，两组都没有进行数学成绩的测验（前测），仅在实验后测量数学成绩，如经比较结果，发现两组没有显著差异，据此确定实验处理没有效果。但是，如果有数学成绩的前测，人们就可根据数学成绩将学生分成高、中、低三个层次，进行2（教学法）×3（数学成绩）的实验设计，实验结果可以发现两种教学方法的效果因学生数学前测成绩不同而异。

4. 所罗门四等组设计

这一设计实际上是上述等组前后测设计和等组后测设计的综合，是由所罗门（Solomon，1949）首创，故称为所罗门四组设计（Solomon four group designs）。其设计模式是：

$$\begin{array}{lcl} RO_1 & X & O_2 \\ \hdashline RO_3 & & O_4 \\ R & X & O_5 \\ \hdashline R & & O_6 \end{array}$$

这种设计包含有两个实验组和两个控制组，四组受试者均由随机方法选择而来。其中，有两个组接受前测，两个组则无。实验处理后，四组均接受后测。

实验效果的测定，可用相关样本或独立样本的 Z 检验或 t 检验的方法，检验下列四种平均数的差异显著性：

① 第一组前测和后测平均数的差异（O_2-O_1）；

② 第一组和第二组后测平均数的差异（O_2-O_4）；

③ 第三组和第四组后测平均数的差异（O_5-O_6）；

④ 第一组、第二组前测平均数和第三组后测平均数的分别差异（O_5-O_1 和 O_5-O_3）。

如果上述四个差异的检验都获得一致性的效果，研究者将更有信心确定是实验处理产生了效果。因为这等于重复做了四次实验（若以有前测和无前测比较，则等于重复做了二次实验）。有关前测经验的单独效果之检验，可比较第二组和第四组后测平均数的差异（O_4-O_6）。这种设计对影响内在效度的八个因素均可控制，而且，可以控制和测量前测的主要效果，可以控制和测量前测与实验处理间的交互作用效果（通过第一组和第三组的比较），可以测量“成熟”和“历史”的综合影响效果（根据第四组的后测平均数 O_6 和第一、二组的个别前测平均数 O_1、O_3 的比较）。可见，这种设计是最严谨控制的实验设计之一。但是，由于有四个组，需要大量的样本，研究者须付出很大的代价，缺乏实用性。因此，在一般的教育研究中，这种设计的应用并不广泛。

5. 不相等控制组设计

这种设计的模式是：

$$\begin{array}{lcl} O_1 & X & O_2 \\ \hdashline O_3 & & O_4 \end{array}$$

这种设计与静态比较设计相比，唯一不同之处是：这种设计两组都有前测。而与等组前后测设计相比，区别则在于：这种设计不是采取随机方法分派受试者，所以实验组与控制组的各方面条件未必相等。

运用这种设计的一般步骤是：①以班级为单位，将班级随机分派为实验组和控制组；②对两组实施前测；③实验组接受实验处理，而控制组则否；④实验处理后，两组进行后测。

例如，研究者欲试验新编的小学《数学》课教材是否优于旧教材，可接洽一所小学做实验，结果这所学校不允许采用随机方法从各班级中抽取学生，并随机分派到实验组和控制组，而只能提供六个原来班级学生作为实验对象。这时，研究者只好将六个班级随机分派三个班为实验组，另三个班为控制组(显然，这种分派方式不能看做随机分派，因为每一位学生并没有同等机会被分派到实验组或控制组。不过，在不能完全随机分派学生的情况下，以班级为单位随机分派也是一种可取的措施)。接着，对两组受试者实施一项数学思维能力水平测验，然后，实验组使用新教材教学，而控制组仍使用旧教材教学，一个学期后，两组再接受数学思维能力水平测验，则可比较新旧教材之优劣。

这种实验设计在教育研究中使用很普遍。在内在效度方面，这种设计可以控制"历史"、"测验"、"成熟"、"测量的工具"、"受试者的流失"等因素。由于有前测，"差异之选择"因素也可控制(如，可用共变量分析法控制某些特质方面的差异)。但是，由于没有采用完全随机方式分派受试者，故"选择与成熟"、"选择与同时事件"等的交互作用，会干扰实验效果。如果两组受试的选择不适当，"统计回归"也有可能产生。在外在效度方面，不能控制"测验的反作用或交互作用效果"、"选择偏差的交互作用效果"和"实验的反作用效果"等因素。

(三) 轮组实验设计

轮组实验设计也叫对抗平衡设计，它是把各种实验处理(不管是几个)，轮换施行于各组(各组不必均等)然后根据每种实验处理所发生变化的总和来决定实验的效果的实验设计。

1. 循环实验设计

这种设计的模式是：

$$\begin{array}{cccccc} O_1 & X_1 & O_2 & O_3 & X_2 & O_4 \\ \hdashline O_5 & X_3 & O_6 & O_7 & X_4 & O_8 \end{array}$$

实验步骤如下：

① 选取两班作为实验组(两班不必均等)；

② 两组在第一个实验时间内进行前测并分别接受两种不同实验处理中的一种；

③ 两组在第一个实验时间内，进行实验1处理以后的测验；

④ 在第二个实验时间内，将用轮换方式，将实验处理分别呈现给各组受试者，使每组都有机会接受每一种实验处理。在每次实验处理前后，各组均接受前测和后测。

根据上述设计模式，研究者选择两组学生(不必均等)，在第一学期，A组接受固定时间的强化，而B组则接受不固定时间的强化；在第二学期，B组接受固定时间的强化，而A组则接受不固定时间的强化。在每个学期的实验前后，都分别对各组学生的学习成绩进行前测和后测。最后，把这两种不同的强化方式各自在各学期内所发生的变化的总和进行比较，即可知两种不同的强化方式对学习效果影响的优劣。

如果实验处理有三种，则实验组分别也应增至三个，每组仍对所有实验处理轮流实验一遍。

在内在效度方面，这种设计除了可能产生"选择与成熟的交互作用效果"之外，其他七个影响内在效度的因素均可被控制。在外在效度方面，"多重实验处理的干扰"的因素可能影响外在效度。在每种实验处理都有前测的这类设计，"测验的反作用效果"因素也能影响外在效度。在实际应用上，这种设计不必要求各组均等，因而省却了均等组别的麻烦。但各种实验处理使实验的次数增加，这就自然又增加了很多麻烦。

在上述设计中，单组相等时间样本设计、单组纵贯时间系列设计、不相等控制组设计、轮组实验设计这四种又被叫做"准实验设计"(quasi-experimental design)。准实验设计和真正实验设计的主要区别，在于真正实验设计可以使用随机分派的方法将受试者分派到不同的实验处理或情境，而准实验设计则无法如此分派受试者。准实验设计在教育研究中广泛应用，原因是在学校抽样很难做到随机化，因为在实际中，人们不能也不愿打破现存的编班。而准实验设计，以原班级作为实验对象，并在可能的条件下尽可能进行控制，所以教育研究者常常愿意采用。

第四节　量的研究中的质量分析

质量是试卷和问卷的生命。分析量的研究的质量，可以从信度、效度、难度及区分度等方面着手。同时，本节还考虑了标准分数的问题。本节内容以某校100个学生的相关数据作为分析样本，利用统计软件SPSS来分析试卷的质量，重点演示包括分析成绩分布、信度、效度、试卷难度、区分度和标准分数等内容，从而科学地进行试卷或问卷的质量分析，提高量的研究的质量。

案例4-5　样本的数据特征

(1) 某学校，高中三年级共100人，分成10个班。文科和理科各有5个班，且各有实验班一个。相关信息有：每个学生的性别，生源地（农村、城镇），家长所受最高教育程度（初中及以下，高中，大专、本科，硕士及以上）。

(2) 全体高三学生进行了全市统一的三次模拟测验。每次模拟考试有语文、数学、英语和综合等单科。

(3) 同时，为了了解高三学生对常识的了解，学校对全体高三学生进行了常识测试。测验中A因子下共五道选择题，每题有四个选项，只有一个是正确答案。如图4-2所示。

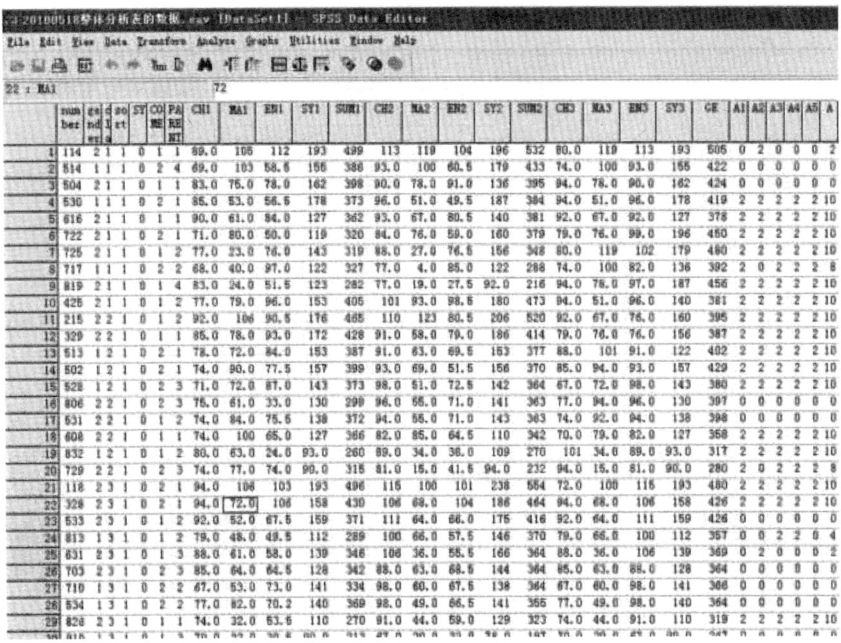

图4-2 SPSS分析数据

做质量分析首先需要了解数据的整体分布状况。整体分布状况可以通过频数分布表和建立分数段分布直方图（Histogram）来观测。根据录入的数据表，运行菜单：Analyze→Descriptive Statistics→Frequencies 得到频数表。同时运行菜单：Analyze→Descriptive Statistics→Frequencies→Charts→Histograms→With normal curve 即可得到分数段分布直方图，如图4-3所示。通过学生成绩分布直方图和频数分布表可以看出，这100名学生的成绩接近正态分布，平均分为81.370分，标准差为9.108，不及格的人数占15%（总分120）。

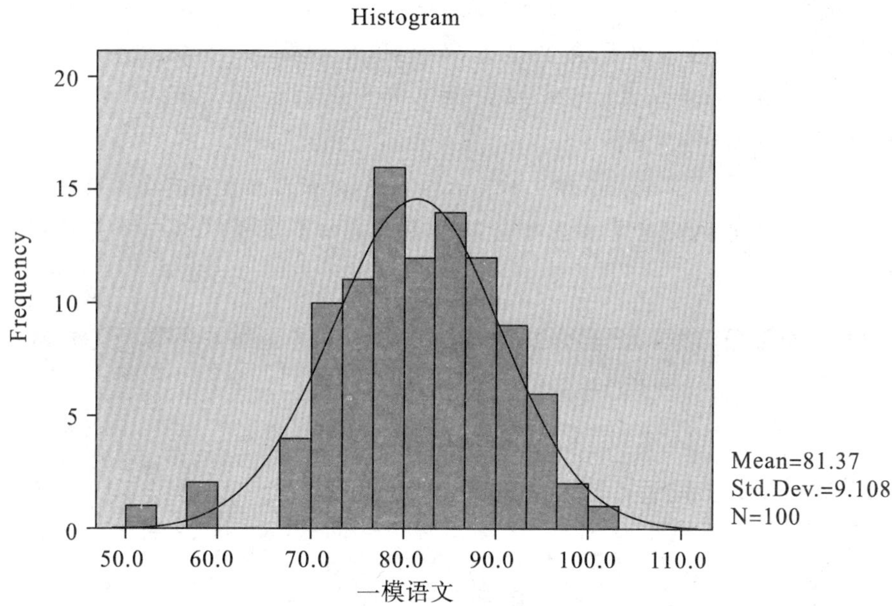

图 4-3　分数段分布直方图

一、信　度

在量的方法中，信度（Reliability）是指同一个测试对同一组被试，施测两次或多次得分的一致程度。一个好的测试必须是稳定可靠的，多次使用所获得的结果是前后一致的。

将一份测验问卷看做一个测量工具，用它进行多次测量，如果结果都比较一致就可以认定这个测验具有一定的稳定性。也就是说它的信度比较高。测验也是一样，如果同一份试卷，多次测验分数忽高忽低。那么这个问卷的稳定性肯定很差。信度是反映随机误差大小的指标，由于造成误差的方式和来源多种多样，所以信度的估计方法也是多种多样。一般区分为再测信度、复本信度和内在一致性信度。内在一致性信度是主要采用的信度估计方法。

内在一致性信度（homogeneity reliability）是衡量测验内部所有题目间一致性程度的指标。具体的分析方法：运行菜单 Analyze→Scale→Reliability Analysis 打开信度分析对话框，在弹出的对话框中将所有表示题目的字段全部选择进入 Items 框中在 Model 栏后的下拉列表采用默认的 Alpha 方法，得到分析结果。如用该方法分析常识测试的A系列问题的信度，结果如表4－6所示。

结果报告：采用a信度系数的内部一致性信度分析结果显示：A系列问题的信度系数为0.827，信度比较高。

表4－6　信度统计表(Reliability Statistics)

Cronbach's Alpha	N of Items
.827	6

二、效　度

在量的方法中，效度(Validity)是指测验能够测出它所欲测特质的程度，即试卷准确地测量了考试欲测内容的多少。具体地讲就是覆盖面和权重在多大程度上体现了教学大纲的要求，能否有效检验考试能力水平和反映教学大纲完成的情况。效度与信度的区别是：信度反映了考试中随机误差的大小，而效度反映了考试中随机误差和系统误差的大小。效度的取值范围在0至1之间。一般来说，效度系数在0.4～0.7之间，值越大效度越高。有的效度系数达到0.35就符合要求，有的要达到0.65才能被认为是有效的测验。是否有效，只要效度的sig值小于0.05就可以，即效度的有效性显著。

效度通常分为内容效度和结构效度。内容效度是一个测验实际测到的内容和所要测内容的吻合程度。结构效度是一个测验结果符合所用理论的程度。

在教育研究的量的方法中，常用的效度检验方法是：效标关联效度法，这种方法首先是寻求一种可靠的效标。然后求出测试结果与效标的相关系数，该相关系数则为效标关联效度。具体的分析方法是：在SPSS中单击Analyze→Correlate→Bivariate，选择总分和单题分数进入表达式，然后在Correlation Coefficients中单击Pearson。得到分析结果。

如用该方法把高考的总成绩作为效度分析的效标，利用积差相关法求一模的效度(Pearson法)。得到结果如表4－7所示。

表4－7　相关系数表(Correlations)

		一模总分	GK
一模总分	Pearson Correlation	1	.827 **
	Sin(2-tailed)		.000
	N	100	100
GK	Pearson Correlation	.827 **	1
	Sig.(2-tailed)	.000	
	N	100	100

** Correlation is significant at the 0.01 level(2-tailed).

结果报告:一模总分与高考总分的相关系数为0.827。说明一模成绩与高考成绩的相关性较好,即一模成绩反映了学生的真实水平,符合效度要求。

三、难　度

难度是指试题或问卷的难易程度,它是衡量质量的一个重要指标参数,它和区分度共同影响并决定试卷的鉴别性。

对于客观性试题,一般用通过率来表示难度的大小。通过率是指被试者正确回答或通过题目的人数与所有被试者之比。其计算公式为:$P=R/N$。式中:P为难度指标值;R为答对某题的人数;N为考生人数。对于主观性试题,难度的计算公式为:$P=\overline{X}/W$。式中:$\overline{X}$为学生在该题得分的平均值;W为该题的满分值。

通过难度的定义可以看出:P值越大,说明题目越简单;P值越小,说明题目越难。一般认为,试题的难度指数在0.3～0.7之间比较合适,整份试卷的平均难度最好在0.5左右,高于0.7和低于0.3的试题不能太多。当然,这还要根据试卷的用途来定。如果难度不符合要求,就需要对试题进行修改。

如果是主观题或总分,使用软件进行难度分析的具体操作方法为:运行菜单Analyze→Descriptive Statistics→Descriptives,将全部字段选入Variable(s)中,单击OK按钮,可得到各题的均值。然后再建立一个包含均值Mean和各题满分值的数据文件(可以直接将刚才的结果粘贴至Excel文档,然后用SPSS软件打开),单击Transform→Compute,出现Compute Variable对话框,在Target Variable中输入要计算的难度系数P,在Numeric Expression中输入公式Mean/W,得到一模中各科及总分的难度系数分别是0.68;0.58;0.60;0.59;0.76。

如果是客观题,使用软件进行难度分析的具体操作方法为:运行菜单Analyze→Descriptive Statistics→Frequence,将A1、A2等字段选入Variable(s)中,单击OK按钮,可得到各题的难度分别为0.73,0.69。

结果报告:依据难度的相关指标,上述各科与问卷的题目难度处于中等偏下。

四、区分度

区分度(Discrimination)是指测验题目对学业水平不同的学生的区分程度或鉴别能力。具有良好区分度的测验,实际水平高的被试者应得高分,水平低的被试者应得低分。

它是测验是否有效的"指示器",被作为评价试题质量,筛选试题的主要指标与依据。

试题区分度的计算方法很多,比较典型的有两种:鉴别力法和相关法。鉴别力法,是从最高分开始取27%的人为高分组,从最低分开始取27%的人为低分组。将两组的通过率(或得分率)P值求出做差得出鉴别力指数D:$D = P_H - P_L$。

此处详细介绍一种可以用SPSS进行运算的比较方便的方法——相关法。对于客观题来说,使用等级相关分析,使用斯皮尔曼(Spearman)等级相关分析,即求总分与每个试题得分间的相关系数;对于主观题来说,看成是非等间距测度的连续变量,并且样本数大于30,采用皮尔逊(Pearson)相关分析来对试题进行分析,即求总分与每个试题得分间的积差相关系数作为试题的区分度。

具体的分析方法:运行菜单Analyze→Correlate→Bivariate,在弹出的Bivariate Correlations对话框中选择各个客观题字段和总分进入Variables,然后在Correlation Coefficients中单击Spearman,完成后即可得到客观题的区分度。主观题的区分度方法同上,选择主观题和总分字段进入,然后选择Pearson即可。输出结果分主观题和客观题如表4-8、表4-9所示。

表4-8 相关系数表(Correlations)

			A1	A2	A3	A4	A5	A
Spearman's rho	A_1	Correlation Coefficient	1.000	.810 **	.871 **	.852 **	.880 **	.868 **
		Sig. (2-tailed)	.000	.000	.000	.000	.000	.000
		N	100	100	100	100	100	100
	A_2	Correlation Coefficient	.810 **	1.000	.687 **	.668 **	.694 **	.866 **
		Sig. (2-tailed)	.000	.000	.000	.000	.000	.000
		N	100	100	100	100	100	100
	A_3	Correlation Coefficient	.871 **	.687 **	1.000	.828 **	.756 **	.822 **
		Sig. (2-tailed)	.000	.000	.000	.000	.000	.000
		N	100	100	100	100	100	100
	A_4	Correlation Coefficient	.852 **	.668 **	.828 **	1.000	.784 **	.868 **
		Sig. (2-tailed)	.000	.000	.000	.000	.000	.000
		N	100	100	100	100	100	100
	A_5	Correlation Coefficient	.880 **	.694 **	.756 **	.784 **	1.000	.877 **
		Sig. (2-tailed)	.000	.000	.000	.000	.000	.000
		N	100	100	100	100	100	100
	A	Correlation Coefficient	.868 **	.866 **	.822 **	.868 **	.877 **	1.000
		Sig. (2-tailed)	.000	.000	.000	.000	.000	.000
		N	100	100	100	100	100	100

** Correlation is significant at the 0.01 level(2-tailed).

表 4-9　相关系数表(Correlations)

		一模语文	一模数学	一模英语	一模综合	一模总分
一模语文	Pearson Correlation	1	.325 **	.534 **	.532 **	.611 **
	Sig. (2-tailed)		.001	.000	.000	.000
	N	100	100	100	100	100
一模数学	Pearson Correlation	.325 **	1	.534 **	.702 **	.835 **
	Sig. (2-tailed)	.001		.000	.000	.000
	N	100	100	100	100	100
一模英语	Pearson Correlation	.534 **	.534 **	1	.651 **	.808 **
	Sig. (2-tailed)	.000	.000		.000	.000
	N	100	100	100	100	100
一模综合	Pearson Correlation	.532 **	.702 **	.651 **	1	.937 **
	Sig. (2-tailed)	.000	.000	.000		.000
	N	100	100	100	100	100
一模总分	Pearson Correlation	.611 **	.835 **	.808 **	.937 **	1
	Sig. (2-tailed)	.000	.000	.000	.000	
	N	100	100	100	100	100

** Correlation is significant at the 0.01 level(2-tailed).

输出结果的最后一行或最后一列每小题与总分之间的相关系数即为区分度。输出整理结果如表 4-10 所示。

表 4-10　各试题的区分度表

A1	A2	A3	A4	A5	一模语文	一模数学	一模英语	一模综合
0.868	0.866	0.822	0.868	0.877	0.611	0.835	0.808	0.937

表 4-11　各区分度的评价结果

区分度	评价结论
D≥0.4	很好
0.3≤D<0.4	良好,如能改进更好
0.2≤D<0.3	尚可,需改进
D<0.2	差,需淘汰

结果报告:依据区分度的相关指标,上述各科试题均具有高区分度。

对于不同方法求出的区分度值的解释是不同的,对鉴别力指数所表示的区分度的评价如表 4-11 所示。而对于相关法求出的区分度,相关越显著区分度越高。

五、标准分数

呈现在数据库中的分数是原始分，也叫卷面分数，是指根据考生答题情况，按评分标准，由评卷员给出的卷面分数。它描述的是考生应答试卷的通过率，通常用百分比的形式出现。比如，一份试卷的满分为 100 分，卷面分得了 75 分，就表示答对了 75%。原始分数能较好地反映考生的水平，也容易理解，但是，原始分还仍有很大的局限性。如位置含义不明确，不可比和相加。因此需要一个标准化的分数。标准分数又称为 Z 分数或真分数，是原始数据与平均数之差除以标准差所得到的一种分数，是以标准差为单位表示一个分数在团体中所处的相对位置的量数。标准分数克服了原始分数的上述局限。

例题：全市范围内的模拟考试结束后，该中学获得一个理科生的推免生名额。这个名额应该给谁呢？由于各科的成绩分布不会相同，总分高不代表成绩就一定是最好的。为了公平起见，学校决定比较学生在二次模拟考试中的各科成绩，以确定这个名额给哪位同学。

处理：将学生的分数转换为 Z 分数，然后进行比较。

选择 Analyze 的下拉菜单中 Descriptive Statistics，选择 Descriptives：如图 4－4 所示，将“一模”、“二模”的各科成绩分别选入 Variable(s)中，并选中“Save standardized values as variables”，单击 OK ，在数据库后面自动添加各科成绩的 Z 分数为的变量，如表 4－12 所示。

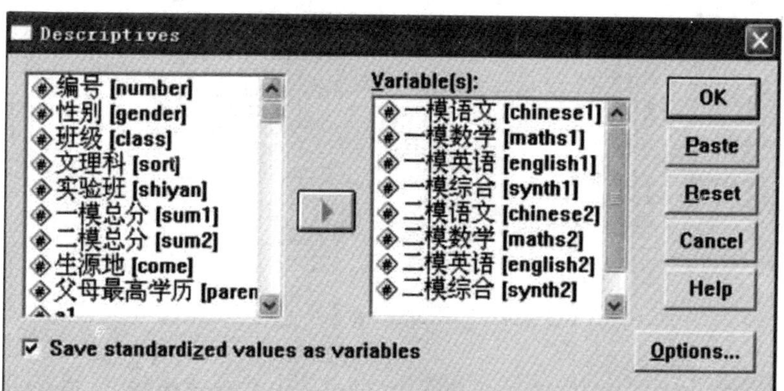

图 4－4

表 4－12

zchinese	zmaths1	zenglish	zsynth1	zsc001	zmaths2	zsc002	zsynth2
.756 40	1.287 90	1.768 98	1.227 41	1.442 12	1.459 22	1.473 35	.942 63
－1.528 57	1.212 22	－0.688 01	.275 84	－0.320 62	.824 84	－0.500 30	.546 84
.070 91	.152 74	.207 53	.451 13	－0.585 03	.090 29	.883 53	－0.454 27
.299 40	.679 71	779 86	.851 79	.056 31	.811 19	.999 38	.733 09

算出每个同学 Z 分数的总分：如图 4－5 选择 Transform 中的 Compute。

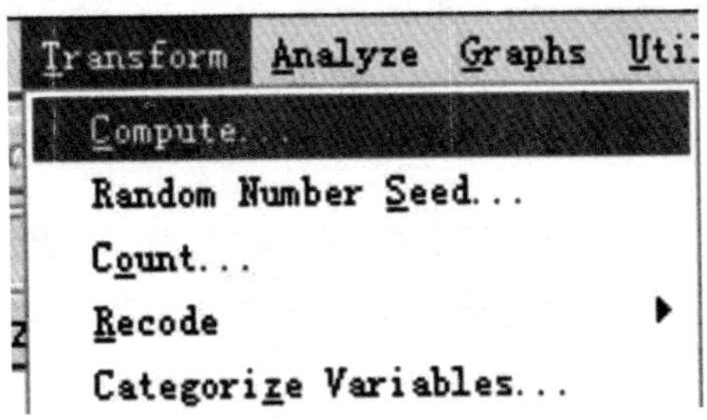

图 4－5

按照图 4－6 将各变量相加，并给生成的新变量命名。

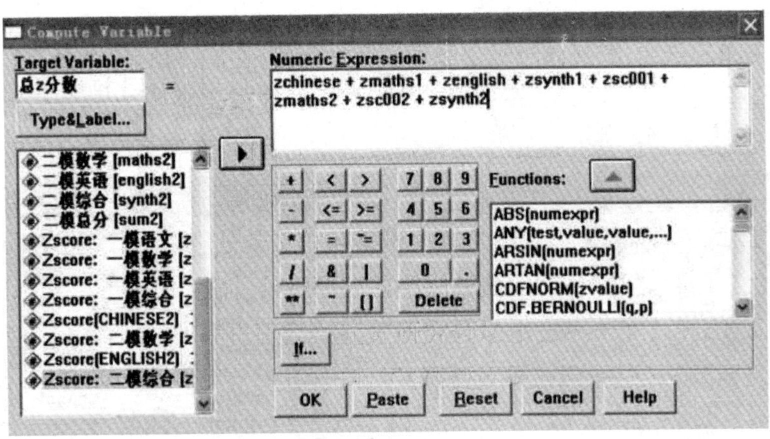

图 4－6

单击 OK 生成新一栏变量。全选中该栏，单击右键选择“Sort Descending”，图 4－7。

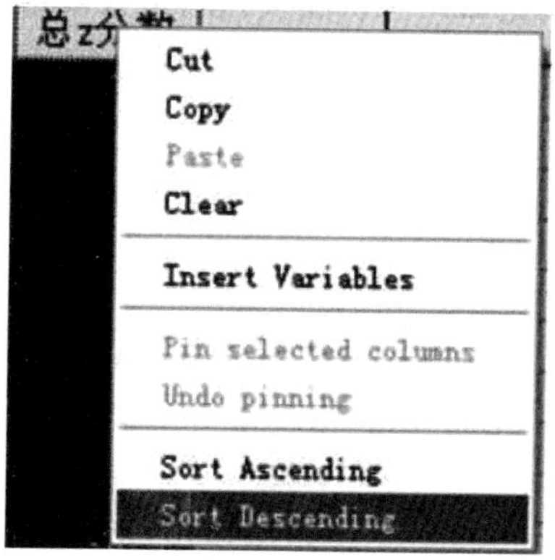

图 4 - 7

结果解释:数据按 Z 分数从高到低重新排列,选择总 Z 分数最高者即可。

第五节　教育数据的统计分析

所有的数据最后都需要一个科学的计算和解释,不能简单地停留在百分比的层次。那么,SPSS 软件到底为我们提供了多少分析空间呢? 所有数据所代表的事实对除了整体分布描述外,剩下的都是局部比较了。局部比较首先可以分为差异分析和关分析。在差异分析里,因为样本大小、数据类型、总体分布是否明朗等原因,还可分为参数检验和非参数检验。一般的,在大样本、连续数据和总体分布比较明朗的况下,会选择参数检验,否则选择非参数检验。而在相关分析中,除了能分析出两组据是否显著相关外,还能分析出两组数据是否存在数量上的相关关系。而后者在统学中被称为回归分析。

为了数据选择分析类型的形象直观,继续以上节内容所涉及的数据库为例,我们横列和纵列作为典型特点,为统计学和 SPSS 软件术语找到了一个更利于形象思维表达方式。以下列分析类型区分表(表 4 - 13)的例题 1 和 7 为例。在例 1 的差异比中,比较的是“该校”与“全市”的差别,这个差别在数据库中是横列上的区别,所以表 13 在横列上表述为“某一间断变量的某一水平与该变量之间”,而在纵列上,只需是连续变量就可以了,不需要进行统计区分,所以下表在纵列上表述为“某一连续变量”。而在例题 7 中，比较的是两次考试成绩之间是否差异显著，这是纵列上的两列连续变量的比较，所以表 4 - 13 在纵列上表述为“某两(相关的)连续变量”。至于横列上则无要求，所以表在横列上表述为“无要求”。①

表 4 - 13　差异分析——参数检验——T 检验，F 检验

编号	自创表达		规范表达	差异显著	例题
	横列	纵列			
1	某一间断变量的某一水平与该变量(所有水平)之间是否	某一连续变量	样本均值与总体均值或某个已知值之间是否	单样本 T 检验(One-Sample T Test)	1. 一模考试中，该校与全市的考试成绩差异显著吗？
2	某一间断变量的某两水平(二分数据)之间是否	某一连续变量	两个独立样本之间是否	独立样本 T 检验(Independent-Sample T Test)	2. 一模考试中，该校文科和理科考生的语文分数差异显著吗？
3	某一间断变量的所有水平之间是否	某一连续变量	一个因素变量的不同水平是否给一个(或几个相互独立的)因变量是否造成了差异显著	单因素方差分析(One-Way ANOVA)	3. 该校高三所有班级的一模总分是否因家长受教育程度而差异显著？
4	某两个或多个间断变量的所有水平之间是否	某一连续变量	两个或两个以上因素变量(自变量)的不同水平是否给一个(或几个独立的)因变量造成了差异显著	多因素方差分析(Univariate)协方差分析(Covariates)	4. 该校高三所有班级的一模数学分数是否因性别和家长受教育程度而差异显著？
5	某一或多间断变量的所有水平之间是否	某两个或两个以上(相关)的连续变量	有两个或两个以上因变量的方差分析(可以是单因素，也可以是多因素)是否差异显著	多元方差分析(Multivariate)	5. 该校高三所有班级一模和二模中的语文分数是否存在显著的性别和家长受教育程度的差异？

① 这是一个形象直观的统计规则。由于统计对于很多研究者而言，并非天天使用，一旦隔了段时间，就易忘记。这是一个技术的熟练程度问题，也是一个技术本身的表达方式问题。上述表格的自创表达可以帮助者根据分析类型，很快进入状态。

续表 4-13

编号	自创表达		规范表达	差异显著	例题
	横列	纵列			
6	某一间断变量的所有水平之间是否	某三个或以上（相关）的连续变量	（如果对被试的某个观测指标重复了3次或以上，就要用）是否差异显著	重复测量方差分析（Repeated Measures）	6. 高三所有班级通过了三次模拟高考，请问在不同班级里，三次模考成绩是否有显著差异？
7	无要求	某两个（相关的）连续变量	两个相关（配对）样本之间是否差异显著	配对样本T检验（Paired-Samples T Test）	7. 该校高三所有班级的语文成绩在一模考试后，经过了集中复习，然后进行二模考试。复习有显著效果吗？

表 4-14　差异分析——非参数检验——χ^2 检验

编号	自创表达		规范表达	差异显著	例题
	横列	纵列			
8	某一间断变量的两种或多种水平之间是否	某一（不一定间断吗？）变量的两种或多种水平	计数资料和有序分类资料进行简单的统计推断	交叉表（常用于卡方检验）（Crosstabs）	8. 在常识测试的A1题中，男生和女生在正确率上是否有显著差异？①
9	某一间断变量的两种或多种水平与某指定值是否	无要求（不一定是间断数据吗？）	因素变量的两项或多项分类的实际观察频数与期望频数是否差异显著	卡方检验（Chi-square）	9. 在常识测试的A1题中，答对的同学和答错的同学在人数上是否有显著差异？
10	某一间断变量的两种水平与指定值（0.5）之间	无要求（不一定是间断数据吗？）	样本分布与指定的（仅有的）二项分布是否存在显著差异	二项分布检验（Binomial）	继续上题 10. 或某学生答题猜测成分的多少？（需变换自创表达方式）

① 非参数检验应该是无法知道总体的情况。例如某项抽查的测验或竞赛，只有少部分人参加，且无法知道本人的情况。这里虽然样本小，但是总体是已知的。

续表 4-14

编号	自创表达		规范表达	差异显著	例题
	横列	纵列			
11	某一间断变量的两种水平是否	某一连续变量	两个独立样本的数据分布是否有显著性差异	两个独立样本检验（Two-Independent-Samples Tests）	11. 一模考试中，男生与女生的语文考试成绩有显著差异吗？
12	某一间断变量的多种水平是否	某一连续变量	多个独立样本的数据分布是否有显著性差异	多个独立样本检验（K-Independent-Samples Tests）	12. 一模总分是否因家长受教育程度而差异显著？
13	无要求	某两个相关的变量	两个相关样本的数据分布是否有显著性差异	两个相关样本检验（2 Related Samples）	13. 一模考试语文成绩排名为…，经过了集中复习，然后进行二模考试。排名为…问复习有显著效果吗？ 或：14. 在常识测试中，A1 题和 A2 题的正确率是否有显著差异？
14	无要求	某两个或多个相关的变量	多个相关样本的数据分布是否有显著性差异	多个相关样本检验（K-Related Samples）	15. 两次模拟高考和最后高考中，语文成绩是否有显著差异？ 或： 16. 在常识测试中，A1 题、A2 题与 A3 题的正确率是否显著差异？ 或者“评分者的一致性”？

表 4-15　相关分析

编号	自创表达		规范表达	差异显著	例题
	横列	纵列			
15	无要求	某两个变量之间是否有	计算两个变量间的简单相关系数	简单相关分析(Bivariate)	17. 在一模考试中,所选班级的语文成绩与数学成绩是否存在相关?
16	无要求	某多个连续变量(其中一个为控制变量)之间是否	控制了其他变量的影响下,计算两个变量之间的净相关系数	偏相关分析(Partial)	18. 在一模考试中,在控制了语文成绩后,英语成绩与数学成绩是否存在相关?
17	无要求	某多个连续变量之间是否有数量因果关系	自变量和因变量之间不确定的数量因果关系	线性回归分析(Linear) 曲线回归分析(Curve Estimation) 非线性回归分析(Nonlinear)	19. 在一模考试中,综合成绩与总分是否存在数量因果关系?

下面就以表中所涉及的表达方式和例题为线索,进行分析。

一、差异分析——参数检验

依据表 4-13 的对比,我们不难发现,编号 1~4 所涉及的分析类型的相同点是纵上都是"某一连续变量",而横列上则区分为"某一间断变量的某一水平与该变量(所水平)之间"、"某一间断变量的某两水平(二分数据)之间"、"某一间断变量的所有水之间"和"某两或多间断变量的所有水平之间是否"等四种不同,如果 A、B 是总体的,则上述不同又可以表述为"a_1 与 A 之间"、"a_1 与 a_2 之间(A 只由 a_1 与 a_2 组成)"、$_1$、a_2 和 a_3 之间"、"a_1、a_2 和 a_3 之间与 b_1、b_2 和 b_3 之间"的关系。编号 3 与编号 4 横纵的重合就是第五类。编号 3 横向不变,纵向上扩充为"某三或以上(相关)的连续量"就是编号 6。编号 7 的横向上无要求,而纵向上要求是两"配对"的数据。

(一) 单样本 T 检验分析及案例

表 4－16

编号	自创表达		
	横列	纵列	
1	某一间断变量的某一水平与该变量(所有水平)之间是否	某一连续变量	单样本 T 检验(One-Sample T Test)

案例 4－5　例题 1. 一模考试中,该校与全市的考试成绩差异显著吗?

分析步骤:

(1) 利用第四节中描述统计的方法,算出全市高三学生的平均数为 350 分

(2) 单样本 T 检验(One-Sample T Test)的操作步骤

① 读取数据文件"案例数据库",打开单样本 T 检验的主对话框,如图 4－8 所示

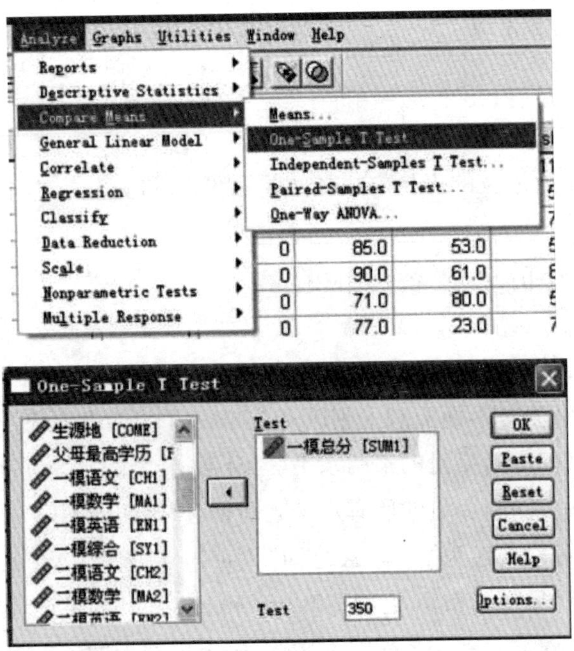

图 4－8　单样本 T 检验

② 将"一模总分"变量移入"Test(Variable(s))"框中。

③ 在"Test(Value)"框中填入全市平均成绩350。

④ 单击OK,执行操作。

(3) 输出的结果及解释

① 输出结果包括样本的基本描述(One-Sample Statistics)结果和T检验(One-ample Test)结果。

② 样本的基本描述的输出结果(表4-17)从左到右依次是样本的数量、均值、标准差和标准误。

表4-17　样本的基本描述(One-Sample Statisties)

	N	Mean	Std Deviation	Std. Error Mean
一模总分	100	365.152 0	83.515 34	8.351 53

③ 单样本检验的输出结果(表4-18)从左到右依次是t值、自由度、双尾检验的p值、样本均值、总体均值的差值以及均值差值的95%置信区间。

表4-18　单样本检验(One-Sample Test)

	Test Value=350					
	t	df	Sig (2-tailed)	Mean Difference	95% Confidence Interval of the Difference	
					Lower	Upper
一模总分	1.814	.99	.073	15.152 00	-1.419 3	31.723 3

(4) 结果的报告

该校的一模总分平均分为365.1520,与全市总平均分350的比较结果,$t=1.814$,$=99$,$p=0.073>0.05$,所以该学校与全市在一模考试中的差异不显著。

说明:在SPSS中sig值即p值,p值小于0.05则有显著差异;反之,则差异不显。我们假设H0为无显著差异,如果p小于0.05则表明小概率事件发生,落在0.95信区间外,拒绝H0——差异显著。大于0.05则没发生小概率事件,落在0.95置信间内,接受H0——差异不显著。

思考:一个班与整个学校的比较如何进行?

(二) 独立样本 T 检验分析及案例

表 4－19

<table>
<tr><td rowspan="2">编号</td><td colspan="2">自创表达</td><td rowspan="2">独立样本 T 检验（Independent-Samples T Test）</td></tr>
<tr><td>横列</td><td>纵列</td></tr>
<tr><td>2</td><td>某一间断变量的某两水平(二分数据)之间是否</td><td>某一连续变量</td><td></td></tr>
</table>

案例 4－5　例题 2. 一模考试中,该校文科和理科考生的语文分数差异显著吗?

分析步骤:

(1) 独立样本 T 检验(Independent-Samples T Test)的操作步骤

① 读取数据文件“案例数据库”,打开独立样本 t 检验的主对话框,如图 4－9 所示

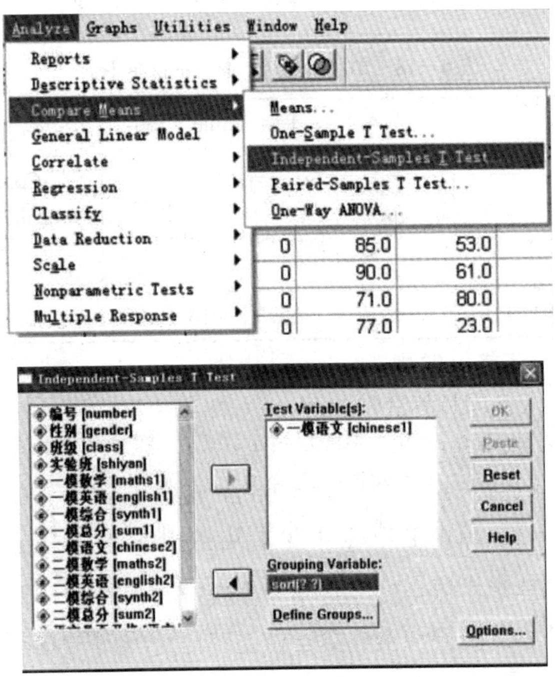

图 4－9　独立样本 T 检验

② 将“一模语文”变量移入“Test (Variable(s))”框中。

③ 将“文理科”变量移入“Grouping Variable”。单击 Define Groups 按钮,

Group 后面的参数框中分别键入两组分类变量 1 和 2。单击 Continue 按键。

④ 单击 OK,执行操作。见图 4-10。

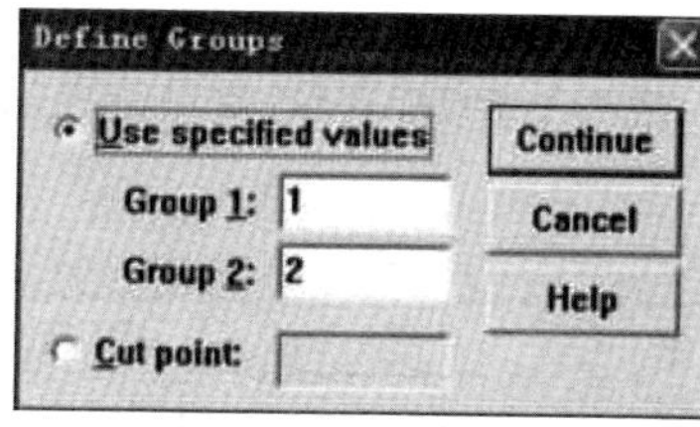

图 4-10

(3) 输出的结果及解释

① 输出结果包括两个独立样本的基本描述(Group Statistics)结果和独立样本 t 检验(Independent Samples Test)结果。

② 基本描述的输出结果(表 4-20)从左到右依次是文科和理科两个样本的人数、均值、标准差和标准误。

表 4-20　两个独立样本的基本描述

	文理科	N	Mean	Std. Deviation	Std. Error Mean
一模语文	文科	50	81.380	9.039 3	1.278 4
	理科	50	81.360	9.268 7	1.310 8

③ 检验的输出结果(表 4-21)包括方差齐性(Levene)检验结果和 t 检验结果。方差齐性检验包括两个假设:假设方差是齐的(Equal variances assumed)和假设方差是不齐的(Equal variances not assumed)。如果方差齐性检验的结果是不显著的,报告上面一行的 t 检验结果;如果方差齐性检验的结果是显著的,报告下面一行的 t 检验结果。

(4) 结果的报告

该校文科和理科考生的一模语文分数的独立样本 t 检验结果显示,方差齐性检验不显著(p=0.393>0.05),即两组方差齐,选择看第一行结果。该校文理科考生的一模语文成绩不存在差异(t=-0.011,df=98,p=0.991>0.05)。

表 4-21　独立样本 T 检验表

		Levene's Test for Equality of Variances		T-test for Equality of Means						
									95% Confidence Interval of the Difference	
		F	Sig	t	df	Sig. (2-tailed)	Mean Difference	Std. Error Difference	Lower	Upper
一模语文	Equal variances assumed	.735	.393	.011	98	.991	.020 0	1.830 9	-3.613 5	3.653 5
	Equal variances not assumed			.011	97.939	.991	.020 0	1.830 9	-3.613 5	3.653 5

思考:男生与女生的差异比较,实验班与非实验班的比较等该如何操作?

(三) 单因素方差分析及案例

表 4 - 22

<table>
<tr><td rowspan="2">编号</td><td colspan="2">自创表达</td><td rowspan="3">单因素方差分析(One-Way ANOVA)</td></tr>
<tr><td>横列</td><td>纵列</td></tr>
<tr><td>3</td><td>某一间断变量的所有水平之间是否</td><td>某一连续变量</td></tr>
</table>

案例 4 - 5　例题 3. 该校高三的一模总分是否因家长受教育程度而差异显著?

分析步骤:

(1) One-Way ANOVA 的操作步骤

① 按 Analyze→Compare　Means→One-Way　ANOVA 的顺序打开菜单,打开 One-Way　ANOVA 主对话框。

② 把"一模总分"移入 Dependent List 框中,将"家长受教育程度"移入 Factor 框中。

③ 单击 OK 键,执行命令。

(2) 输出的结果及解释

① 输出结果包括描述统计量(Descriptives)结果、方差齐性检验(Test of Homogeneity of Variances)结果、方差分析表(ANOVA)、均值多重比较(Multiple Comparisons)和平均值线图(Means Plots)。

② Descriptives 从左到右依次列出了四种受教育程度家长组的样本数量、分数的平均值、标准差、标准误、95%的置信区间、最小值和最大值。见表 4 - 23。

表 4 - 23　描述统计量结果(Descriptives)

一模总分

	N	Mean	Std. Deviation	Std. Error	95% Confidence Interval for Mean		Winimum	Maximum
					Lower Bound	Upper Bound		
初中及以下	30	384.616 7	60.349 23	11.018 21	362.081 9	407.151 4	239.00	499.00
高中	35	353.591 4	80.335 04	13.579 10	325.995 4	381.187 5	177.50	513.00
大学专、本科	21	356.642 9	98.836 50	21.567 89	311.653 0	401.632 7	206.50	566.00
硕士及以上	14	365.107 1	108.317 05	28.948 95	302.566 7	427.647 5	210.50	527.50
Total	100	365.152 0	83.515 34	8.351 53	348.580 7	381.723 3	177.50	566.00

③ 方差齐性检验结果(Test of Homogeneity of Variances)从左到右依次为莱文方差齐性检验结果等于 3.548,组间自由度、组内自由度、显著性概率 $p=0.017<0.05$。这表明各父母组的方差在 0.05 的显著性水平上差异显著,即各组方差不齐。见表4-24。

表 4-24　方差齐性检验结果(Test of Homogeneity of Variances)

一模总分

Levene Statistic	df1	df2	Sig.
3.548	3	96	.017

④ ANOVA 从左到右依次列出了组间和组内的离差平方和、自由度、均方、F 值和 Sig. 值。Sig. 值 $p=0.478>0.05$,这说明各父母组均值在 0.05 显著水平上没有显著差异。见表 4-25。

表 4-25　方差分析(ANOVA)

一模总分

	Sum of Squares	df	Mean Square	F	Sig.
Between Groups	17 564.380	3	5 854.793	.835	.478
Within Groups	672 941.95	96	7 009.812		
Total	690 506.33	99			

(3) 结果的报告

方差分析结果表明,一模总成绩在父母组之间不存在显著差异。

(四) 多因素方差(协方差)分析及案例

表 4-26

编号	自创表达		
	横列	纵列	
4	某两个或多个间断变量的所有水平之间是否	某一连续变量	多因素方差分析(Univariate) 协方差分析(Covariates)

案例 4-5　例题 4. 该校高三的一模数学分数是否因性别和家长受教育程度而差异显著?

分析步骤:

(1) Univariate 操作步骤

① 按 Analyze→Genaral Linear Model→Univariate 的顺序打开菜单,打开 Univariate 主对话框。

② 选定因变量"一模数学"进入 Dependent Variable 框中,选定因素变量"性别"、"家长受教育程度"进入 Fixed Factor(s)框中。

③ 采用默认的全模型(如果一模考试有考试地点的区别,则考试地点的随机变量选入 Random Factor(s)框中……;如果一模中考试地点的差别需要排除,则需要将考试地点作为协变量,移入 Covariates 框中……)。

④ 单击 plots 按钮,打开 Univariate:Profile plots 对话框。选定因素变量"性别"和"家长受教育程度"入 Horizontal Axis 框中,并分别单击 Add 按钮;选定因素变量"家长受教育程度"进入 Separate Lines 框中,单击 Add 按钮。单击 Continue 按钮,确认选择并返回主对话框。

⑤ 单击 Post Hoc 按钮,打开 Post Hoc Multiple Comparisons 对话框,将 Factor(s)中的"家长受教育程度"移入 Post Hoc tests for 框中。然后选择多重比较方法 LSD 和 Tamhane's T2。单击 Continue 按钮,确认选择并返回主对话框。

⑥ 单击 Options 按钮,打开 Univariate:Options 对话框,将 Factor(s) and Factor Interactions 框中的 OVERALL、性别、家长受教育程度、性别×家长受教育程度移入 Display Means for 框中,然后在 Display 栏中选择 Homogeneity tests 复选框。单击 Continue 按钮,确认选择并返回主对话框。

⑦ 单击 OK 按钮,执行命令。

(2) 结果输出及解释

① 输出结果包括单因素方差分析(Univariate Analysis of Variance):因素变量表(Between-Subjects Factors)(表 4-27)、方差齐性检验(Levene's Test of Equality of Error Variances(a))(表 4-28)、方差分析表(Tests of Between-Subjects Effects)估计边际值(Estimated Marginal Means):综合的边际均值估计值表(Grand Mean)(表 4-29)、性别的边际均值估计值表(表 4-30)、四种家长受教育程度的边际均值估计值表(表 4-31)、交互作用的边际均值估计值表(表 4-32);事后检验(Post Hoc

Tests)：均值多重比较表(Multiple Comparisions)(表 4－33)；剖面图(Profile Plots)：性别对一模数学成绩的效应的边际均值图、家长受教育程度的效应的边际均值图、性别和家长受教育程度对一模数学成绩的交互效应的边际均值图。

② 表 4－27 从左到右依次列出了变量名、变量标签和样本数量。从表 4－28 可以看出，显著性概率 Sig. 值为 0.553，即 $p>0.05$，表明按家长受教育程度分组的各组方差在 0.05 的显著性水平上差异不显著，即方差齐。从表 4－27 可见，性别的主效应差异不显著($F=1.015$，$p=0.316>0.05$)，父母受教育程度的主效应差异不显著($F=0.677$，$p=0.568>0.05$)，性别和父母受教育程度的交互作用差异不显著($F=0.484$，$p=0.694>0.05$)。

③ 估计边际均值类下有四张表，分别表明了总效应项 OVERALL、性别(男女)、家长受教育程度和交互作用项(在男女性别分类下的四种家长受教育程度)的一模数学成绩总均值估计值、标准误、95%的置信区间的下边边界值和上边边界值。

④ 从表 4－27 中方差齐，所以选择用 LSD 法进行比较的分析结果。从表 4－33 中，所有的比较结果 Sig. 值均大于 0.05，这表明父母受教育程度对学生在一模数学考试中的分数影响不大。

⑤ Profile Plots 显示了各组一模数学成绩的平均值曲线。(略)

表 4－27　因素变量表(Between-Subjects Factors)

		Value Label	N
性别	1	男	52
	2	女	48
父母最高学历	1	初中及以下	30
	2	高中	35
	3	大学专、本科	21
	4	硕士及以上	14

表 4－28　方差齐性检验表(Levene's Test of Equality of Error Variances[a])

Dependent Variable：一模数学

F	df1	df2	Sig.
.846	7	92	.553

Tests the null hypothesis that the error variance of the dependent variable is equal across groups.

a. Design：Intercept + gender + PARENTS + gender * PARENTS

表 4-29　综合的边际均值估计值表

Dependent Variable：一模数学

Mean	Std. Error	95% Confidence Interval	
		Lower Bound	Upper Bound
69.608	2.896	63.857	75.358

表 4-30　性别的边际均值估计值表

Dependent Variable：一模数学

性别	Mean	Std Error	95% Confidence Interval	
			Lower Bound	Upper Bound
男	66.690	4.013	58.719	74.661
女	72.525	4.175	64.234	80.816

表 4-31　四种家长受教育程度的边际均值估计值表

Dependent Variable：一模数学

父母最高学历	Mean	Std Error	95% Confidence Interval	
			Lower Bound	Upper Bound
初中及以下	75.661	4.964	65.803	85.519
高中	67.903	4.602	58.763	77.043
大学专、本科	70.153	5.981	58.275	82.031
硕士及以上	64.714	7.250	50.316	79.113

表 4-32　交互作用的边际均值估计值表

Dependent Variable：一模数学

性别	父母最高学历	Mean	Std Error	95% Confidence Interval	
				Lower Bound	Upper Bound
男	初中及以下	78.071	7.250	63.673	92.470
	高中	64.368	6.223	52.009	76.728
	大学专、本科	66.750	7.831	51.198	82.302
	硕士及以上	57.571	10.253	37.209	77.934

续表 4-32

Dependent Variable:一模数学

性别	父母最高学历	Mean	Std Error	95% Confidence Interval	
				Lower Bound	Upper Bound
女	初中及以下	73.250	6.781	59.781	86.719
	高中	71.437	6.781	57.969	84.906
	大学专、本科	73.556	9.042	55.597	91.514
	硕士及以上	71.857	10.253	51.494	92.220

表 4-33 均值多重比较表

Dependent Variable:一模数学

	(I)父母最高学历	(J)父母最高学历	Mean Difference (I-J)	Std. Error	Sig.	95% Confidence Interval	
						Lower Bound	Upper Bound
LSD	初中及以下	高中	7.900	6.749 1	.245	-5.504	21.304
		大学专、本科	5.833	7.717 9	.452	-9.495	21.162
		硕士及以上	10.786	8.779 9	.222	-6.652	28.223
	高中	初中及以下	-7.900	6.749 1	.245	-21.304	5.504
		大学专、本科	-2.067	7.487 5	.783	-16.937	12.804
		硕士及以上	2.886	8.578 0	.737	-14.151	19.922
	大学专、本科	初中及以下	-5.833	7.717 9	.452	-21.162	9.495
		高中	2.067	7.487 5	.783	-12.804	16.937
		硕士及以上	4.952	9.359 4	.598	-13.636	23.541
	硕士及以上	初中及以下	-10.786	8.779 9	.222	-28.223	6.652
		高中	-2.886	8.578 0	.737	-19.922	14.151
		大学专、本科	-4.952	9.359 4	.598	-23.541	13.636
Tamhane	初中及以下	高中	7.900	6.056 3	.732	-8.553	24.353
		大学专、本科	5.833	7.673 7	.973	-15.596	27.263
		硕士及以上	10.786	9.186 0	.829	-16.140	37.711
	高中	初中及以下	-7.900	6.056 3	.732	-24.353	8.553
		大学专、本科	-2.067	8.009 3	1.000	-24.270	20.136
		硕士及以上	2.866	9.468 2	1.000	-24.547	30.318
	大学专、本科	初中及以下	-5.833	7.673 7	.973	-27.263	15.596
		高中	2.067	8.009 3	1.000	-20.186	24.270
		硕士及以上	4.952	10.576 0	.998	-25.026	34.930
	硕士及以上	初中及以下	-10.786	9.186 0	.829	-37.711	16.140
		高中	-2.886	9.468 2	1.000	-30.318	24.547
		大学专、本科	-4.952	10.576 0	.998	-34.930	25.026

(2) 结果的报告

方差分析结果表明:各种检验的 p 值均大于 0.05,该校一模数学成绩受男女性别和家长受教育程度的影响不大。

(五) 配对样本 T 检验分析及案例

表 4-34

编号	自创表达		差异显著
	横列	纵列	
7	无要求	某两(相关的)连续变量	配对样本 T 检验(Paired-Samples T Test)

案例 4-5　例题 5.该校高三在一模考试后,经过复习又进行二模考试。试问语文复习有显著效果吗?

分析步骤:

(1) 配对样本 T 检验的操作步骤

① 打开配对样本 T 检验的主对话框

② 从左侧列表中选定"一模语文"和"二模语文"这两个变量,并将它们移入 Paired Variables 框中。

③ 单击 OK,执行操作。

(2) 输出的结果及解释

① 配对样本 t 检验的输出结果包括配对样本的基本描述统计结果(Paired Samples Statistics)、配对样本的相关系数表(Paired Samples Correlations)和检验结果。

② 配对样本的基本描述统计输出结果(表 4-35)从左到右依次是一模语文和二模语文考试成绩的平均值、人数、标准差和标准误。

表 4-35　配对样本的基本描述统计结果(Paired Samples Statistics)

		Mean	N	Std. Deviation	Std. Error Mean
Pair	一模语文	81.370	100	9.108 4	.910 8
1	二模语文	95.930	100	11.535 9	1.153 6

③ 相关性的输出结果(表 4-36)从左到右依次是配对样本的人数、相关系数和显

著性水平(p 值)。

表 4-36　配对样本的相关系数表(Paired Samples Correlations)

		N	Correlation	Sig.
Pair 1	一模语文&二模语文	100	.554	.000

④ 检验的输出的结果(表 4-37)从左到右依次是两个配对样本平均数差值的均值、差值的标准差、差值的标准误、差值均值的 95%置信区间,以及 t 值、自由度、双尾检验的 p 值。

表 4-37　配对样本检验结果(Paired Samples Test)

		Paired Differences					t	df	Sig. (2-tailed)
		Mean	Std. Deviation	Std. Error Mean	95% Confidence Interval of the Difference				
					Lower	Upper			
Pair 1	一模语文-二模语文	-14.560 0	9.985 2	.998 5	-16.541 3	-12.578 7	-14.582	99	.000

(3) 结果的报告

对某校一模和二模的语文成绩进行配对样本 t 检验的结果表明:二模语文成绩显著高于一模语文成绩,$t=-14.582$,$df=99$,$p=0.000<0.001$。根据 t 检验结果可以说明两次模拟考试间语文成绩有显著提高。

二、差异分析——非参数检验

依据表 4-14 的对比,我们不难发现,编号 8~10 所涉及的分析类型基本相同。只是在横列上编号 8 是变量的相互比较,而编号 9 是与指定值的比较,而编号 10 是与 0.5 的二项分布值的比较;在纵列上编号 8 要求间断变量,而编号 9 和 10 均无要求。编号 11 和 13 的区别在于一个是横列的比较,一个是相关的纵列比较;而编号 12 和编号 14 分别是编号 11 和 13 的拓展。

(一) 交叉表分析及案例

表 4-38

编号	自创表达		
	横列	纵列	交叉表(常用于卡方检验)(Crosstabs)
8	某一间断变量的两种或多种水平之间是否	某一(不一定间断吗?)变量的两种或多种水平	

案例 4-5　例题 6.在常识测试 A1 题中,男生和女生在正确率上是否有显著差异

分析步骤:

(1) (Crosstabs)的操作步骤

① 按 Analyze→Descriptive　Statistics→Crosstabs 的顺序打开 Crosstabs 主对话框。

② 将“性别”和“A1”分别移入 Row(s)和 Column(s)。

③ 单击 Statistics 打开 Crosstabs:Statistics 对话框。选中对话框中的 Chi-square 及 Contingency coefficient。单击 Continue 按钮,确认选择并返回主对话框。

④ 单击 OK,执行操作。

(2) 输出的结果及解释

① 有效数据个数为 100,缺失数据数量为 0,总数据 100,见表 4-39。

表 4-39　样本梗概(Case Processing Summary)

	Cases					
	Valid		Missing		Total	
	N	Percent	N	Percent	N	Percent
性别 * Al	100	100.0%	0	.0%	100	100.0%

② 男生总共有 52 人,答对 38 人,答错 14 人;女生总共有 48 人,答对 35 人,答错 13 人;答对总人数为 73,答错总人数为 27,见表 4-40。

表 4-40　性别＊Al Crosstabulation

Count

		Al		Total
		答错	答对	
性别	男	14	38	52
	女	13	35	48
Total		27	73	100

③ 看第一行“Pearson Chi-Square”，$\chi^2=0.000$，近似(Asymp.)$p=0.986>0.05$，所以不同性别在 A1 题的答题情况上差异不显著，见表 4-41。

表 4-41　卡方检验表(Chi-Square Tests)

	Value	df	Asymp. Sig (2-sided)	Exact Sig. (2-sided)	Exact Sig. (1-sided)
Pearson Chi-Square	.000[b]	1	.986		
Continuity Correction[a]	.000	1	1.000		
Likelihood Ratio	.000	1	.986		
Fisher's Exact Test				1.000	.581
Linear-by-Linear Association	.000	1	.986		
N of Valid Cases	100				

a. Computed only for a 2x2 table

b. 0 cells (.0%) have expected count less than 5. The minimum expecte count is 12.96.

④ 列联系数为 0.02，$p=0.986>0.05$。所以性别与 A1 题答题情况相关不显著，见表 4-41。

(3) 结果的报告

$\chi^2=0.000$，$p=0.986>0.05$，列联系数 $C=0.002$，$p=0.986>0.05$，见表 4-42，所以男生和女生回答常识 A1 题的差别不显著。且性别这一因素与答题结果并不显著相关。

表 4-42　Symmetric Measures

		Value	Approx. Sig.
Nominal by Nominal	Contingency Coefficient	.002	.986
N of Valid Cases		100	

a. Not assuming the null hypothesis.

b. Using the asymptotic standard error assuming the null hypothesis.

(二) 卡方检验应用及案例

表 4-43

编号	自创表达		卡方检验(Chi-square)
	横列	纵列	
9	某一间断变量的两种或多种水平与某指定值是否	无要求	

案例 4-5　例题 7. 在常识测试 A1 题中,答对同学和答错同学在人数上是否有显著差异?

分析步骤

(1) Chi-square 的操作步骤

① 依次单击 Analyze→Nonparamentric　Tests→Chi-square,打开卡方检验的主对话框。

② 将"A1"变量移入 Test Variable List 框中(默认期望值是 1∶1)。

③ 单击 OK,执行操作。

(2) 输出的结果与解释

① 卡方检验的结果包括变量表与卡方检验结果表。

② A1 表从左到后分别给出了不同组别的观测频数、期望频数、观测频数与期望频数的差值,即残差,见表 4-44。

③ Test Statistics 表从上到下依次列出了卡方值、自由度、p 值,见表 4-45。

(3) 结果报告

结果显示，答对和答错的同学在人数上有显著差异，$\chi^2 = 5.000$，$df = 1$，$p < 0.05$。答对和答错的同学在0.05水平上差异显著，见表4-44。

表4-44 变量表(A1)

	Observed N	Expected N	Residual
答错	5	10.0	-5.0
答对	15	10.0	5.0
Total	20		

表4-45 检验结果(Test Statistics)

	A1
Chi-Square[a]	5.000
df	1
Asymp. Sig.	.025

a. 0 cells (.0%) have expected frequencies less than 5. The minimum expected cell frequency is 10.0.

(三) 二项分布检验应用及案例

表4-46

编号	自创表达		二项分布检验(Binomial)
	横列	纵列	
10	某一间断变量的两种水平与指定值(0.5)之间	无要求(不一定是间断数据吗?)	

案例4-5 例题8. 某学生答题猜测成分的多少?

该题需变换自创表达方式。因为按照常规，一学生在数据库中的信息是处于一条横列中，而SPSS的所有分析都是基于纵列而存在的。所以需要重新做数据表，把该学生的信息由横向变成纵向。(如同在原始数据库中，把A1作为某学生代号，A1所在纵列当成该学生在20个选择题中的答案，则可以进行问题解答。)

设想如果纯粹属于猜测，因为是正负判断题，则正确与错误的几率接近或等于

0.5;如果是四选一的选择题,则猜测的答对几率接近或等于 0.25。

分析步骤:

(1) Binomial 的操作步骤

① 依次单击 Analyze→Nonparamentric Tests→Binomial,打开二项分布的主对话框。

② 将"A1"变量移入 Test Variable List 框中。

③ 默认 Test 里的数据为"0.50"

④ 单击 OK,执行操作。

(2) 输出的结果与解释

二项分布检验结果表从左到右显示的分别是分类值、观测频数、观测概率、期望频数和双尾检验显著性值,见表 4-47。

表 4-47 二项分布检验表(Binomial Test)

		Category	N	Observed Prop.	Test Prop.	Exact Sig. (2-tailed)
A1	Group 1	答错	5	.25	.50	.041
	Group 2	答对	15	.75		
	Total		20	1.00		

(3) 结果报告

对该学生答案的二项分布结果显示,其回答的结果显著,$p<0.05$,则说明该学生的答案不应该是猜测的。

(四) 两个独立样本检验应用及案例

表 4-48

编号	自创表达		两个独立样本检验 (Two-Independent-Samples Tests)
	横列	纵列	
10	某一间断变量的两种水平是否	某一连续变量	

案例 4-5　例题 9. 一模考试中，男生与女生的语文考试成绩有差异显著吗？

分析步骤：

（1）检验的操作步骤

① 依次单击 Analyze→Nonparamentric Tests→2-Independent-Samples Tests，打开两个独立样本检验的主对话框。

② 将"一模语文"变量移入 Test Variable List 框中。

③ 将"性别"作为分组变量，并移入 Grouping Variable 框中，单击 Define Groups 按钮，打开定义组别对话框。在 Group 后面的参数框中分别键入"1"和"2"两个分类值。单击 Continue 按钮返回主对话框。

④ 默认曼—惠特尼检测(Mann-Whitney Test)方法。（四种检验方法对样本之间不同种类差异的敏感程度不同。例如，若检验两个样本是否来自集中趋势有差异的总体，就应选择 Mann-Whitney Test。如果研究者感兴趣的是确定两个样本是否来自如位置、跨度、偏斜度等方面有差异的总体，就应选择 Kolmogorov-Smirnov Z 检验或 Wald-Wolfowitz runs 检验。Moses 检验只适合于检验与控制样本相比，实验样本是否表现出极端反应的情况。）

⑤ 单击 OK，执行操作。

表 4-49　Ranks

	性别	N	Mean Rank	Sum of Ranks
一模语文	男	7	7.79	54.50
	女	13	11.96	155.50
	Total	20		

表 4-50　Test Statistics[b]

	一模语文
Mann-Whitney U	26.500
Wilcoxon W	54.500
Z	-1.514
Asymp. Sig. (2-tailed)	.130
Exact Sig. [2 * (1-tailed Sig.)]	.135[a]

a. Not corrected for ties.

b. Grouping Variable：性别

(2) 输出的结果与解释

① 系统输出了两个独立样本的秩数和曼—惠特尼 U 值的检测结果。

② Ranks 从左到右分别是男女两个样本的人数、平均秩数和秩数总和，见表4－49。

③ Test Statistics[b] 从上到下依次为曼—惠特尼 U 值、维尔克斯 W 值和 p 值，见表 4－50。

(3) 结果报告

结果显示，男女生在一模语文的考试成绩上不存在显著性差异。$Z=-1.514$，$p=0.135>0.01$，见表 4－50。

(五) 两个相关样本检验应用及案例

表 4－51

编号	自创表达		两个相关样本检验(2 Related Samples)
	横列	纵列	
13	无要求	某两相关的变量	

案例 4－5　例题 10. 在常识测试中，A1 题和 A2 题的正确率是否显著差异?

分析步骤：

表 4－52　Ranks

		N	Mean Rank	Sum of Ranks
A2-A1	Negative Ranks	2[a]	2.00	4.00
	Positive Ranks	1[b]	2.00	2.00
	Ties	17[c]		
	Total	20		

a. A2<A1
b. A2>A1
c. A2 = A1

表 4－53　Frequencies

		N
A2－A1	Negative Differences[a]	2
	Positive Differences[b]	1
	Ties[c]	17
	Total	20

a. A2＜A1
b. A2＞A1
c. A2＝A1

表 4－54　Test Statistics[b]

	A2－A1
Z	－0.577[a]
Asymp.　Sig.　(2－tailed)	0.564

a. Based on positive ranks.
b. Wilcoxon Signed Ranks Test

表 4－55　Test Statistics[b]

	A2－A1
Exact Sig.(2－tailed)	1.000[a]

a. Binomial distribution used.
b. Sign Test

(1) 检验的操作步骤

① 依次单击 Analyze→Nonparamentric　Tests→2　Related　Samples，打开两个相关样本检验的主对话框。

② 将“A1”和“A2”两个相关样本移入 Tests Pair(s) List 框中。

③ 选择 Wilcoxon Signed-Rank 检验和 Sign 检验两种方法。(Wilcoxon Signed-Rank 检验和 Sign 检验适用于对连续性数据或有序分类数据进行检验，而 McNemar 检验适用于对无序分类变量的“二分”数据进行检验。)

④ 单击 OK，执行操作。

(2) 输出的结果与解释

① 系统输出了 Wilcoxon Signed-Rank 检验结果和 Sign 检验结果。

② Ranks 分别列出了正负秩数的数量、秩的平均数和总数，见表 4－52。Test Statistics[b] 给出了双侧检验的 p 值，见表 4－54。

③ Frequencies 给出了 A2 减去 A1 为正负和相等的次数，见表 4－53。Test Statistics[b] 给出了相应的 p 值，见表 4－55。

(3) 结果报告

两次统计结果均表明，学生在常识测试中的 A1 题和 A2 题的正确率无显著差异，$p>0.01$。

三、相关分析

相关关系有简单的相关关系和排除了无关变量后的相关关系。在各种关系中，有一类是确定的依存关系，用数学的语言来表述就是“函数关系”。但还有类似于函数关系的关系趋势，它是概率水平上的自变量与因变量之间不确定的数量因果。解释变量之间近似因果关系的方法就是统计学上的“回归分析”方法。

在进行回归分析之前，首先要根据分析的数据绘制散点图。然后根据散点图的情况来决定采用哪一种回归分析方法。如图 4 - 11，图 4 - 12，图 4 - 13 依次分别适合做线性回归分析、曲线回归分析和非线性回归分析。

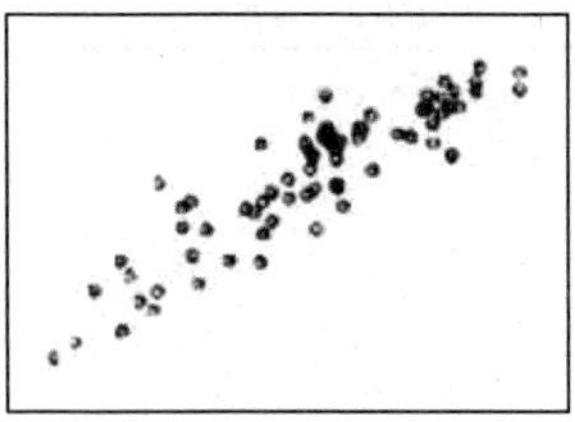

图 4 - 11

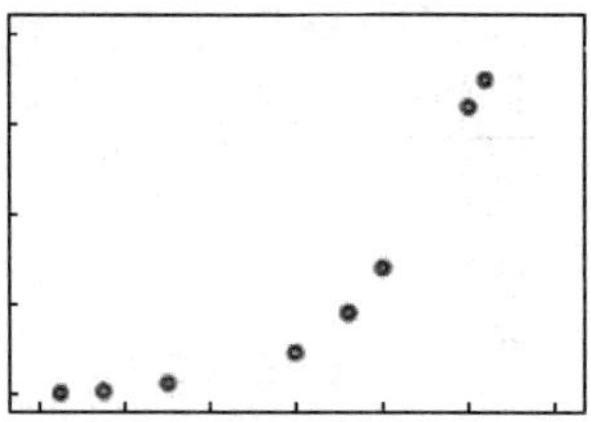

图 4 - 12

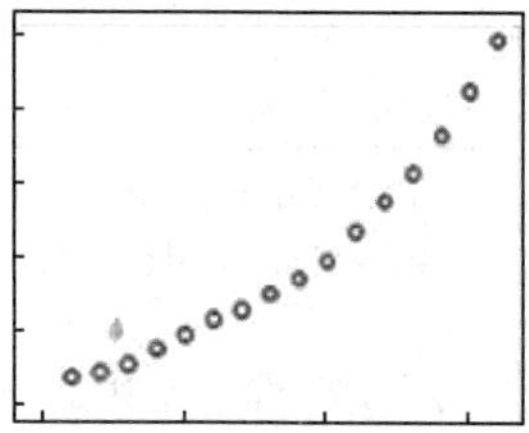

图 4 - 13

（一）简单相关分析应用及案例

表 4 - 56

编号	自创表达		简单相关分析 (Bivariate)
	横列	纵列	
15	无要求	某两变量之间是否有	

案例 4 - 5　例题 11. 在一模考试中，所选班级的语文成绩与数学成绩是否存在相关？

分析步骤：

(1) Bivariate 的操作步骤

① 依次单击 Analyze→Correlate→Bivariate 菜单，展开对话框。

② 在左侧源变量框中选择“一模语文”和“一模数学”两个变量送入 Variables 栏，作为分析变量。

③ 在 Correlation coefficients 栏中选择 Pearson 相关分析方法；Test of significance 栏中选 Two-tailed（双尾 t 检验）；选中 Flag significant correlations 复选项。

④ 在 Options 窗口中指定选项：Statistics 栏，选中 Means and standard deviations 要求计算平均数和标准差。Missing Values 采用系统默认选项。

⑤ 选择完成后，单击 Continue 按钮返回主对话框。

⑥ 单击 OK，执行操作。

（2）输出结果与解释

① 输出结果包括描述统计量表 Descriptive Statistics 和相关系数表 Correlations。

② Descriptive Statistics 从左到右依次为变量名称、平均数、标准差和被试数量。

③ Correlations 第一行的数字是一模语文与一模数学成绩的相关系数，其值 r = 0.055。第二行数据显示相关系数的显著性水平，即 Sig.（2 - tailed）= 0.819。

（3）结果的报告

通过皮尔逊相关分析显示，一模语文与一模数学成绩的相关程度不高。

（二）偏相关分析应用及案例

表 4 - 57

编号	自创表达		偏相关分析（Partial）
	横列	纵列	
16	无要求	某多个连续变量（其中一个为控制变量）之间是否	

案例 4 - 5　例题 12. 在一模考试中，在控制了语文成绩后，英语成绩与数学成绩是否相关？

分析步骤：

（1）Partial 的操作步骤

① 依次单击 Analyze→Correlate→Partial 菜单，展开对话框。

② 指定分析变量和控制变量。将左侧源变量栏中的“英语成绩”与“数学成绩”选入右上侧 Variables 栏内，“物理成绩”选入右下侧 Controlling for 栏内；Test of significance 栏中选 Two-tailed(双尾 t 检验)。

③ 在 Options 窗口中指定选项:Statistics 栏,选中 Zero-order-correlations(零相关)和 Means and standard deviations 选项,输出描述统计量。

④ 选择完成后,单击 Continue 按钮返回主对话框。

⑤ 单击 OK,执行操作。

(2) 输出结果与解释

① 输出结果包括描述统计量表(Descriptive Statistics)和相关系数表(Correlations)。

② 表 4-58 从左到右依次为变量名称、平均数、标准差和被试数量。

③ 表 4-59 是零相关和偏相关输出的结果,从中可以看出在没有控制变量的情况下,英语成绩与数学成绩的相关系数为 0.258;在控制了一个变量(语文成绩)的条件下,计算出的偏相关系数为 0.253,这比前一种条件下算出的相关系数低。

表 4-58 描述统计量表(Descriptive Statistics)

	Mean	Std. Deviation	N
一模数学	72.300	24.118 3	20
一模英语	73.150	22.207 2	20
一模语文	78.450	7.119 1	20

表 4-59 相关系数表(Correlations)

Conrol Variables			一模数学	一模英语	一模语文
-none-a	一模数学	Correlation	1.000	.258	.055
		Significance(2-tailed)	.000	.272	.819
		df	0	18	18
	一模英语	Correlation	.258	1.000	.232
		Significance(2-tailed)	.272	.000	.326
		df	18	0	18
	一模语文	Correlation	.055	.232	1.000
		Significance(2-tailed)	.819	.326	.000
		df	18	18	0

续表 4 - 59

Conrol Variables			一模数学	一模英语	一模语文
一模语文	一模数学	Correlation	1.000	.253	
		Significance(2 - tailed)		297	
		df	0	17	
	一模英语	Correlation	.253	1.000	
		Significance(2 - tailed)	.297	.000	
		df	17	0	

a. Cells contain zero-order (Pearson) correlations

(3) 结果的报告

偏相关分析的结果表明,一模数学与一模英语成绩的成绩没有显著相关。如 $r=0.253, p=0.297>0.05$。

(三) 回归分析应用及案例

表 4 - 60

编号	自创表达		Linear 线性回归分析 曲线回归分析 非线性回归分析
	横列	纵列	
17	无要求	某多个连续变量之间是否有数量因果关系	

案例 4 - 5　例题 13.在一模考试中,综合成绩与总分是否存在数量因果关系?

(1) Linear 的操作步骤

① 首先,绘制两者关系的散点图。依次单击 Graphs→Scatter 菜单,选择 Simple,点击 Define,展开 Simple Scatterplot 对话框。选择"一模总分"送入 Y Axis,选择"一模综合"送入 X Axis,单击 OK 按钮。如图 4 - 14 所示,可以看出一模综合与一模总分之间存在明显的线性趋势,可以进行线性回归分析。

② 依次单击 Analyze→Regression→Linear,打开 Linear Regression 主对话框,将"一模综合"作为自变量送入 Independent 栏,将"一模总分"作为因变量送入 Dependent 栏。Method 默认为 Enter。

③ 在主对话框中单击 OK,执行操作。

(2) 输出结果与解释

① Variables Entered/Removed(b)给出了回归模型的编号、引入模型的自变量、剔除模型的自变量以及自变量删选方法。

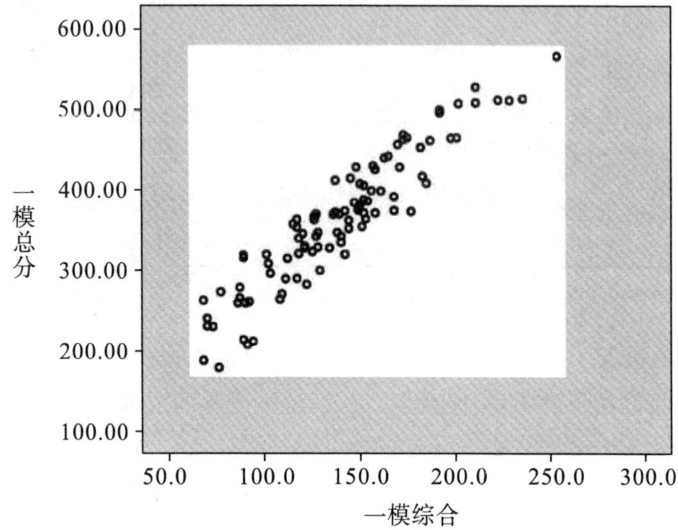

图 4 - 14

② Model Summary(b)给出了复相关系数、判定系数、经过校正的判定系数、估计值的标准差和误差的独立性检验。从表中看出复相关系数为 0.937,说明一模综合与一模总分确实存在着较高的线性关系。判定系数 0.879 说明自变量一模综合可以解释因变量一模总分变异的 87.9%。

③ ANOVA(b)给出了因变量的方差来源、方差平方和、自由度、均方、F 检验统计量和观测量的显著性水平值。后两者说明自变量和因变量的线性关系是显著的,可以建立线性回归方程。

④ Coefficients(a)从左到右依次列出了模型、非标准化回归系数 B 值(模型的常数项为 89.885,自变量一模综合的回归系数为 1.944)和标准误、标准化回归系数 Beta 值、t 检验的 t 值及其显著性水平(<0.001)。在线性回归分析中,可以建立线性回归方程为 Y = 89.885 + 1.944X。

(3) 结果的报告

线性回归分析结果显示,该校一模综合成绩与一模总分确实存在显著的线性关系,自变量一模综合可以解释因变量一模总分变异的 87.9%。建立的回归方程为 Y = 89.885 + 1.944X。

第五章　教育研究中质的研究方法

第一节　质的研究概述

质的研究是以研究者本人作为研究工具，在自然情境下采用多种资料收集方法对会现象进行整体性探究，使用归纳法分析资料和形成理论，通过与研究对象互动对行为和意义建构获得解释性理解的一种活动。① 质的研究有很多不同于传统学术究的特色，② 如，注重情境的脉络；在自然情境中进行；研究者是主要的研究工具；重参与者的观点；研究经验是整体的而非分离的变项；用多元的方法、丰厚的描述；究是弹性的过程；质的研究是归纳的；注重意义的；是人性化的；是学习的过程。

质的研究可以在不同层面被定位，并讨论其不同功能。如果被认为是"方法论"，时属于范式的层面，涵盖了"解释主义"的理论内涵以及"后实证主义"和"批判理论"要素。如果被认为是"取径"，则指向概括层面较低的研究方式，如：历史研究、民族研究、个案研究、现象学研究、传记研究、扎根理论研究等。如果被认为是"方法"，则向更加具体的操作层面，如访谈、观察和实物分析等。如果被认为是"技巧"，则表际使用的工具和技能，如访谈提纲、访谈的提问方式、观察时的记录方式等。虽然质研究可以在上述不同层面讨论，但大都集中在"方法论"和"方法"两个层面，即"解释义"的理论定位与开放和半开放的访谈、观察和实物分析方法。③ 由于本书强调对育研究实践的直接指导价值，因此，这里所讨论的质的研究主要侧重于具体方法的

① 陈向明. 质的研究方法与社会科学研究 [M]. 北京：教育科学出版社，2000：12.

② 此观点来自于北京师范大学朱志勇老师的质性研究方法课程。

③ 陈向明. 从"范式"的视角看质的研究之定位 [J]. 教育研究，2008(5)：34－35.

层面。

在详细介绍质的研究方法之前，我们应当了解一下质的研究范畴下几种代表性研究方式，如行动研究、现象学研究、扎根理论、传记研究、民族志研究以及个案研究行动研究是指情境的参与者基于实际问题解决的需要，与专家、学者或组织中的成协力合作，以问题为研究的主题，以解决问题为目的进行系统的研究。行动研究是个分析问题、搜集事实—制定行动方案、执行—反馈及评价的螺旋循环过程。① 它一种由实践者自己实施的、在实践中进行的、旨在改进实践的研究取径。实践者在究中行动，在行动中研究，研究的目的是发现问题，实施对策，提高反思能力，并改进作和生存环境。② 目前，中小学主要提倡一线教师以行动研究的方式进行科研，以现教师的教学研相长，促进教师的专业发展。

现象学研究旨在了解一个人在其“生活世界”的生活经验及意图。为了达到这宗旨，研究者必须首先框定并移出自己的先见，以此进入受访者的生活世界及其“我”的经验诠释，并以言辞的描述来呈现此经验。③ 马克思·范梅南的《教学机智：育智慧的意蕴》以及《童年的秘密》是教育现象学研究的代表作。

扎根理论是一种研究的方法，或者说是一种做质的研究的“风格”，其主要宗旨从经验资料的基础上建立理论。研究者在研究开始之前一般没有理论假设，直接从始资料中归纳出概念和命题，然后上升到理论。这是一种自下而上建立理论的方法即在系统收集资料的基础上，寻找反映社会现象的核心概念，然后通过在这些概念间建立起联系而形成理论。扎根理论一定要有经验证据的支持，但是它的主要特点在其经验性，而在于它从经验事实中抽象出了新的概念和思想。④ 扎根理论不仅强系统地收集和分析经验事实，而且注重在经验事实上抽象出理论，因此被认为较好处理了理论与经验之间的关系问题。⑤

传记研究是通过口头叙说或文件档案资料对个人的研究，所研究的对象可以是大的、平凡的或是受创的生命。传记研究的类别繁多，可分为传记、自传、生命史、生故事、口述史等。⑥ 其中口述史研究在教育研究领域中方兴未艾。例如，北京师范学进行了一系列的口述史研究，相继出版了《潘懋元教育口述史》、《顾明远教育口

---

① 白芸. 质的研究指导［M］. 北京：教育科学出版社，2006:28.

② 陈向明. 从“范式”的视角看质的研究之定位［J］. 教育研究，2008(5):35.

③ 李晓凤，佘双好. 质性研究方法［M］. 武汉：武汉大学出版社，2006:4.

④ 陈向明. 质的研究方法与社会科学研究［M］. 北京：教育科学出版社，2000:327.

⑤ 陈向明. 质的研究方法与社会科学研究［M］. 北京：教育科学出版社，2000:328.

⑥ 潘慧玲. 教育研究的取径：概念与应用［M］. 上海：华东师范大学出版社，2005:6－12.

史》、《王炳照口述史》和《黄济口述史》等，力图将老一辈教育学人的成长经历以及一些未能在著作、论文中展现出来的教育思想保存下来，呈献给更多的人去学习、分享。

民族志研究是对于一个文化或社会群体所做的系统描述与诠释。民族志研究的对象从早期人类学的异文化，扩展至社会中的次级文化，如美国中的波兰移民或是街头犯罪青少年的研究。民族志研究可说是一研究的历程，亦可说是一研究的结果。就历程而言，民族志研究涉及长期进入田野，以参与观察的方式搜集资料，并针对重要的报导人进行深度访谈；就结果而言，民族志研究则是一描述文化的文本。①

个案研究是针对个体（可以是个人、机构、团体，也可以是事件）作缜密的研究。个案研究是一种能够提供对教育问题成因的理解，对经纬万端的错综关系作周全的涵盖，对动态变化之时空情境条件作适当分析的研究方法。② 有人将个案研究视为研究对象的个数，亦有人将其视为一种研究方法。如将其视为一种研究方法，则其特点在于探讨一个有界限的系统，尤其侧重该系统如何在特定的情境脉络下运作。③ 陈向明的《王小刚为什么不上学了：一位辍学生的个案调查》和朱志勇的《少数民族学校教师角色意识初探：个案研究》等作品是个案研究的代表。以朱志勇的研究为例，该研究采用个案研究方法，根据对中国西部某些少数民族地区（甘肃和西藏）学校日常生活的观察，以及对少数民族教师和社区成员的访谈，发现在现有的基础条件下，少数民族教师将本地区学校教育发展存在的问题和困难很大程度上归结为物质条件的匮乏以及社区成员、家庭对教育的不重视等原因。该研究认为在发展中国西部少数民族地区基础教育中，少数民族教师对教师角色地位的理解和认同存在问题，这应引起教师教育的反思和重视。④ 从该研究可以看出，个案研究的"个案"并不只针对单个的个人，也可以针对具有一定同质性的某个社区、村落等。另外，从该研究的对象来看，该研究也属于民族志研究的范畴。

在对研究的方法进行选择时，我们可以有意识地寻找研究问题与方法之间的相互匹配关系。比如，如果我们希望对一个现象的意义进行研究，可以选择阐释学的方法；如果我们的研究问题涉及现象的发生过程和具体细节，可以使用民族志的方法；如果研究主要通过研究者自己与研究对象之间的互动获得研究的结果，可以选择象征互动的方法；如果研究的重点是通过观察研究对象的行为过程来了解其认知方式，可以使

---

① 潘慧玲. 教育研究的取径：概念与应用［M］. 上海：华东师范大学出版社，2005：6－13.

② 白芸. 质的研究指导［M］. 北京：教育科学出版社，2006：31.

③ 潘慧玲. 教育研究的取径：概念与应用［M］. 上海：华东师范大学出版社，2005：6－13.

④ 朱志勇. 少数民族学校教师角色意识初探：个案研究［J］. 清华大学教育研究，2005(12).

用常人方法学；如果研究的主要目的是建立理论，可以使用扎根理论的方法；如果研究的主旨是改变现存的社会现象，可以使用行动研究；如果研究的关注点主要在探讨社会结构中的权力关系，特别是性别、种族和社会阶层带来的差异，可以使用女性主义的方法；如果研究的资料主要是对话或文字分析，可以采取话语分析的方法；如果研究的重点是对一个个体进行整体性的了解，可以使用个体生态学的方法等。①

第二节　质的研究准备阶段

质的研究的准备阶段主要做的工作是选择研究问题、研究对象，并对将要开展的研究工作进行一定的难度分析。

一、选择研究问题

（一）确定研究范围

研究现象指的是研究者希望集中了解的人、事件、行为、过程、意义的总和，是研究者在研究中将要涉及的领域范围。② 研究现象比研究问题宽泛，研究者只有在确定研究现象的基础上，才可以进一步聚焦研究问题。

在确定研究现象之前，研究者首先要仔细地斟酌自己的研究兴趣点在什么地方，可以通过自己的思考，也可以通过与同行的讨论启发自己。在研究准备阶段，研究者设想研究的现象可以宽泛一些，为后续的研究工作留有灵活应变的机会。例如，有研究者对“中小学男教师对教师职业的态度”这一研究现象很感兴趣，首先大致确定了研究范围。而后在研究的深入过程中，研究者将研究问题聚焦为“中学教师的自主研究”。

在确定研究现象时，要注意表述的明确、客观，不要使用一些未经检验的想当然

① 陈向明．质的研究方法与社会科学研究［M］．北京：教育科学出版社，2000：94.

② 陈向明．质的研究方法与社会科学研究［M］．北京：教育科学出版社，2000：76.

前设，以免影响研究过程的客观、科学性。如在研究“某少数民族地区的教育”这一现象时，研究者不能想当然地将该少数民族地区的教育落后问题归因为家长对教育的不重视，否则研究者在研究过程中就会将研究的视角局限于家长的教育态度以及其对学校教育的支持、配合，而降低了对教育投入、教师的教学积极性等问题关注的敏感性，从而极有可能得出一个很片面的研究结论。

除了以上需要考虑的因素外，研究者还要考虑自身的研究条件，包括可利用的研究材料、研究者本身的思辨水平、财力支持等。研究者切勿急功冒进，选择自己现有理论水平无法驾驭的研究现象，也不要选择那些需要自己接触不到的材料支持的问题。例如某个体研究者试图对教育资源的均衡分配问题进行省际比较。首先，这个问题更适合进行量的研究，而且研究所需的资料需要到各省教育厅查阅，对于个体研究者来说难度较大；其次，即便研究者使用从每个省选取个案（如选取一所幼儿园、小学、中学或大学）进行调研后再进行比较的方法，这对于个体研究者来说，在有限时间内也是力所不能及的事情。

（二）选择研究问题的原则

选择研究问题相对确定研究现象而言，是研究者对研究对象的进一步聚焦。研究者选择研究问题应当符合这样几条原则：① 研究的问题应是研究者不了解但又很有兴趣了解的，能够增长研究者自身的知识；② 对研究对象而言也有价值，能让研究对象也能从此项研究中受益，或是能改善研究对象的实践，或是能引发研究对象自身的反思；③ 研究条件（研究人员数量、研究时间、研究经费、研究资料的丰富程度等）所能允许研究的问题。

例如有学生对“高等教育扩招”问题感兴趣，在大致圈定一个研究对象后，在寻找具体的研究问题时，他初步设定想就“高等教育扩招与经济发展的关系”进行研究。而这个问题虽然符合研究者的兴趣，也具有一定的社会意义，但对某个个别的研究者来说，却不具有可行性。假设是一个具有十几个、几十个研究者的团队，且具有足够的研究经费支持，研究时间也很充裕，那研究“高等教育扩招与经济发展的关系”这个问题才是合适的。对于只有几个月的时间，没有或只有少量经费的单个研究者而言，选择诸如“大学生如何看待高等教育扩招”之类的问题进行研究，并选取几个大学生进行访谈，那样才比较合理。

（三）重要概念和纬度分析

质的研究要对研究问题所涉及的重要概念进行界定。如对“中学教师的幸福感”

进行研究，就必须界定清楚什么是“幸福”，提出具有操作性、区分度高的定义。在质的研究中，这种概念界定不提倡抽象的概念界定，提倡具体、可操作的概念界定。如对学校德育中的道德暴力问题进行研究，就必须对道德暴力进行概念界定，要让读者清楚道德暴力如何区别于道德教育，又如何不同于一般的暴力。在进行重要概念的界定时，研究者应当解释清楚自己为何要这样进行界定，又如何证明此概念界定不只是停留于文本的层面，不只是文字游戏，而是确实符合现实情况。研究者还应抱有灵活的思维，对自己所界定的概念可能出现的不符合实际情形的状况有所考虑，并准备好相应的应对方案。

在界定清重要概念后，研究者还应搭建一个相应的概念框架，使之成为一个初步的理论设想。这个搭建过程可以通过理清重要概念之间的关系、明了重要概念背后的前因后果以及概念牵涉的问题范围等进行。白芸的博士论文《理解学生文化：上海市一个初中班级的个案研究》① 将学生文化定义为某个或某些学生群体所具有的独特的行为规范和价值观念等构成的生活方式，她所搭建的概念框架如图 5－1 所示。

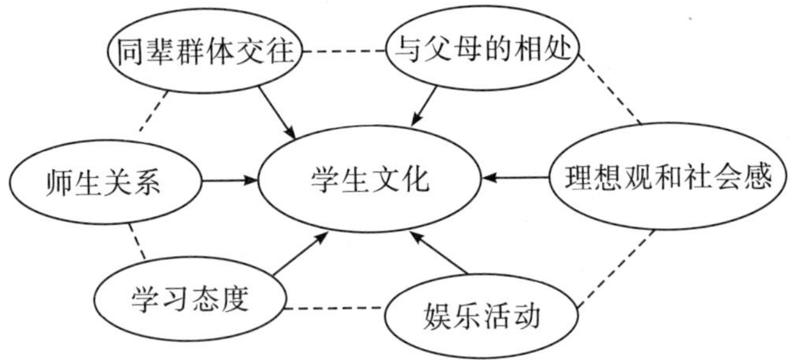

图 5－1　学生文化的关系

（四）研究原因

为什么研究某个问题就是要明了研究的目的和动机，以把握研究的价值所在。大理论研究一直得到推崇，此类研究比较强调建构理论和改善社会实践的价值。现学术界在肯定宏大理论研究的价值之外，越来越关注微观研究的价值。在重视科学研究的客观性的同时，开始强调研究者的主观感受的价值。在这样的背景下，质的研究要反思个人经历与选题的关系，越是能引起研究者共鸣的问题越能使研究者保持持

① 白芸. 理解学生文化：上海市一个初中班级的个案研究［D］. 上海：华东师范大学，2003.

的研究兴趣，并激发研究者强烈的研究动机。除了研究对理论建构和社会实用的价值外，研究还应对研究者本人有一定的价值。

二、选择研究对象

质的研究的对象选取要考虑研究对象、时间、地点和原始研究资料。质的研究选择的研究对象一般具有代表性，可以是极端的代表性，也可以是具有一般特征的典型性。质的研究选择的对象一般是小样本，从一粒沙里看世界，从一朵花里看天堂。在量的研究中，随机抽样选择研究对象有助于研究结果的客观、科学。然而，在质的研究中，研究者选择研究对象最好不要采用随机抽样的方法，因为随机抽样选取的研究对象不能保证具有典型性，也不能保证他们是自愿、积极地参与研究。研究者在选定了符合研究条件的对象后，如果样本总体数量仍然很大，可以采用"目的性随机抽样"的方法，既可以通过这种方式来缩小样本，也可以提高研究结果的"可信度"。

(一) 影响选择的因素

选择研究对象在考虑研究者方便的同时，更要考虑到研究对象能否最大可能地提供信息量。在选择研究对象的时候，首先要确保研究对象对研究有兴趣，是自愿参与研究的。研究地点的选择要以研究对象方便为主，其次才考虑研究者的方便。研究者要选择能创设良好氛围的研究地点，如研究对象的专用办公室、比较安静的咖啡馆等，才能够使质的研究进展顺利。

一般来说，我们希望挑选那些在被研究的文化或组织里生活了比较长的时间、了解该文化内部的实情、具有一定的观察和反思能力、性格比较外向而且善于表达自己的人。① 研究者要意识到，我们所研究的任何一个对象都是"三百六十度"的人，他不只是他自己，他是他的成长背景、生活环境(家庭、社区等)、工作环境(同事、领导等)以及时代背景等综合影响的表现体。

(二) 选择方式

研究者选择研究对象一般要对该研究对象有相应的经验知识积累，不提倡研究者选择自己没有任何了解的研究对象。"研究者的经验性知识"指的是研究者本人与研

① 陈向明. 质的研究方法与社会科学研究 [M]. 北京：教育科学出版社，2000：114－115.

究问题有关的个人经历以及自己对该问题的了解和看法。[1] 虽然在人类学的研究中研究者通常正是因为对研究对象缺乏了解才进行此项研究，但是研究者在进入异文化的“田野”后也多是经过一段时间的熟悉与了解后才进行有针对性的具体研究的。

在质的研究中，选择研究对象一般有以下几种方式：[2]

1. 极端或偏差型个案抽样

在这种抽样方式中，研究者通常选择研究现象中非常极端的、被一般人认为是“不正常”的情况进行调查。这么做的理由是，从一个极端的例子中学到的教训可以用来为一般情况服务。如果研究者想对现今的尊师重教情况进行研究，抽取“海淀艺校an师门”的个案进行研究，研究者采用的就是极端或偏差型个案抽样。

2. 强度抽样

这种抽样方式指的是：抽取具有较高信息密度和强度的个案进行研究。强度抽样的目的是寻找那些可以为研究的目的提供非常密集、丰富信息的个案，但是这些个案并不一定是非常极端或不同寻常的。如果研究者想对某班级的班级建设情况进行研究，某位既受到老师的喜爱又得到同学的肯定和支持的班干自然是必不可少的抽样对象。

3. 最大差异抽样

这种抽样方式指的是：被抽中的样本所产生的研究结果将最大限度地覆盖研究现象中各种不同的情况。这种抽样方法的主要目的是了解在差异分布状况下事物的每一个特点具体有何种同质或异质表现。如果研究者想分析某校教师的素质教育理念的深化情况，选取那些坚决拥护素质教育、对素质教育半信半疑、坚决反对素质教育的教师进行访谈，采用的就是最大差异抽样的方法。

4. 同质型抽样

这种抽样方式指的是：选择一组内部成分比较相似（即同质性比较高）的个案进行研究。这么做的目的是对研究现象中某一类比较相同的个案进行深入的探讨，因而可以集中对这些个案内部的某些现象进行深入的分析。例如研究者想对曾为出国做过精心准备却没能出国的人进行研究，研究者运用的就是同质性抽样，即抽取具有“准备过出国却未能如愿”这一共同或相似特点的个案。同质型抽样在我国目前质的研究中运用得比较多。

① 陈向明. 质的研究方法与社会科学研究［M］. 北京：教育科学出版社，2000:90.

② 陈向明. 质的研究方法与社会科学研究［M］. 北京：教育科学出版社，2000:105－109.

5. 典型个案抽样

这种抽样方式选择的是研究现象中那些具有一定“代表性”的个案，目的是了解研究现象的一般情况。在质的研究中，对典型个案进行研究不是为了将其结果推论到被抽的其他人群，而是为了说明在此类现象中一个典型的个案是什么样子。这种研究的目的是展示和说明，而不是证实和推论。陈向明的《王小刚为什么不上学了：一位辍学生的个案调查》就是抽取王小刚这一典型的辍学生的个案进行研究；黄向阳的《学校春秋：一位小学校长的笔记》则抽取一名在同一所小学任教二十余年的校长进行教育叙事研究。

6. 分层目的型抽样

在这种抽样方法中，研究者首先将研究现象按照一定的标准进行分层，然后在不同的层面上进行目的性抽样。这么做是为了了解每一个同质性较强的层次内部的具体情况，以便在不同层次中进行比较，进而达到对总体异质性的了解。例如研究者进行大学生的移民意愿研究，想知道家庭生活水平与大学生的移民意愿相关度多大，研究者可以采用量的研究方法进行抽样，也可以从不同家庭生活水平（最高、较高、中等、较低、很低）的大学生中各抽取一名或几名研究对象，通过访谈、观察等探寻家庭生活水平是否影响大学生的移民意愿。

7. 关键个案抽样

这种抽样方式选择那些可以对事情产生决定性影响的个案进行研究，目的是将从这些个案中获得的结果逻辑地推论至其他个案。研究者在选择一所某市一类小学进行道德教育的偏差研究的时候，遵循的就是这样的逻辑：如果连市一类小学都存在这样那样的道德教育偏差，那么较差的学校以及薄弱学校必定也存在很多德育偏差问题。

8. 效标抽样

这种抽样方式指的是：事先为抽样设定一个标准或一些基本条件，然后选择所有符合这个标准或这些条件的个案进行研究。效标抽样与同质型抽样比较接近。

9. 证实和证伪个案抽样

在这种抽样方式中，研究者已经在研究结果的基础上建立了一个初步的结论，希望通过抽样来证实或证伪自己的初步理论假设。这种抽样的方式通常在研究的后期使用，目的是验证或发展研究者本人的初步结论。例如，研究者通过前期的观察研究，认为高校教师的进修学习目的并不单纯，很多并不是为了学术，而是为了一些外在的利益（如评职称、涨工资等）。研究者为了证实自己的前期结论，抽取部分进修教师进行访谈，采用的就是证实和证伪个案抽样的方法。

（三）难度分析

除了基于研究目的和研究内容的需要外，研究者在选择研究对象的时候，还需要考虑一些外部的客观因素，如人力、物力、财力、时间、信息等。如果某一研究对象能最大限度地服务于研究目的、能最大可能地挖掘研究内容，但是研究者的客观因素不允许，选择此研究对象后进行研究的难度过大，研究者也只得忍痛割爱。当然，这里并不是纵容研究者望“难”却步，而是强调研究者在调动各方面资源、尽自己最大努力设计研究之后，该研究对象对于研究者而言仍然不现实，研究者就必须现实地选择另一个更合适的研究对象，毕竟保证研究过程的顺利进行、取得研究结果也是一项研究设计必须考虑的问题。

三、确认研究关系

（一）研究者的身份及其对选择的影响

研究者的身份包括研究者的年龄、性别、民族、学历、社会地位、相貌、衣着等。知名大学的女研究生对中学男教师进行研究，男教师可能会感觉到一种自卑感。北京大学的研究生去找中华女子学院的本科生进行访谈，自报身份时，很可能也会使对方产生抵制情绪，“你名牌大学的学生了不起啊，凭什么要我们配合你做研究？”这些负面情绪也许不至于构成研究过程中的大障碍，但这种微妙的情绪反应可能会影响研究结果的信度、效度，毕竟质的研究主观性非常强。有些研究者对同龄人进行研究，由于同龄人之间的社会竞争，被研究的同龄人可能不会对研究者坦诚相待，而会有所保留，从而影响研究结果的准确性和深入程度。总之，在质的研究中，研究者要时时反思自身的身份可能会对研究对象产生的影响，并及时消除其不良反应，努力与研究对象之间建立与保持良好的人际关系。例如，在知名大学女研究生对中学男教师进行研究时，为了消除对方的压抑感和自卑感，女研究生应当在介绍时强调双方各有所长，女研究生能够从中学男教师那学到很多东西，希望对方不吝赐教。

案例 5－1　身份标签与研究对象的态度

当某研究者以某省级大学硕士研究生的身份到某省示范高中进行调研时，研究者明显地感觉到该中学的支持、配合纯粹是因为自己是某某教授派遣来的。在研究的过程中，也有一线教师当着研究者的面表达了抵制情绪，认为“访谈没有必要，是在浪费时间”。

而同一位研究者以某985高校的博士研究生的身份到某市最好的一所高中调研时，调研过程中畅通无阻，研究者在与校领导以及一线教师的接触中，没有感觉到任何抵触情绪。虽然这与学校对主持该课题的知名教授的信任与尊敬有关，但是研究者本身的身份标签也影响到研究对象的态度。

研究者的个人倾向也会对研究产生影响，包括研究者从事研究的目的、研究者的角色意识、研究者看问题的视角、研究者对自己生活经历的体验和评价等。“研究者的角色意识”指的是：研究者在研究中对自我形象和功能的设计和塑造。由于不同的研究者在从事研究时希望达到的目的不同，他们在研究中可能采取不同的角色，如“学习者”、“鼓动者”或“研究者”。① 例如，在研究者对老一辈教育学者进行口述史研究时，研究者适合采取虚心的“学习者”的角色；而在比自己年长且对理论研究不屑的实践者面前，研究者在进入现场的时候适宜采取“学习者”的角色，这有助于研究对象接受自己，而随着研究过程的展开，研究者应当由“学习者”角色逐渐过渡到“研究者”角色，这既是研究者主掌研究过程的需要，又是为了帮助研究对象改善对理论研究的态度。“研究者看问题的视角”指的是：研究者看待研究问题的角度以及对研究问题的有关看法。② 例如，研究者在对中小学教师的幸福感进行研究时，既可以从消极的挑毛病的角度，也就是找出哪些因素让教师不幸福；也可以从积极的角度去发现哪些因素有助于教师获得幸福感。而就实践来看，研究者积极的问题视角更易于使研究受到研究对象的欢迎与支持。

案例5-2　迎合场景的角色意识

研究者在从事研究时，一般有不同于日常生活的角色意识。可以说，研究者在研究中的角色意识不少是在与研究对象的互动中产生的。如刘云杉在《学校生活社会学》中这样反思：

在大学校园中，我是一个普通的学生。我衣着随意、素面朝天，我因平常而隐匿，因此自在舒适。当场景变换，我不再是大学校园中的普通学生而变成中学校

① 陈向明. 质的研究方法与社会科学研究［M］. 北京：教育科学出版社，2000：127.

② 陈向明. 质的研究方法与社会科学研究［M］. 北京：教育科学出版社，2000：129.

园里稀奇的“博士生”时，我置身于众多目光的打量中。我对学校的日常生活好奇，学校对我的日常举止好奇。我的一切符号都变得刻意和精心起来：我不再懒散地闲逛，而是步履坚定、节奏分明地快步走路；我不再低声地絮絮叨叨，而是诚挚可信、信心充足地与人交流；我也不再目光涣散、表情漠然，而是热情主动地与熟悉或者陌生的人打招呼，努力记住各种姓名与特征。总之，我不再是大学中慵散的沉思者而是中学里精力充沛、活泼好动的闯入者。我希望学校因我的亲和主动而接纳我，因我的熟稔庸常而忽视我，这样我可能更随意自由出入各种场合，走入他人的世界。我仔细观察年轻女教师的衣着与举止，我选择保守中性的服饰以博取年长教师的好感；我又不愿意年轻的学生将我视为古板的学究而在情感上拒绝我，谨慎地在头饰与胸花上变换小花样……有一天，一位女学生告诉我，班主任不准女学生戴首饰时，我难堪极了。我就这么在很多细小得局外人难以设想的环节中磕磕绊绊地适应学校生活，尝试做“局内人”。①

分析研究者的身份、角色意识、看问题的视角等可能会对研究产生的影响，这并不是要求研究者努力抑制这些影响，而是提醒研究者在研究中自觉反思这些影响，以对研究对象与研究过程有更加清晰的把握。而且，研究者可以在撰写研究报告时呈现这些影响，使读者在了解研究者与研究对象的互动的基础上更全面地理解研究结果。

（二）研究者与研究对象的关系及其利弊

研究者如果选择熟人作研究对象可能会产生研究的信度和效度问题，最好选择乐意合作的陌生人。因为如果研究者与研究对象是熟人关系的话，互相比较了解，虽然研究者容易进入现场，也有助于营造和谐的研究氛围，但研究者会对研究对象有太多的先入之见，可能会影响研究者在研究过程中的判断。而且研究者与研究对象过于熟悉，可能会降低研究者的研究敏感性。另外，在现代社会中，很多人愿意向陌生人敞开自己的内心世界，却不愿向熟人倾述。不少研究对象可能会对作为熟人的研究者有意扬长避短，导致研究者获得的信息比较片面，因而很难做出比较准确的判断。

就研究者与研究对象的关系来看，研究者可以被分为“局内人”与“局外人”两种情况。“局内人”指的是那些与研究对象同属于一个文化群体的人，他们享有共同的（或者比较类似的）价值观念、生活习惯、行为方式或生活经历，对事物往往有比较一致的看法。“局外人”指的是那些处于某一文化群体之外的人，他们与这个群体没有从属关

① 刘云杉. 学校生活社会学［M］. 南京：南京师范大学出版社，2001：31.

系，与“局内人”通常有不同的生活体验，只能通过外部观察和倾听来了解“局内人”的行为和想法。[①] “局内人”通常容易理解研究对象，容易与对方产生共情；而“局外人”则容易保持研究问题的敏感性。因此，两者各有所长。值得注意的是，“局内人”与“局外人”不仅是对研究者与研究对象的关系的描述，也可以被看做是研究者看问题的视角。不少研究者在进行质的研究时都是在“局内人”与“局外人”的视角之间穿梭，既进行“局内人”的反思，又以“局外人”客观、理性的视角来深入盘点研究对象、辨析研究问题。

案例 5－3 “局内人”、“局外人”的便与不便

当我对某中学副校长就学校校园文化建设进行访谈时，该副校长提到学校扩招后，教学质量有所下降。我当时想到的是学校扩招给教育教学管理带来不便，才造成教学质量的下滑。于是就想请该副校长详细解说下。而他的想法是学校扩招后生源优劣不齐，教学质量自然下降，这是一个无需解释的问题。因此当我请他详细解释时，他觉得我是如此“无知”，原本端坐的他重重地往椅背上一靠，似乎失去了与我聊天的兴趣。但鉴于他的修养，他还是表现得非常礼貌。该副校长之所以会有如此的反应，是因为我是做教育研究的，是教育领域的“局内人”，对于在他看来那么简单、自然的逻辑推演都不清楚，实在是让他失望。

我在某小区的公告栏上看到了该小区给居民建德育档案的信息，就这一问题与一名小区居民进行访谈，请他介绍下这个德育档案的具体做法，并请他谈谈对这一做法的看法。虽然该德育档案的具体操作程序并不复杂，但由于我不是该小区的住户，是个“局外人”，该小区居民详细地向我解释了德育档案的做法，并发表了他对一问题的看法。而如果我自己本身是这个小区的居民，再去访谈这个问题，其他小区居民就会认为我多此一举、没事找事。

（三）研究者进入现场的方式

质的研究进行现场的方式可以分为“卧底”式、“明媒正娶”式和“逐步暴露”式。[②] “卧底”式涉及研究伦理问题，一般不推荐采用。研究者是否使用“明媒正娶”式要考虑到研究的具体情况。量的研究可以采用行政干预的方式由上级下放任务给下级，但质

---

① 陈向明. 质的研究方法与社会科学研究［M］. 北京：教育科学出版社，2000：134.

② 此观点来自北京师范大学朱志勇老师的质性研究方法课程。

的研究使用这种进入现场的方法往往不容易取得好的效果，可能会使研究对象阳奉阴违。要联系研究对象时，最重要的是取得他本人的同意，并同时取得对研究对象有重要影响的“上级”的同意。如果一名研究者想进入某个中小学进行研究，研究者贸然直接联系学校，很可能会遭到拒绝。而研究者如果找到管理中小学的教育局开个介绍信，或请教育局帮忙联系中小学，进入现场就会顺利得多。研究者要注意不要把这种“上级”的协助进入研究现场变成“上级”直接干预研究过程，研究者既在必要时获得“上级”的帮助，但又要与“上级”划清界限，以免使研究对象误以为研究者是“上级”派来检查工作的，从而在研究过程中对研究者报喜不报忧，甚至歪曲某些事实。例如，某研究小组受北京市某区教委的委托到下属中小学进行某课题的调研。在调研时，研究者得到了中小学比较有效的支持，但是中小学的领导还是忍不住问研究者，“这个研究结果是不是要提交给教委看？”他们很担心该研究结果会成为教委评价该校的依据，生怕研究会给该校带来不良的影响。这个时候，研究者就应当及时地告知研究对象，我们尽管与上级领导有联系，即便我们要给上级领导提交研究结果，我们也会隐去能直接辨认该校的相关信息，努力为研究对象保密。

案例 5-4　“中间人”与“关键人物”对进入现场的价值

美国著名社会学家 W.F.怀特的《街角社会》，被称为以参与观察方式进行研究的一个经典实例。他选择了一个叫“科纳威里”的意大利贫民区作为研究对象。为了进入这个地区开展研究，他曾经有过几次失败的尝试。最后，他终于得到诺顿大街福利委员会一位社会工作者的帮助。这位社会工作者安排他与当地青年帮伙中一个叫多克的头头会面。经过坦率的交谈，多克同意为怀特在这个意大利社区中做保证人——即让怀特作为“多克的朋友”去参与和观察社区中的各种活动和人们之间的各种关系。[1] 怀特才得以展开他的实地研究。

相对“明媒正娶”式和“卧底”式，我们推荐研究者使用“逐步暴露”式进入现场，尤其是研究问题比较敏感的时候。“逐步暴露”式也就是研究者在开始接触研究对象时，只大体介绍下研究的范围，随着研究者与研究对象合作关系的深入，研究者再逐步介绍研究的核心内容，最后再涉及研究的敏感话题。

进入现场时研究者要向研究对象充分介绍研究的目的、方法、内容，并承诺研究的保密性。如果研究者认为向研究对象过多透露研究的内容，可能会使研究对象有意识

① 风笑天. 社会学研究方法［M］. 北京：中国人民大学出版社，2001：241.

地按研究者的研究设计刻意表现出某些行为,研究者可以有选择地向研究对象介绍研究内容。某些研究者可能认为向研究对象介绍研究内容很麻烦,或者认为研究对象理解不了研究内容,就选择不向研究对象介绍研究。这就有把研究对象当工具、愚弄研究对象的嫌疑,研究者应尽量避免此类行为。研究者应尽可能地让研究对象能够审阅成型的研究成果。如果研究者认为研究结果不便让研究对象看到,那也应尽自己的最大能力对研究对象的实践提一些中肯的建议。

格拉斯纳和派司金建议,在向研究对象作介绍时,研究者可以提供如下 12 个方面的信息:[①] ① 研究者的个人身份,② 研究的内容,③ 研究的目的,④ 处理研究结果的方式,⑤ 选择研究地点和参与者的方式,⑥ 参与者参加此项研究的风险和好处,⑦ 对参与者和研究地点保密,使用匿名,⑧ 研究者希望进行观察或访谈的频率,⑨ 当日从事研究的时限,⑩ 请求对观察和语言进行记录、录音或录像,⑪ 声明研究者不是来评论或评估对方,而是来理解对方的,⑫ 声明研究对象是专家和老师,他们对研究者提出的问题所作的回答无所谓对错。

案例 5-5　研究者进入现场的介绍技巧示例

林小英进入现场时介绍:"我叫林小英,是北大高教所的研究生,我现在正在作一个有关'女教师的性别角色意识研究',这个研究我很感兴趣,而且可能会一直作下去,但我没用定量的方法,而是用访谈的方法。我访谈的总共只有几个人,所以您对我来说非常重要。您对我的问题的回答没有对错、好坏之分,您怎么想的就怎么说,我们就当随便聊聊天。"[②]

进入现场的关键是取得对方的信任和认同,将研究者接纳为"自己人"。这一关键取决于研究者的技巧,也与一定的契机有关,研究者要善于把握这样的契机。

案例 5-6　善于利用契机融入研究现场

折晓叶十分生动具体地谈到了在她进行实地研究的过程中,一次偶然事件成为当地人接受她的契机的情景[③]:

"有意思的是,一次偶然的事件,却使我找到了缩短这种距离的一个有效方

---

① 陈向明. 质的研究方法与社会科学研究 [M]. 北京:教育科学出版社,2000:158.

② 杨钋,林小英. 聆听与倾诉:质的研究方法应用论文集 [G]. 北京:教育科学出版社,2001:11.

③ 折晓叶. 村庄的再造:一个超级村庄的社会变迁 [M]//风笑天. 社会学研究方法. 北京:中国人民大学出版社,2001:246-247.

式。第二次进村不久,村书记和助手邀请我参加一年一度的'春茗会',这是村里一年之中最隆重的公共活动之一,由村组织和村公司联合主办,邀请村里所有有身份的人、外商企业的代表和外聘管理人员参加,目的是答谢各方,增进友情。会上的一项重要活动是'抽奖',每人杯盘下都压有一个抽奖号码,奖项的数额不大,是象征性的,但村人却十分看重,认为谁抽到谁就是'有大运气的人',这是当地的一种新风俗。我一直用心观察着这个群情激动、热闹非凡的场面。叫我意想不到的是,在最后一轮抽奖中,我的奖号竟中了一等奖中的一个。当我被全桌人哄闹着推到领奖台上的一瞬,我才感觉到这是一次有意义的'亮相'。我被抽号人称做'北京来的朋友'介绍给全场。自那之后的一段时间里,不时会遇到已认识的或不认识的村里人与我打招呼,也会不经意地提到:'我见到你中奖,你今年有好运气'之后,总会随便谈上几句。没有想到一张奖券竟成了最好的'介绍信',一次特别场合的公开露面,竟让村里人在不经意中用他们乐于接受的方式接纳了我。后来我便将参加村里的公共活动作为访谈必备的经历,通过参加婚礼、生日庆典、吃早茶、妇女外出游玩、祭祖、选举等重要活动,不同程度地、多多少少地开始进入了村里不同人的生活圈子。"

第三节　质的研究中的访谈法

访谈有多种类型和用途,最常见的访谈形式有个别的、面对面的言语交流,访谈还包括面对面的群体交流、邮寄或自填问卷以及电话调查。它可以是结构性的、半结构性的或非结构性的。访谈可以用来进行市场调查、民意测验、临床推理和学术研究;它还可以用于测量,或者是从个人的、群体的多重视角来理解研究的现象。访谈可以是一次性的、简要的事实陈述,5分钟的电话交谈,也可以是多次性的、持续较长一段时间,如生活史访谈。① 需要注意的是,在质的研究中,访谈法、观察法、收集实物的方法往往共同采用,很少有质的研究单一采用某一种方法。

---

① (美)诺曼·K·邓津,伊冯娜·S·林肯. 定性研究:第3卷　经验资料收集与分析的方法[M]. 风笑天,等,译. 重庆:重庆大学出版社,2007:683.

一、访谈前的准备

访谈前需要做的工作包括：抽取访谈对象、了解访谈对象、确定访谈的时间和地点、建立访谈关系、设计访谈提纲等。

访谈前要抽取访谈的对象，一般以外向、健谈的访谈对象为主，这样可以比较方便地获得研究所需的信息。访谈也可以兼顾抽取些内向型、不善言谈的人为访谈对象，他们虽然言语不多，也许会“语出惊人”，有着与外向性格的人不同的思维方式。访谈前最好能对被访者的各方面情况和特征，比如年龄、性别、职业、文化程度、家庭背景、兴趣爱好等，尽可能详细地进行了解。这样做的好处是，一方面便于访谈者根据适当情况采取适当的角色姿态，尽可能缩小访谈者与访谈对象的心理距离，尽可能增加二者之间的共同语言，以建立起融洽轻松的访谈关系；另一方面可以使访谈者对访谈对象在访谈过程中所谈的各种情况，有一个更为准确、更为客观的理解。特别是在对一些不易交谈、不易表达的内容和一些不善表达的被访者进行访谈时，这种事前的了解就更具有明显的作用。①

访谈时间和地点的确定以受访者方便为主，兼顾访谈者自己的方便，最重要的是要能够保障有个氛围轻松、和谐的访谈环境。在访谈前，访谈者应该事先与访谈对象进行联系，就访谈的目的、主要内容、访谈时间地点以及保密原则等进行商定。这既是对访谈对象的尊重，也是为了保障访谈的顺利进行。

二、访谈进程与访谈提纲的关系

访谈提纲应该是粗线条的，能包含研究的主要问题以及研究的问题范围即可。访谈者应该在访谈中以访谈提纲上的问题为主线，并允许访谈对象自由发挥，自身也应随机应变，灵活捕捉自己在列访谈提纲时未考虑的有用信息。可以说，访谈结果其实是访谈者与访谈对象在一定的访谈情境下共同建构出来的。有研究者可能误以为访谈是个灵活、随意的过程，访谈提纲会禁锢研究者的思路，反而觉得没有必要列访谈提纲。其实列访谈提纲的过程也是帮助访谈者自己整理思路的一种方式，因此，研究者在访谈前列好访谈提纲非常必要。

① 风笑天. 社会学研究方法［M］. 北京：中国人民大学出版社，2001:255.

在列访谈提纲时，研究者应当明了访谈问题的以下类型，以便在列提纲时合理搭配访谈问题。①

（一）开放型与封闭型问题

开放型问题指的是在内容上没有固定的答案、允许受访者做出多种回答的问题。这类问题通常以“什么”、“如何”和“为什么”之类的词语为语句的主线。而封闭型问题指的是那些对受访者的回答方式和回答内容均有严格的限制、其回答往往只有“是”或“不是”两种选择的问题，因此这类问题又被称为“是或否问题”。

（二）具体型与抽象型问题

从所期待的回答内容来看，访谈的问题还可以分成具体型和抽象型。前者指的是那些询问具体事件（特别是事情的细节）的问题，后者则具有较高的总结性和概括性。具体型问题有利于受访者回到有关事件发生时的时空和心态，对事件的情境和过程进行细节上的回忆或即时性建构。抽象型问题则便于对一类现象进行概括和总结，或者对一个事件进行比较笼统的、整体性的陈述。

（三）清晰型与含混型问题

从语义清晰程度上来看，访谈的问题还可以进一步分成清晰型问题和含混型问题。前者指的是那些结构简单明了、意义单一、容易被受访者理解的问题；而后者指的是那些语句结构复杂、叠床架屋、承载着多重意义和提问者个人“倾见”的问题。在访谈中尽量避免后一种问题。

访谈中问题大致按照这样的顺序展开：开放式提问→具体化→开放式提问。在访谈的一开始，研究者适宜采用开放性问题，让受访者自由发挥，研究者再抓住受访者谈话中的关键信息进行追问。如果研究者一开始就按照自己的研究设想提出一些具体问题，可能会让研究局限于研究者自身想当然的思路，而不能捕捉到更多的、受访者更认可的信息。如果受访者自由发挥的谈话中未提到研究者需要的信息，研究者可以再继续提些有针对性的具体问题。在访谈将近结束的时候，研究者还可以问些开放性问题，如“您对这个问题还有什么其他想法吗？”“您还有什么要补充说明的吗？”，以防受访者还有什么想说的内容没有机会表达。这样研究者得到的信息才会更加全面，也更

---

① 陈向明. 质的研究方法与社会科学研究［M］. 北京：教育科学出版社，2000:183－188.

加能够反映受访者的观点。

在具体访谈过程中，研究者应该先问些较简单、公共性较强的问题，在营造好访谈的气氛后，再问些比较复杂或比较私密的问题。现在有不少教育研究是问卷调查与访谈配合进行，对于这种类型的研究，研究者在访谈开始时可以请受访者发表对所做问卷的看法，而后再围绕访谈提纲展开访谈，这样可以捕捉到研究者事先没考虑到但又是受访者比较关心的问题。此外，研究者在访谈过程中要尽量避免看访谈提纲，看访谈提纲会使受访者产生紧张感，会使访谈情境变得不自然，使访谈者与受访者很难产生共情。

案例 5－7　访谈中可能的几种误区

有研究者在与某中学领导对话的时候，试图通过先表述几句自己对该校的认知来引发话题，她是这么表述的："××中学，我以前从来没有听说过。这次过来，我发现学校……"研究者之前未听说过该校虽然确实属于实情，但在该校领导面前突兀地表述，很容易让对方产生研究者轻视该校的想法，从而对研究者有抵制心理，影响研究的顺利进行。当然了，研究者也不必要刻意恭维对方，因为那很有可能会让访谈对象怀疑研究者的人品，也不利于研究过程中的相互配合。研究者应该在实事求是的基础上避免说出一些可能会刺激对方情绪的话。

研究者在进行访谈时一般会通过寻找研究者与受访者之间的共同点来打开话题、增进感情，这不失为一种比较有效的策略。然而，有时候研究者在为找到双方之间的共同点而兴奋时，可能没有意识到某些共同点正是受访者所避讳的，反而会引起对方的不良情绪。例如，某女性研究者（博士生）到某高中访谈一名男性语文教师，研究者在得知双方同龄时很兴奋，并试图通过同龄的话题来打开受访者的话匣子，却发现对方有意识地回避这一话题，甚至还产生了一点小小的尴尬。研究者在反思时意识到，正是由于双方同龄，女性研究者对男性受访者造成的压迫感更加直接、明显，因而，不是研究者与受访者之间的任何共同点都可能会成为打开对方心门的钥匙。

三、访谈中的倾听

对于访谈者来说，访谈过程中倾听的重要性丝毫不亚于提问。在访谈过程中，研究者一定要做一个好的倾听者，这不仅是访谈质量的保证，也是对访谈对象的尊重。

什么样的倾听者是好的倾听者？我们从行为层面、认知层面、情感层面来展开分析。[①]

(一) 行为层面上的“听”

访谈者在行为层面上的“听”指的是一种听的态度，有可能表现为“表面的听”、“消极的听”和“积极关注的听”三种状态。“表面的听”指的是访谈者只是做出一种听的姿态，并没有认真地将对方所说的话听进去。访谈者此时可能在想自己的事情，或者在对受访者的容貌或衣着评头论足。“消极的听”指的是访谈者被动地听进了对方所说的一些话，但是并没有将这些话所表示的意义听进去，当然更不用说理解对方的言外之意了。“积极关注的听”指的是访谈者将自己全部的注意力都放到受访者的身上，给予对方最大的、无条件的、真诚的关注。

(二) 认知层面上的“听”

认知层面上的“听”可以分为“强加的听”、“接受的听”和“建构的听”三种情况。“强加的听”指的是访谈者将受访者所说的话迅速纳入自己习惯的概念分类系统，用自己的意义体系来理解对方的谈话，并且很快对对方的内容作出自己的价值判断。这种倾听很容易产生误解。例如，研究者对某 80 后北漂的生存状态进行研究，信奉“有爱就有家”的该北漂认为自己已婚了就是“安定”了，而研究者却认为该北漂的生存状态不能算“安定”，双方的沟通就容易产生歧义。“接受的听”指的是访谈者暂且将自己的判断“悬置”起来，主动接受和捕捉受访者发出的信息，注意他们使用的本土概念，探询他们所说语言背后的含义，了解他们建构意义的方式。访谈中“建构的听”指的是访谈者在倾听时积极地与对方进行对话，在反省自己的“倾见”和假设的同时与对方进行平等的交流，与对方共同建构对“现实”的定义。例如，某研究者对教育部借调人员进行访谈，作为母亲的研究者觉得该借调人员长期离家，尤其是离开自己才上小学的孩子，觉得该借调人员一定很想家。但是出乎研究者意外的是，该借调人员谈到自己的妻子告诉自己，孩子在家多么惦记他时，他觉得很幸福。研究者很快反思了自己的母亲角色可能产生的偏见，积极去理解该借调人员心中的亲子幸福。[②]

案例 5－8　强加的听与不协调的互动

在一次研究者对某高中学生的访谈中，由于研究者在访谈过程中带着自己的

---

① 陈向明. 质的研究方法与社会科学研究［M］. 北京：教育科学出版社，2000：195－198.

② 此案例得益于北京师范大学朱志勇老师的质性研究方法课的课堂讨论。

先入之见(该校教育教学主要围着考试转)不恰当地插话,在访谈中制造了一些尴尬气氛。

访谈者:那我想问你一个问题,就是你毕业了,上了好的大学。回头再看这个学校,因为在全国还有更好的学校,而且现在学校不是提要建立全国名校吗。那个时候让你给学校提个建议,就是让它更好地成为一所名校。你会提什么样的建议?

学生:把现在做好的坚持做好。

访谈者:坚持下去?

学生:对。

访谈者:保持稳定?

学生:对,因为我觉得,我们学校在任何方面做得都很不错的。因为,你也知道,南方比北方要先进很多,就是北方,可能从改革开放以后,无论是在经济上还是意识上,北方都是落后于南方的。对于素质教育,北方还是不如南方那么....

访谈者:那你的话可不可以这样说,就是学校在素质教育方面再加强一点,再往前一点。

学生:您听我说完。就是我们学校没有特别出名。我是觉得,在整个范围来讲,可能有客观因素的制约,从主观来讲,我觉得我们学校已经做得非常好了。

访谈者:对对,这是事实。

学生:就像你们考察,也会发现我们学校各个方面都已经做得非常好了。所以我觉得我们学校想争取全国名校,把现在已经做好的坚持继续做好,把已有的成绩继续去稳定。在这个基础上,达到量变到质变的一个飞跃。

(三)情感层面上的“听”

情感层面上的“听”可以分成“无感情的听”、“有感情的听”和“共情的听”。“无感情的听”指的是访谈者在听的时候不仅自己没有感情投入,而且对对方的情感表露也无动于衷。一般来说,如果访谈者自己没有情感表露,受访者也不会表露情感。“有感情的听”指的是访谈者对对方的谈话有情感表露,能够接纳对方所有的情绪反应,而且表现出自己对对方的情感表达方式可以理解。在这种情况下,受访者会受到对方的感染,比较愿意接触和表达自己的情感。“共情的听”指的是访谈者在无条件的倾听中与受访者在情感上达到了共振,双方同欢喜、共悲伤。

案例5-9　访谈者与受访者的情感互动

在我对一名东北的李姓中年女教师进行关于其教育教学经验的访谈时，性格外向、大方、热情的她在讲到其课堂教学经验时，激情澎湃，她将她的课堂教学概括为“一个大疯子在上面讲，一群小疯子在下面听”。李老师的激情满怀让我感到局促不安，因为我知道这个时候我应该用我的情感反应去回应她，但是感情内敛的我却羞于表露感情，尴尬的我只得专注地盯着李老师的眼睛，用心倾听。更麻烦的事在后面，李老师在讲到她对学生的爱及学生对她的爱的时候，激动的她甚至落泪了。我虽然被李老师对学生真挚的爱所感动，但相对内向的我却像是不小心窥见了他人的隐私，既不知道如何用语言去回应她，也不知道用什么样的神情来表现我的“共情”。与她一起落泪吧，显然太夸张了；用言语回应吧，好像又太苍白了。当时的我只恨自己的情感表达太不丰富了。在我对李老师的三个小时的访谈中，李老师随着访谈的深入，对我的称呼也由“张老师”改成了“孩子”，对于自己的称呼也变成了“姨”。以至于访谈的后期，我纠结了很长时间，我是不是也应该顺着李老师称呼她为“姨”而不是“李老师”，慢热型的我总觉得才认识一两天的人就用那么亲热的称呼，实在是张不了口。虽然我一直坚持用“李老师”称呼她，但是我事后总在想，如果我也称呼她为“姨”了，我们的访谈是不是还能够取得更好的效果。

四、资料的准确性分析

访谈某个研究对象之后，要对周围的人进行相应访谈，以证实访谈者所述内容是否真实。在访谈内容涉及访谈对象的回忆的时候，研究者既需要认识到人的记忆的局限性，积极查阅相应材料或咨询相关当事人来证实或证伪访谈内容。但同时，研究者也要认识到访谈结果其实是访谈者与访谈对象在访谈情境中双方共同建构的，在基于此种认识的基础上，研究者可以去分析访谈对象“歪曲”某些内容的动机与目的，从而更立体地理解研究对象与研究问题。例如，在对某位学者进行的口述史研究中，其将自己在“文革”中的表现描述得很正面，但是很多资料却表明该学者在“文革”中其实扮演了很不光彩的角色。研究者此时不只是认定该学者虚饰了自己一番，其访谈材料的准确性也很值得怀疑，更需要去分析该学者虚饰自己背后的内容。① 总之，为了增加收集到的资料的准确性，访谈应该与现场观察、实物分析等综合使用。

第四节　质的研究中的观察法

俗话说“耳听为虚，眼见为实”，观察相对访谈而言能够获得更准确的资料。在质的研究中，观察法是一种重要的研究方法。质的研究中的观察不同于自然科学中常用的实验室观察，而是一种实地观察。实地观察是在自然环境下对当时正在发生的事情进行观看、倾听和感受的一种活动。② 质的研究中的实地观察可以进一步分成参与型观察与非参与型观察两种方式。在参与型观察中，观察者和被观察者一起生活、工作，在密切的相互接触和直接体验中倾听和观看他们的言行。这种观察的情境比较自然，观察者不仅能够对当地的社会文化现象得到比较具体的感性认识，而且可以深入到被观察者文化的内部，了解他们对自己行为意义的解释。③ 参与型观察相对非参与型观察而言，研究者更能够对观察到的现象做出接近事实本身的解释。比如研究者在小学进行非参与型观察，当他看到小学教师差不多个个在学生面前拉长脸孔、貌似后妈的时候，他可能会觉得很好笑，或者觉得这些老师太不人道了，或者觉得这些学生太可怜了。而如果这名研究者进行的是参与型观察，他在观察的同时自己也是一名教师，他也就更能够理解小学教师的心态，明了某些缺乏教育艺术的小学教师不得不摆出威严的姿态来“镇”住学生的苦衷。威廉·富特·怀特的《街角社会：一个意大利人贫民区的社会结构》就是在对美国的一个意大利移民的社区进行参与型观察得出的研究结果，是社会学研究中的著名成果。不过，参与型观察虽然能够获得更加深入的研究资料，但是容易掺杂研究者的主观情绪，研究者对研究结果的解释可能流于感性、不够理性，研究者也可能由客观中立的研究人员变成观察对象的“代言人”。

非参与型观察即观察者置身于被观察的世界之外，作为旁观者了解事情的发展动

---

① 此案例得益于北京师范大学包丹丹同学的提供。

②③ 陈向明. 质的研究方法与社会科学研究［M］. 北京：教育科学出版社，2000:228.

态。在条件允许的情况下，观察者可以使用录像机对现场进行录像。非参与型观察的长处是研究者可以有一定的距离对研究对象进行比较“客观”的观察，操作起来也比较容易一些。① 如果研究对象之间的关系错综复杂，研究者一时难以介入进去，同时又想取得“旁观者清”的效果，研究者可以采取非参与型观察的方式。

一、观察提纲的设计

一个“有焦点的”研究问题不等于一个“封闭的”观察问题。观察提纲应该开放。②

观察提纲应该遵循可观察原则和相关性原则，针对那些可以观察得到的、对回答观察问题具有实质意义的事情进行观察。通常，观察提纲至少应该回答如下六个方面的问题：

1. 谁

有谁在场？他们是什么人？他们的角色、地位和身份是什么？有多少人在场？这是一个什么样的群体？在场的这些人在群体中各自扮演的是什么角色？谁是群体的负责人？谁是追随者？

2. 什　么

发生了什么事情？在场的人有什么行为表现？他们说/做了什么？他们说话/做事时使用了什么样的语调和形体动作？他们相互之间的互动是怎么开始的？哪些行为是日常生活中的常规？哪些是特殊表现？不同参与者在行为上有什么差异？他们行动的类型、性质、细节、产生与发展的过程是什么？在观察期间他们的行为是否有所变化？

3. 何　时

有关的行为或事件是什么时候发生的？这些行为或事件持续了多久？事件或行为出现的频率是多少？

4. 何　地

这个行为或事件是在哪里发生的？这个地点有什么特色？其他地方是否也发生过类似的行为或事件？这个行为或事件与其他地方发生的行为或事件有什么不同？

5. 如　何

这件事是如何发生的？事情的各个方面相互之间存在什么样的关系？有什么明

---

① 陈向明. 质的研究方法与社会科学研究［M］. 北京：教育科学出版社，2000:229.

② 陈向明，林小英. 如何成为质的研究者［M］. 北京：教育科学出版社，2004:190.

显的规范或规则？这个事件是否与其他事件有所不同？

6．为什么

为什么这些事情会发生？促使这些事情发生的原因是什么？对于发生的事情人们有什么不同的看法？人们行为的目的、动机和态度是什么？很显然，这个问题需要通过一定的推论，不能完全通过外部观察而获得。当然，参与型观察不排除现场询问，因此也可以通过这类方式获得当事人的想法。

从上面列出的问题中，我们可以看出，质的研究中的观察提纲与量的研究很不一样，要求有一定的开放性和可变通性。与质的研究中的访谈提纲一样，观察提纲提供的只是一个大致的框架，为观察活动提供一个方向。研究者来到观察实地进行观察时，应该根据当时当地的具体情况对提纲进行修改。①

二、观察方式的选择

观察除了需要有一定的观察提纲外，还需要对观察方式有所了解，这样观察者在实地观察时才可以根据情境的需要有选择地使用，避免观察的随意和低效率。在质的研究中，大多使用长期的、参与性的动态观察法，以尽可能地对研究对象有比较深入、全面的了解。

在实地观察中，研究者首先需要进行泛泛的观察，对研究对象的大致情况有所了解。例如，研究者到某个学校进行师生关系问题的调研时，不太适合直奔主题，而需要首先对学校的整体情况进行观察了解，如学校的硬件设施如何、校园文化建设情况如何、教师和学生的总体精神面貌如何等。在掌握这些背景信息之后，研究者才适宜对问题进行聚焦，将观察的焦点定位于师生交往。

除了视野上的不同，聚焦还可以采取一些不同的程序和步骤，如主次程序法、方位程序法、动与静结合法、时间抽样法、场面抽样法、追踪法等。例如，在“主次程序法”里，研究者可以先观察研究现象中主要的观察对象和部分，然后再观察次要的对象和部分。在“方位程序法”里，研究者可以按照观察对象所处的位置采取由近到远或由远到近、由左到右或由右到左、由上到下或由下到上的方法逐次进行观察。在“动与静结合法”中，研究者可以选择从静态到动态或从动态到静态轮流进行聚焦。在“时间抽样法”里，研究者首先选择一个特定的时间段，然后对这个时间内发生的事情进行观察。

① 陈向明．质的研究方法与社会科学研究［M］．北京：教育科学出版社，2000:238.

在“场面抽样法”里，研究者首先选择一类活动场面，然后对这个场面重点进行观察。有学者对校园升旗仪式进行了人种志研究，他所运用的抽样方法就是场面抽样法。如果研究的项目涉及到研究对象在时间和空间上的变化过程，研究者还可以使用“追踪法”对研究对象进行比较长期的、持续性的观察。①

由于参与观察特定方式的要求，参与观察者往往要经历一个先融进去、再跳出来的过程。或者说，参与观察过程中有一个角色转换的问题。在参与和观察之初，研究者要尽快“进入角色”——将自己作为研究者的角色转换为观察对象群体中一员的角色，从语言、行为举止到生活方式，都尽量“同化于”被观察对象及其社区，以达到“移情理解”的目的。而当要对观察到的现象和行为进行判断、分析和理解时，研究者又要能随时“跳出角色”——恢复到研究者客观的、中立的立场上来，从局外人的角度，重新审视被观察对象的行为表现，发掘其所具有的客观含义，以达到“超脱理解”的目的。②

三、观察的记录方式

观察记录要按时序进行，尽量包括观察到的所有细节，要注意观察内容的丰富性和完整性。记录的语言要具体、清楚、实在，既便于自己在以后的研究中参考，也便于其他人阅读。通常，观察伊始，我们可以先就观察的现场画一张图（见图 5－2）。现场图不仅应该包括观察现场的物质环境（如教室内桌椅板凳的布置、墙上悬挂的图片和标语等），还应该包括观察现场的人文环境（如学生就坐的位置、教师活动的范围等）。在观察的过程中，如果我们发现现场内某些物体的摆设或人员位置有所变动，可以随时画新的现场图。画现场图是质的观察中一个十分有用的手段，可以对观察现场提供一个直观、二维、超越语言表述的图像展示。现场图画好以后，我们还应该在下面附上一段文字说明。这段文字不仅应该对观察的现场进行比较详细的说明，而且应该介绍研究者本人来到观察现场的第一反应。③

质的观察中的记录规格不像量的观察那么统一、固定，往往因人或因研究的具体情境而异。一条基本的原则是：清楚、有条理、便于今后查找。实地笔记的纸张应该比较大，在记录的左边或者右边留下大量的空白，以便今后补充记录、评说、分类和编码。

① 陈向明. 质的研究方法与社会科学研究［M］. 北京：教育科学出版社，2000:241－242.

② 风笑天. 社会学研究方法［M］. 北京：中国人民大学出版社，2001:253.

③ 陈向明. 质的研究方法与社会科学研究［M］. 北京：教育科学出版社，2000:246.

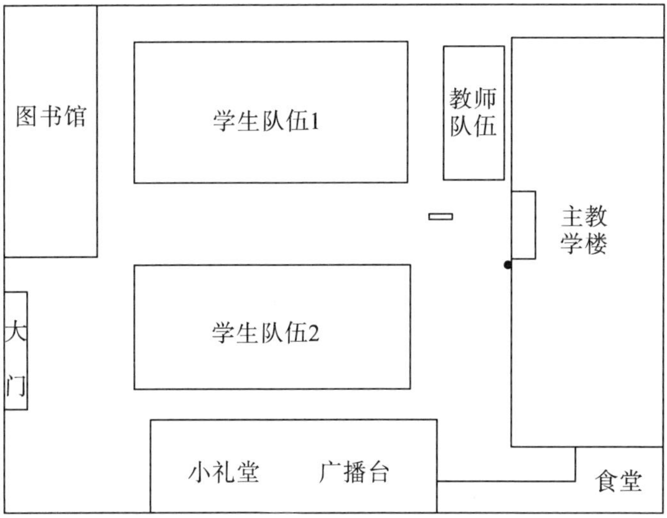

注：·为旗杆处；▭为主持用课桌

图 5－2　S 中学示意图①

记录纸的页面应该分成至少两大部分，从中间垂直分开，左边是事实笔记，右边是研究者个人的思考。"事实笔记"部分记录的是研究者在观察中看到和听到的"事实"，是可以感觉和知觉到的东西。如果这部分记录了被观察者所说的原话，应该用引号标示出来，以区别于研究者的重述或说明。"个人思考"部分记录的是研究者本人对观察内容的感受和解释，是对研究者的同步思考活动的一个现场记录。这个部分非常重要，应该及时地记录下来，但记录的时候应该注意与"事实笔记"分开。② 研究者还可以留出一定的空白，为验证后的实际情形留下记录空间。

表 5－1　观察情况研究者猜测与实际情形对比案例

观察情况	研究者的猜测(思考)	验证后的实际情形
放学后，我与一名被班上同学公认为"笨蛋"的男生一起走，遭到了三名女生的嘲笑	难道是嘲笑我和"笨蛋"交往吗？这些女生真势利	在有机会与三名女生交谈时，她们谈到那次笑其实是笑我比她们班同学(六年级)矮

① 宋萑. 学校升旗仪式的人种志研究：对一所中学的田野调查［D］. 上海：华东师范大学，2004.

② 陈向明. 质的研究方法与社会科学研究［M］. 北京：教育科学出版社，2000：247.

续表 5-1

小凯是班上天不怕地不怕的男生，经常招惹是非，班上大多数男女生都受到了他的骚扰，但他唯独对小洁很客气，两人也能一起做游戏	大概是小洁不歧视"无法无天"的小凯，对其友好，感动小凯了吧	小洁告诉我，小凯不敢欺负她其实是因为低年级他们同桌的时候，小洁曾揍过小凯，所以小凯才对她那么客气
小勇在某个老师的面前说了声"切"	小勇对那位老师有意见吧	其实"切"只是小勇的口头禅，是他"装酷"的一种方式

叙兹曼(L. Schatzman)和斯特劳斯(1973年)提议将现场观察笔录分成四个部分：①"实地笔记"，专门用来记录观察者看到和听到的事实性内容；②"个人笔记"，用来记录观察者个人在实地观察时的感受和想法；③"方法笔记"，记录观察者所使用的具体方法及其作用；④"理论笔记"，用于记录观察者对观察资料进行的初步理论分析。①

表 5-2　某实地观察记录表②

实地笔记	个人笔记	方法笔记	理论笔记
12:00，食堂里大约有300人，10个窗口前队伍平均有4米长	我感觉很拥挤	这个数字是我的估计，不一定准确	中午12点似乎是学生就餐的高峰
12:05，在卖馅饼的窗口排了一个足有2米长的队，而且排队的大部分(大约四分之三)是男生	我想是不是今天的馅饼特别好吃？是不是男生特别喜欢吃馅饼？	我站在离卖馅饼的窗口有5米远的地方，看不清楚馅饼的质量，不知道这些人买馅饼是否因为馅饼好吃	也许买某一样食物的人数与该食物的质量之间有正相关关系？
12:10，食堂里有5对成双的男女坐在一起吃饭，两个人坐得很靠近，都是男的坐在女的左手边	也许他们是恋人	我只是根据他们坐在一起的亲密样子判断他们是恋人，这个猜想需要进一步检验	也许在食堂里就餐时，男生习惯于坐在女生的左手边？

① 陈向明. 质的研究方法与社会科学研究[M]. 北京：教育科学出版社，2000:247.
② 陈向明. 质的研究方法与社会科学研究[M]. 北京：教育科学出版社，2000:248.

续表 5-2

实地笔记	个人笔记	方法笔记	理论笔记
12:20,一位女生将一勺菜送到旁边男生的嘴边,望着对方的眼睛说:“想不想吃这个菜?”	为什么这些“恋人们”在公共食堂里如此“放肆”?我对此有反感	我现在与他们坐在同一张桌子上,可以听到他们的对话	似乎女生喜欢主动向男生“献殷勤”,这一点与我平时的印象不一样,需要进一步观察和检验

无论是做现场观察记录,还是做访谈记录,有一点应注意:最好做到“不引人注目地记录”,即记录的动作要小,记录的速度要快,记录的时间要尽可能短。因为研究者的记录行为本身也是一种刺激物,它会影响和改变研究对象的行为表现。①

第五节　质的研究中的原始资料收集

“实物”包括所有与研究问题有关的文字、图片、音像、物品等,可以是人工制作的东西,也可以是人加工过的自然物。这些资料可以是历史文献(如传记、史料),也可以是现时的记录(如信件、作息时间表、学生作业);可以是文字资料(如文件、教科书、学生成绩单、课表、日记),也可以是影像资料(如照片、录像、录音、电影、广告);可以是平面的资料(如书面材料),也可以是立体的物品(如陶器、植物、路标)。② 例如,黄向阳的《学校春秋:一位小学校长的笔记》就是对无锡市扬名小学尤仁德校长二十多年来记下的133本工作日记、26本听课笔记等实物资料进行分析的基础上做成的。研究者在研究班主任的德育方式时,班主任的工作日记以及责令学生写的检讨书都可以作为实物资料来进行研究。

实物资料的分类通常包括两大类:个人类和官方类。这两类也可以按照正式程度分成“正式的官方类”资料和“非正式的个人类”资料。前者指的是那些被用于比较正规的、严肃的社会交往中的资料,这些资料被认为记录了“文件类现实”,主要用来为公

① 风笑天. 社会学研究方法[M]. 北京:中国人民大学出版社,2001:247.
② 陈向明. 质的研究方法与社会科学研究[M]. 北京:教育科学出版社,2000:257.

众服务，因此被认为比较正式。后者主要被用来为个人目的服务，通常与个人生活有关，因此被认为不太正式。“正式官方类”通常包括各种由政府部门颁发的证件和文件，如结婚证、身份证、工作证、驾驶证、银行收支表、电话单、统计资料、报刊图书、历史文献等。虽然有的证件和文件是供个人使用和保存的，但是它们的生产者一定是官方机构。非正式个人类通常包括研究对象个人所写的东西，如日记、信件、自传、传记、个人备忘录等。①

与其他研究手段相比，实物分析有自己的长处和短处。② 首先，作为质的研究的一种资料形式，实物可以扩大我们的意识范围，增加多种研究手段和分析视角。与其他方式相比，实物可以为我们提供一些新的概念、隐喻、形象和联想，使我们的视野更加开阔。其次，实物通常是在自然情境下生产出来的产品，可以提供有关研究对象言行的情境背景知识。此外，实物在一些情况下可以比访谈中受访者使用的语言更加具有说服力，可以表达一些语言无法表达的思想和情感。最后，从研究的“可靠性”考虑，实物分析还可以用来与从其他渠道获得的材料进行相互补充和相关检验。

除了上面谈到的各种长处，实物分析也有自己的短处。首先，实物的作者有可能有意美化自己，制造不符合“事实”的实物资料。其次，实物记录的制造者通常是社会权贵，因此这些资料可能反映的是有权有势的人或社会机构的价值观念和行为准则，对无权势和弱势的人们的声音反映较少。再次，很多实物记录（如历史文献、传记）是后人所为，他们的记忆可能衰退，对有关的事实细节表述有误或表述不清。此外，实物是一种比较间接的资料，不像文字资料那样可以直接进行研究。实物的意义比较隐晦、含蓄，留有多重解释的余地，容易造成理解上的歧义。譬如一些后现代的雕塑作品就很难得出比较一致的意义诠释，显然仅靠研究者对这些实物本身的分析是远远不够的，还需要对这些实物的创作者进行相应的访谈。

在收集到实物资料以后，我们需要辨别实物产生的时代背景、被使用的方式、作者的意图、使用者的目的、各类实物之间的相同点和不同点。在对一件实物进行收集和分析时，我们应该就如下问题进行追问：“这件实物是谁制作的？是如何制作的？是在什么情况下制作的？制作的目的是什么？它是如何被使用的？谁在使用它？为什么使用它？使用过后有什么结果？这件实物中什么被记载下来了？什么被省略掉了？

① 陈向明. 质的研究方法与社会科学研究［M］. 北京：教育科学出版社，2000：258－260.

② 陈向明. 质的研究方法与社会科学研究［M］. 北京：教育科学出版社，2000：265－266.

什么被认为是理所当然的？为什么制作者和使用者认为这些是理所当然的？使用者为了理解这件实物需要知道什么？”，等等。①

案例 5－10　研究者应看到实物资料的背后

在我们对某中学的校园文化建设情况进行调研时，校领导隆重向我们推荐了学校楼道里的文化张贴画和学校的校史馆。据校领导介绍，这些文化张贴画是请北京某家专门从事文化设计的公司制作的，内容包括“龙文化之大成”系列、“中华院士风采”系列等。而学校的校史馆也将学校或光辉璀璨或曲折坎坷的历史以及学校争取进入全国百所名校的奋斗目标用各种图片、雕塑等直观地展现出来，让每一个关心学校发展的人都不禁心中为之一振。看到这些实物，很容易让人得出学校的校园文化建设非常好的结论。然而细细分析之后，我们才发现，这些文化元素并没有充分发挥出其应有的作用。例如，学校禁止不同楼层的学生窜楼层，只能在自己班级附近活动，因而其他楼层的文化张贴画他们根本看不到。学校的校史馆也由专人看管，一般是在重要人物过来参观时才开门，普通学生也很难有机会进入校史馆参观。由此可见，在质的研究中，研究者在充分收集实物资料的同时，也不要被这些实物给“唬”住了，而要细细地去解读、分析这些实物，切勿直接下结论。

第六节　质的研究中的资料分析

质的研究之所以能够成为一项正式的研究，区别于新闻记者的调查、传记作家的写作，就在于研究者在资料分析阶段，能够从一定的理论视角出发，发掘出这些访谈、观察以及实物资料背后的深层含义。有些质的研究的初学者在资料的分析整理和理论提升阶段一般采用直觉与想象力相结合的方法，虽然这样也可能得出精彩的结论，但是让研究显得格外随意，研究的效度和代表性受到极大的挑战。

有学者认为，资料的分析与解释不同，资料的分析是资料本身在说话，而资料的解

① 陈向明. 质的研究方法与社会科学研究［M］. 北京：教育科学出版社，2000：258.

释可能并不“忠实”于资料，而是研究者的理论功底在说话。① 那么，质的研究在资料分析阶段要做的就是两项工作，一种是资料本身的言说，另一种就是研究者基于资料的言说。

在具体整理资料之前，我们可以先给每一份资料编号，然后在这个基础上建立一个编号系统。编号系统通常包括如下几方面的信息：① 资料的类型(如访谈、观察、实物)；② 资料提供者的姓名、性别、职业等；③ 收集资料的时间、地点和情境；④ 研究者的姓名、性别和职业等；⑤ 资料的排列序号(如对某某人的第一次访谈)等。为方便起见，我们可以给每一项赋予一个标号。比如，有关访谈对象的职业，我们可以用 J 表示教师，X 表示学生，G 表示工人，N 表示农民。所有的书面资料都应该标上编号，并且按页标上页码，以便今后分析时查找。②

一、资料的整理与初步分析

如果我们将资料分析作为一个环节来看的话，其具体步骤主要有如下几个方面：① 阅读原始资料；② 登录；③ 寻找“本土概念”；④ 建立编码和归档系统。在实际操作时，②和③有时可以同时进行，也可以有意识地将③分出来进行重点分析。③

(一) 阅读原始资料

分析资料的第一步是认真阅读原始资料，熟悉资料的内容，仔细琢磨其中的意义和相关关系。在对资料进行分析之前，研究者应该起码通读资料两遍，直到感觉已经对资料了如指掌，完全沉浸到了与资料的互动之中。

1. “投降”的态度

在阅读原始资料的时候，研究者应该采取一种主动“投降”的态度。这意味着研究者把自己有关的前设和价值判断暂时悬置起来，让资料自己说话。研究者只有彻底敞开自己的胸怀，腾出一定的空间，才能让资料进到自己的心中。

2. 寻找意义

在阅读原始资料的时候，我们除了应该采取一种向资料自身以及我们自己的感受“投降”的态度，还必须完成在资料中寻找意义的任务。阅读资料这一活动本身便是一

① 此观点来自北京师范大学朱志勇老师的质性研究方法课程。

② 陈向明. 质的研究方法与社会科学研究［M]. 北京：教育科学出版社，2000：273.

③ 陈向明. 质的研究方法与社会科学研究［M]. 北京：教育科学出版社，2000：277－288.

个在资料中寻找意义的过程，可以从很多不同的层面进行。比如，我们可以在语言层面寻找重要的词、短语和句子及其表达的有关概念和命题；在话语层面探询资料文本的结构以及文本内部各部分（句子之间、段落之间）的联系；在语义层面探讨有关语词和句子的意义；在语境层面考察语词出现的上下文以及资料产生时的情境；在语用层面寻找有关语词和句子在具体语境中的实际用途；在主题层面寻找与研究问题有关的、反复出现的行为和意义模式；在内容层面寻找资料内部的故事线、主要事件、次要事件以及它们彼此之间的关系；在符号学的层面探讨资料文本的内容与相关的符号系统及其社会、文化、政治、经济背景之间的关系。

（二）登　录

寻找意义的工作主要是通过登录来完成的。登录是资料分析中最基本的一项工作，是一个将收集的资料打散，赋予概念和意义，然后再以新的方式重新组合在一起的操作化过程。登录要求研究者具有敏锐的判断力、洞察力和想象力，不仅能够很快地抓住资料的性质和特点（特别是那些隐藏在语言下面的深层意义），而且可以很快地在不同概念和事物之间建立起联系。

登录时经常遇到的一个问题是："哪些资料应该登录?"这个问题实际上涉及对资料的抽样问题，需要为选择资料设立一定的标准。通常，我们收集的原始资料很多，内容也非常庞杂，如果对每一个词都进行登录，那显然是不切合实际的。因此，就像对研究现象和研究对象进行抽样一样，我们也需要对所收集到的资料进行"目的性抽样"，即抽取那些能够最有力地回答研究问题的资料。具体来说，如果收集的资料比较多，研究的问题比较宏观，研究者可以从段落大意开始进行登录。而如果研究的重点是研究对象的本土概念，则必须从每一个词语着手。

登录的一个十分重要的、具体的工作是找到对本研究问题有意义的登录码号（code）。"码号"表示的是资料分析中最基础的意义单位。寻找码号的一个标准是有关词语或内容出现的频率。如果某些现象在资料中反复出现，形成了一定的"模式"，那么这些现象往往是资料中最为重要的内容，是研究对象关注的焦点，需要进行重点登录。例如，我们在研究中发现某高中为有希望考入北大、清华的学生安排了条件优越的单人寝室，这些学生的父亲或母亲也可以被允许到这样的寝室去陪读，这些寝室被师生们称为"高端寝室"，那么我们就可以建立一个"高端寝室"的码号来表示这一类现象或问题。在设立码号时，我们还应该考虑到码号与码号之间的关系，注意它们所代表的不同现象之间的联系。通过在码号之间建立起相关关系，资料的内容会不断浓缩，登录的码号也会更加集中。另外，为了使登录快捷、节省空间，登录中的每一个码号都应该用相应的数字或符号加以表示。

（三）本土概念分析

在质的研究的资料分析中，研究者首先要做的是寻找出研究对象所使用的本土概念，这些本土概念可以作为关键词统领所有的资料内容，可以更好地整理分析资料内容。

首先，“本土概念”应该是研究对象经常使用的、用来表达他们自己看世界的方式的概念。这些概念通常有自己的个性特色，与学术界或社会上一般人使用的概念不太一样。其次，本土概念不必是研究者本人或研究者所属文化群体不知道的概念，只为研究对象群体所占有。即使一个个概念在研究者看来“非常平常”，但是只要这个概念对研究对象来说具有一定的意义，就可以被认为是他们的本土概念。本土概念不仅不必为研究对象群体所独自占有，而且也不必是在他们之间普遍使用的用语，可以是研究对象个人经常使用的特殊语言。

寻找本土概念没有一定的程式可循，主要依靠研究者的直觉和经验。如果我们一定要寻找某些“规律”的话，那些研究对象经常使用的概念对他们来说通常比较重要。如果这些概念被他们反复使用，说明这些概念在他们的生活中占据比较重要的位置，使用的频率比较高。其次，研究对象在使用的时候带有强烈感情色彩的概念往往比较贴近他们的心。这些概念不必多次被使用，但是如果被使用的时候伴随着明显的情感表达，便表明它们对研究对象来说是十分重要的。再次，如果我们相信自己的判断力的话，那些在阅读的时候容易引起我们注意的概念通常也是有其存在的道理的。如果这些概念在上下文中明显地凸显出来，这说明它们对我们有吸引力，值得我们注意。例如，研究者在对某个教师的访谈资料进行分析后，觉得该教师对“人格”给出的定义很有新意，而且该教师对学生的态度也是建立在其对学生的“人格”的理解的基础上的，因此，研究者认为可以把“人格”作为一个本土概念。

案例 5－11　访谈资料中的本土概念示例

访谈材料节录：

“那天我们学生做一份问卷，做的是普法知识的，学生答完试卷马上就跟我提，他是有意地叨咕给我听的，“教师要尊重学生的人格，不得体罚或变相体罚学生。”我当时就笑了，我说：“这句话得有前提，学生得有人格，格就是自我约束能力。你有人格我才尊重你，你没有人格，我尊重你啥呀。（笑）所以说，不可避免的,师生冲突可能就在这儿。”

(四)建立编码和归档系统

第一轮登录完成以后,我们可以将所有的码号都汇集起来,组成一个编码本。这是一个将所有的码号按照一定的分类标准组合起来的系统,反映的是资料浓缩以后的意义分布和相互关系。编码本所反映的编码系统是研究者目前对资料进行分析的基本概念框架,是对资料进行解读的一种方式。有关编码系统的内容和结构,一些研究者提出了自己的经验之谈。比如,波格丹和比克兰提出,在一般情况下,登录系统可以包括如下11个方面:① 场景/情境;② 研究对象对事情的定义;③ 研究对象看问题的角度;④ 研究对象看待人和事的方式;⑤ 有关事情的过程;⑥ 活动;⑦ 事件;⑧ 策略;⑨ 人际关系和社会结构;⑩ 研究者使用的方法;⑪ 研究者事先设定的编码系统。斯柏莱德里提供了另外一套实地笔记的分类系统,其中包括9个方面的内容:① 空间地点和物质环境);② 行动者(参与事件的人);③ 活动(有关人员从事的一系列相关行为);④ 实物(在场的物品);⑤ 行为(有关人员的单一行为);⑥ 事件(有关人员从事的一系列相关活动);⑦ 时间(事件发生的前后序列);⑧ 目标(有关人员希望完成的事情);⑨ 感受(人们所感受到的和表现出来的情绪)。①

在建立编码系统时,我们不仅要检验该系统是否反映了原始资料的“真实”面貌,而且还要考虑这个系统是否能够在今后自己撰写研究报告时有效地为自己服务。研究报告的撰写与原始资料的登录之间存在着密切的联系。如果我们认为研究结果可以按照某一种风格撰写出来,那么目前的登录系统也应该适当地与其匹配。② 比如,如果我们推测自己的研究报告将以主题的方式呈现(如“好生”与教师的关系、“差生”与教师的关系等),那么我们在分析资料时就可以考虑将资料按主题进行登录和归档。而如果我们的报告将以叙事的方式进行(如某某学生眼中的师生关系等),那么我们的登录则可以以个案的方式进行。

对原始资料进行登录以后,我们还需要建立一个随时可以储存和调出的系统,这包括一个简明的检索系统(其中包括交叉参照系统)以及相关的资料分类档案袋。检索系统可以写在一张或数张卡片上,按字母、数字或主题符号排列,以便查找或修改。③

①② 陈向明. 质的研究方法与社会科学研究[M]. 北京:教育科学出版社,2000:286-287.

③ 陈向明. 质的研究方法与社会科学研究[M]. 北京:教育科学出版社,2000:288.

二、资料的归类和深入分析

在初步整理好原始资料以后，需要将相同或相近的资料归类在一起，将相异的资料区别开来，找出资料之间的联系。而“深入分析”指的是将资料进一步浓缩，找到资料内容中的主题和/或故事线，在它们之间建立起必要的关系，为研究结果做出初步的结论。常用的资料归类方式有类属分析法和情境分析法。[①]

类属分析指的是在资料中寻找反复出现的现象以及可以解释这些现象的重要概念的一个过程。在这个过程中，具有相同属性的资料被归入同一类别，并且以一定的概念命名。类属的属性包括组成类属的要素、内部的形成结构、形成类属的原因、类属发挥的作用等。在质的研究中，设定类属的最重要的标准是按照当事人自己对事物的分类设定类属，哪怕那种分类方式在严谨的学者看来不合逻辑。例如，在一项对大学毕业生就业的调查中，北京大学课题组对北京市的一些人才洽谈会进行了现场观察和访谈，结果发现用人单位在挑选大学生时使用了很多重要的概念，如：“做人”、“做事”、“敬业精神”、“团队精神”、“职业道德”等。经过讨论和画图，他们进行了图 5 - 3 所示的类属分析。

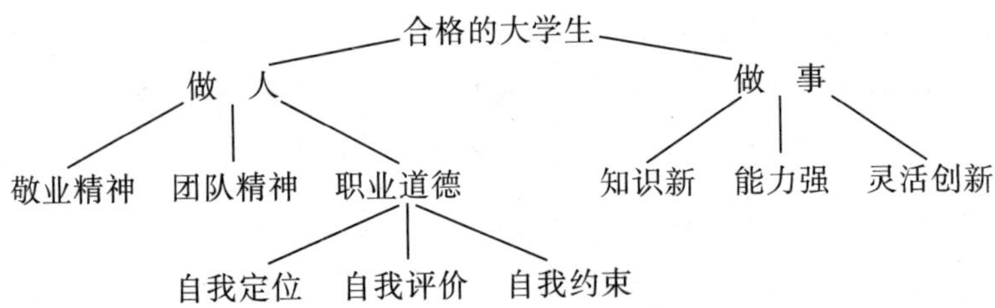

图 5 - 3　类属分析图举例

“情境分析”指的是：将资料放置于研究现象所处的自然情境之中，按照故事发生的时序对有关事件和人物进行描述性的分析。这是一种将整体先分散然后再整合的方式，首先看到资料的整体情形，然后将资料打碎、进行分解，最后将分解的部分整合成一个完整的、坐落在一个真实情境中的故事。情境分析强调对事物作整体的和动态的呈现，注意寻找将资料连接成一个叙事结构的关键线索。情境分析的结构可以有很多不同的组成方式，如前因后果排列、时间流动序列、时空回溯、圆周反复等方式。

---

① 陈向明. 质的研究方法与社会科学研究［M］. 北京：教育科学出版社，2000：289 - 295.

境分析的具体内容也十分丰富，可以是研究现象中的主题、事件、人物、社会机构、时间、地点、状态、变化等。情境分析的具体手段包括轮廓勾勒(profile)、片段呈现(vignette)、个案、访谈片段、观察事件、故事等。对资料进行情境分析的具体操作方式因资料的特性不同而有所不同，我们既可以将一次访谈或一次观察的内容写成一个情境片段，也可以将对一个人的几次访谈写成一个故事，还可以将几个人的故事连成一体，组成一个综合案例。

情境分析的第一个步骤是系统认真地通读资料，发现资料中的核心叙事、故事的发展线索以及组成故事的主要内容。核心叙事是情境分析中最中心、内容最密集的部分，代表了资料的整体意义。在核心叙事中应该有一条故事线，围绕这条故事线可以追溯故事发生的时间、地点、涉及的人物、事件、过程以及故事发生的原因等。核心叙事可能是对资料中多个案例的一个汇总，用一个典型个案的方式表达出来；也可以以一个案例为主，辅以其他案例的内容作为补充。寻找核心叙事和故事线的工作可以通过"头脑风暴"的方式进行，研究者可以一个人独自思考，也可以组织课题组成员一起进行思想上的碰撞。情境分析的第二个步骤是按照已设立的编码系统为资料设码。情境分析的设码是寻找资料中的叙事结构，如引子、时间、地点、事件、冲突、高潮、问题的解决、结尾等。在寻找这些因素的同时，我们还应该对它们之间的关系及其与其他因素之间的关系进行探讨，如什么是主要事件？什么是次要事件？它们彼此之间的联系是什么？这些事件可以如何系统地被组织起来？设码的工作完成以后，下一步的任务是对资料进行归类。归类的具体做法与上面介绍的有关类属分析的做法基本相同，只是归类以后对资料的处理有所不同。类属分析是把相同的资料内容放在一起，然后进行分门别类的陈述；而情境分析是在归类的基础上将内容浓缩，然后以一个完整的故事结构呈现出来。因此，在情境分析中，资料归类以后，研究者需要将有关内容整合为一个具有情境的整体。这个整体的各个部分之间应该具有内在的联系，包括时空、意义或结构上的联系。

(一) 质的研究中主要使用的分析方式

在质的研究中选择何种分析方式依赖于研究的具体情境而灵活调整，主要使用的分析方式有以下几种：①

1. 写备忘录

质的研究中一个最重要的分析手段是写备忘录，又称分析报告。"备忘录"是一种

① 陈向明. 质的研究方法与社会科学研究 [M]. 北京：教育科学出版社，2000:304－311.

记录(同时也是思考)研究者自己的发现、想法和初步结论的方式,其主要的目的是通过写作对自己的研究进行思考。备忘录可以分成很多类型,如:① 描述型,对所发生的事情以及研究对象所说的话用描述的语言表现出来;② 分析型,对一些重要的现象和概念进行分析,特别是研究对象的本土概念;③ 方法型,对研究者自己从事研究的方法进行反省,讨论研究方法可能给研究结果带来的效度和伦理道德问题等;④ 理论型,对资料分析中开始出现的初步理论进行探讨,随着研究的深入逐步建立假设和理论;⑤ 综合型,结合以上各种类型进行综合分析。

2. 写日记、总结和内容摘要

如果研究者有良好的记日记的习惯,应该在实地研究时保持下来。每天记日记是一个非常有效的分析资料的手段,不仅可以随时记下自己的感受和想法,而且可以利用记日记的机会有意识地反省自己当天的活动。写总结和内容摘要的目的是对资料内容进行简化,将资料的精髓以浓缩的方式表现出来。就资料内容所呈现的意义而言,研究者可以围绕某些主题对资料进行总结,也可以按照内容本身的前后顺序(如时间序列、因果关系、情境程序)进行总结。就资料数量上的处理而言,研究者可以就一篇资料的内容进行汇总,也可以就分散在数篇资料中、但在内容上有相似性的资料进行汇编。与总结不同的是,内容摘要不是对资料内容的汇总或概括,而是将资料中一部分内容原封不动地提取出来。内容摘要通常从资料中信息比较密集的部分摘取,原则是该信息对回答研究的问题比较有效。

案例 5-12　田野日记示例

10 月 23 日　晴

今天我帮六年级另一个班的老师代了一节课。下午第二节课正式上课前要做眼保健操,但教室里乱哄哄的,我就在教室里巡视了一下。在我巡视到教室后面时,一名男生向我举报,说坐在最后面的那名女生在课桌上乱涂乱画。我看了看那名女生,高高壮壮,偏胖。因为胖,她也就不像一般小学生那样显得机灵可爱。而且根据我总结出来的规律,一般被安排坐在最后一排而且单独坐一张桌子的学生要么成绩差,要么品德差,要么双差。我当时为了履行职责就走过去轻声地说了一句:“不要在课桌上乱画,知道了吗?”

上课没多久,我巡视课堂时发现她没带书,一个人盯着书桌很可怜。我问前面两人一起坐的学生愿不愿意借给她一本书,有学生明确表示不愿借,说那名女生爱破坏别人的书。我当时心里就犹豫起来,我有必要管人家的闲事吗?我又不是班主任，这只是副科，而且我只是代课而已。另外，看那名女生的样子，她被排斥可能是她咎由自取，我何苦反其他老师的道而为她张罗呢？恰好在我心里犹豫的时候，一位班干模样的男生主动表示愿意把书借给她。我忙说谢谢。在把书交给那名女生之后，我有点不放心，万一她真把别人的书给破坏了怎么办，我可是中间的“保人”啊。于是我又走过去叮嘱了她两遍：“别人的书一定要爱惜啊。”她连连点头。下课时，那名女生主动上来擦黑板（我不清楚那天是不是她值日），我忙问她书还没还给那位同学，她赶忙点点头。恰在这时，又一个男生跑到我面前来告她的状：“老师，×××上课吃口香糖。”我对学生的告状行为不大提倡，而且我在大学里呆久了，觉得上课吃口香糖也没什么大不了的，我就说：“这等你们班主任处理吧。”结果，他不依不饶，“那老师你一定要告诉班主任老师×××上课吃口香糖了。”那个学生甚至怕我记不清还特意强调了下“被告人”的名字。

那名女生无疑被贴上了“差学生”的标签：坐在教室最后一排，而且独自一人坐；其他同学经常检举她，也可以推断出班主任老师经常批评她，否则那些举报她的学生早就丧失举报的动力了；她也有点自暴自弃，上课不带书、在课桌上乱涂乱画、上课吃口香糖……对小学教育情境稍微了解些的人都能从这些标签中判断出学生的身份归属，也可以轻易地按照学生不同的身份归属定势般地用不同的态度对待学生。对于那个女生，如果没有那名热心的学生挺身而出，我想我可能也会像其他老师一样对她漠然，视她如空气，并在她妨碍正常教学秩序时训斥她一通。

3. 画图表

浓缩资料的方式除了写总结以外，还可以用图表展示。图表是对线性文字资料进的一种立体浓缩，可以通过三维直观的方式比较集中地、生动地展现资料中蕴涵的种意义关系。质的研究中常用的图表有矩阵图、曲线图、等级分类图、报表、网络图、知图、模型、本地人分类图、决策模式、因果关系图等。

4. 与外界交流

与外界交流包括与其他研究者、同行、同事、朋友和家人交谈以及阅读有关的文。研究者与那些自己信任的、有一定理解能力的、对自己的研究比较了解的人交流想可以扩展分析资料的思路、发现新的分析角度、开阔自己的视野。特别是当研究自己的分析走入“死胡同”时，与一位善解人意的、善于倾听的朋友交谈，往往可以为己提供一些意想不到的灵感和启迪。除了与其他人交流外，与外界交流还可以通过书的方式进行。阅读有关的研究文献可以使研究者了解本领域内的“大师们”是如分析资料的，进而在自己的资料分析中借鉴他们的经验和教训。

其实，资料的分析与整理不是在所有资料收集完毕后进行的，在资料收集的过程中，研究者就应当开始对资料进行分析整理。波格丹和比克兰认为，在实地收集资料的同时对资料进行整理和分析可以起到如下作用：① 强迫研究者逐步缩小研究的范围，尽早就研究的方向和类型做出决定；② 帮助研究者提出一些可以统揽所有资料内容的观点，发展出一些可供进一步分析的问题；③ 使研究从原始资料向理论建构的方向过渡；④ 帮助研究者在整理资料的基础上了解自己还需要哪些方面的信息，以便下一步有计划地收集资料。[①]

(二) 质的研究中主要使用的分析模式

资料深入分析的基本思路是按照一定的标准将原始资料进行浓缩，通过各种不同的分析手段，将资料整理为一个有一定结构、条理和内在联系的意义系统。有关这一点，质的研究主要存在两种分析模式：[②]一种是线性的、自下而上对资料进行抽象的模式；一种是循环往复、分析部分相互互动的模式。

1. 线性模式

这种模式认为，资料分析可以被看成一个阶梯，自下而上不断地对资料进行抽象资料分析被视为一个自下而上、逐步上升的“抽象”阶梯，其中包括三个主要的层次第一个层次和第三个层次又各自进一步分成两个子层次。在第一个层次里，研究者主要任务是对原始资料进行总结和重新包装，具体有两个步骤：① 通过整理原始资建立一个可供分析的文本；② 对文本进行登录，通过写分析型备忘录的方法对文本行意义解释，寻找登录类属。第二个层次的主要任务是在第一个层次的基础上对资重新进行汇集和包装。具体的做法是：通过写分析型备忘录寻找资料中存在的各种义关系，发现资料内容中的重点和空白点，确认资料内容的主题和基本趋向。第三层次的工作是：对在前两个层次的基础上建立起来的有关命题进行进一步的扩展或验，以便建构一个可以用来解释资料整体内容的理论框架。这个部分分成两个子次：① 对初步的研究结论进行相关检验，对主要命题进行分析，对研究的假设进行证，同时进一步浓缩资料，分析资料中呈现的基本趋势；② 将资料整合为一个解释架，描绘出资料的深层结构。

2. 互动模式

也有一些研究者认为，质的研究中的资料分析更像是一个圆圈，圈中各个部分

---

① 陈向明. 质的研究方法与社会科学研究 [M]. 北京：教育科学出版社，2000：271.

② 陈向明. 质的研究方法与社会科学研究 [M]. 北京：教育科学出版社，2000：273－276.

互关联、循环往返(图5-4)。虽然在实际操作中,分析通常是从一个部分开始,但是各个部分都可以作为开始的起点。资料的浓缩与其他的部分(如资料的收集、展示、建立结论与检验结论等)相互结合、相互照应。

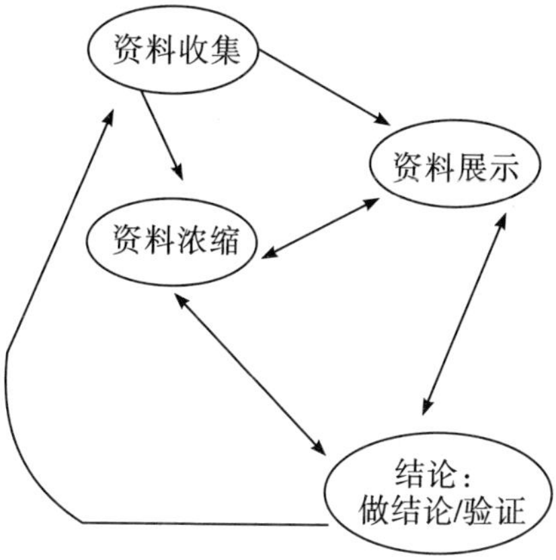

图5-4 资料分析的组成部分:互动模式

在图中,资料浓缩是资料分析的实质,其目的是将具体、零散的资料提炼为具有一定意义关联的资料。资料浓缩的步骤主要有:将资料中重要的核心概念或主题提升出来,使用这些概念或主题将所有的资料内容统领起来,然后再将这些核心概念或主题放回到资料之中,使它们在特殊、具体的事物中表现出来。资料浓缩的具体手段包括比较、类比归纳、外推、演绎、溯因、分析和综合等。在浓缩的过程中需要经常寻找类属之间的相关关系,将不同的类属合并成类群。

资料浓缩与资料分析中其他的部分(如资料收集、资料展示和做结论)之间是一个相互作用的关系。资料收集上来以后需要同时进行浓缩和展示,展示是浓缩的一种方式,浓缩又为展示提供了可能。资料经过浓缩和展示以后导致结论的产生,而结论又反过来为资料浓缩和展示提供线索。结论产生以后经过论证可能发现仍旧存在漏洞,需要更多的或其他的资料进行论证,这又为资料收集提供了依据。此后,进一步的资料收集又为资料浓缩和资料展示提供了素材……如此往返循环,直到资料饱和、结论坚实为止。

三、作研究结论

质的研究中的理论建构走的是自下而上的路线,即:从原始资料出发,通过归纳分析逐步产生理论。[①] 例如宋萑在整理分析学校升旗仪式的田野资料的基础上，从学校文化、教育文化、国家神话的角度对田野资料进行理论提升。[②]

自下而上建构理论可以有很多不同的方式，不同的研究问题、不同的原始资料可能需要不同的操作手段和步骤。一般比较普遍的做法是：① 用简单的理论性语言对资料进行初步的描述、分析和综合；② 根据资料的特性建立初步的理论框架；③ 按照初步建立的理论框架对资料进行系统的分析，如归类和组成逻辑故事线；④ 在原始资料与理论框架中的概念和命题之间不断进行比较和对照；⑤ 建立一个具有内在联系的理论体系或一套比较系统的理论假设。兹南尼斯基提出，建构理论可以使用“分析性归纳法”。这种方法一般具有如下四个步骤：① 确定某一类事实的主要特性；② 对这些特性进行抽象以后建立一个初步的假设，这个假设愈是基础愈具有普遍性；③ 对这个假设进行检验，寻找其他不同假设（基础的和非基础的）特性；④ 按照这些特性的功能将这些假设组成一个理论系统。[③]

质的研究一般采用扎根理论的方法建构理论，扎根理论的主要操作程序如下：① 对资料进行逐级登录，从资料中产生概念；② 不断地对资料和概念进行比较，系统地询问与概念有关的生成性理论问题；③ 发展理论性概念，建立概念和概念之间的联系；④ 理论性抽样，系统地对资料进行编码；⑤ 建构理论，力求获得理论概念的密度、变异度和高度的整合性。[④]

第七节　质的研究的监测和评估

由于质的研究的重要研究工具是研究者本身，而不同的研究者由于成长环境不同、看问题的视角不同、理论功底不同等，他们对于同一个研究现场和研究对象，很可能得出大不一样的研究结论。由于质的研究主观性强，我们需要对质的研究的效度和信度问题给予一定的关注。有必要说明的是，对质的研究的监测和评估并不是否定

---

① 陈向明. 质的研究方法与社会科学研究 [M]. 北京：教育科学出版社，2000：325.

② 宋萑. 学校升旗仪式的人种志研究：对一所中学的田野调查 [D]. 上海：华东师范大学，2004.

③ 陈向明. 质的研究方法与社会科学研究 [M]. 北京：教育科学出版社，2000：326.

④ 陈向明. 质的研究方法与社会科学研究 [M]. 北京：教育科学出版社，2000：332.

研究结果的主观性，而是尽力保障研究结果与研究对象、研究情境、研究方法等的一致性。

一、效度分析

社会科学家在对社会现象进行研究时，一般用"效度"这一概念来衡量研究结果的可靠性，即研究的结果是否反映了研究对象的真实情况。① 质的研究中的"效度"指的是一种"关系"，是研究结果和研究的其他部分(包括研究者、研究的问题、目的、对象、方法和情境)之间的一种"一致性"。当我们说某一研究结果是"真实可靠的"时候，指的是这个结果的"表述""真实"地反映了在某一特定条件下某一研究人员为了达到某一特定目的而使用某一研究问题以及与其相适应的方法对某一事物进行研究这一活动。② 也有学者认为，质的研究的有效性意味着我们的作品不断逼近真实；它会唤起读者的一种感觉，使读者认为那些被描绘的经历体验是栩栩如生的、可信的和可能的。我们也可以通过如下方式来评判有效性，即作品中是否提供了一种手段来改善参与者与读者，甚至研究者自己的生活。③

质的研究中的效度问题有以下几种：④

(一) 描述型效度

"描述型效度"指的是对外在可观察到的现象或事物进行描述的准确程度。衡量这一效度有两个条件：① 所描述的事物或现象必须是具体的；② 这些事物或现象必须是可见的或可闻的。

案例5-13　描述型效度失效示例

田野分析节选：

开始接触毕冲时，我觉得智商偏低的他很可怜，同学都不和他玩，所以我有意识地多关心他，多和他说说话。有一次我看到魏群对他骂个不停，还一度走

① 陈向明. 质的研究方法与社会科学研究［M］. 北京：教育科学出版社，2000：388.
② 陈向明. 质的研究方法与社会科学研究［M］. 北京：教育科学出版社，2000：389.
③ 诺曼·K·邓津，伊冯娜·S·林肯. 定性研究：第3卷　经验资料收集与分析的方法［M］. 风笑天，等，译. 重庆：重庆大学出版社，2007：800.
④ 陈向明. 质的研究方法与社会科学研究［M］. 北京：教育科学出版社，2000：391－394.

到他身旁推搡他。我当时很生气，他怎么能欺负一个可怜人呢？我就用很严厉的口吻说了声："魏群，你在干什么呢？"结果旁边的另外两名学生立马转过身来向我解释："毕冲老说魏群，还说魏群很辣。"我当时很纳闷："他说魏群很辣是什么意思？"不知道他们是真不清楚还是不方便向我解释，他们告诉我不太清楚，但又不忘强调一句："反正是毕冲先说魏群的。"之前就听刘老师说过毕冲虽然智商有点问题，但并不像我们想的那样忠厚，他也有很多坏点子。他有时候先招惹别人，闹到老师那还狡辩说是别人先欺负他的。我也想过是不是他们合伙欺负毕冲，但就他们以往也不顾情面地举报别的同伴来说，应该没有那种可能性。还有一次我在旁边观看他们上体育课，我发现毕冲把手摆成照相机的样子对准魏群照个不停，魏群则一脸的厌烦。魏群皮肤很白，长得比较讨人喜欢，但他也在他的作文中强调过，他最讨厌别人说他像女孩。毕冲的行为估计让魏群非常反感。再后来，毕冲再向我告状谁欺负他了，我就板着脸冷冷地回答："说实话，我真搞不懂你们谁先欺负谁的。"而后就不予理睬。有时候我也想要真是别人在欺负他怎么办，但一想到他不止一次干过先招惹别人又告别人欺负他的事，我就对他的告状避之唯恐不及。

分析："还有一次我在旁边观看他们上体育课……他最讨厌别人说他像女孩。"这部分内容存在描述性效度问题，由于作者离观察对象比较远，事后也并未向两位当事人求证当时发生的事情，而是根据自己的经验认为"毕冲把手摆成照相机的样子对准魏群照个不停"是因为毕冲觉得魏群皮肤白，很好看，像女孩子。

（二）解释型效度

解释型效度指的是研究者了解、理解和表达研究对象对事物所赋予的意义的"确切"程度。满足这一效度的首要条件是：研究者必须站到研究对象的角度，从他们所说的话和所做的事情中推衍出他们看待世界以及构建意义的方法。

（三）理论型效度

"理论型效度"又称"诠释效度"，指的是：研究所依据的理论以及从研究结果中建立起来的理论是否真实地反映了所研究的现象。所谓"理论"一般是由两个部分组成一是概念，比如"学校"、"好学生"、"差学生"等；二是概念和概念之间的关系，如因果关系、序列关系、时间关系、语义关系、叙述结构关系等。

(四) 评价型效度

"评价型效度"指的是:研究者对研究结果所作的价值判断是否确切。通常,出于自己的生活经验和价值观念,我们在设计一项研究时头脑中往往对要探讨的现象有一些自己的"前设"或"倾见"。因此,在研究的过程中我们往往会注意到那些对自己来说"重要"的、"有意义"的东西,而忽略那些我们认为"不重要"的东西。如研究者根据一般人的观念,认为老师都喜欢成绩好的学生,成绩好的学生即便有某些缺点,也能"一俊遮百丑",在实地研究老师能否恰当处理对学生的不良偏见时,往往会挑一些差生作为实地研究的重点对象。但是也有老师不喜欢成绩好的学生,尤其是这些成绩好的学生不协助班级管理的时候。某班主任就谈及对该班由学生选出来的大队委的意见,该老师明确表态,"如果大队委是我选的话,我绝对不选她。有次我看见有两个学生在她的眼皮底下讲话,她都不管。我事后问她为什么不管,结果她告诉我,'我怕我管了,他们就不选我当大队委'"。实地观察也证明了该老师对那名大队委的偏见,大队委将编辑好的板报交给班主任,班主任却不满地说了声:"怎么这么小?我不是让你搞大点吗。"而后又很无奈地挥挥手:"算了吧。"班主任对大队委编辑板报付出的辛勤劳动没有给予任何肯定。

效度失真的原因有以下几个方面:① ① 记忆问题。导致效度"失真"的一个比较经常的原因是人们的记忆的衰退。比如,在访谈中,如果研究者要研究对象回忆过去发生的事情,研究对象可能因为时间久远,对某些具体的细节已经记不清楚了。② 研究效应。"研究效应"指的是:当研究在一个人为的环境中进行时,研究对象可能表现得与平时不一样,结果导致效度的失真。③ 文化前设。导致效度失真的另外一个主要原因是研究者与研究对象的文化前设不一致。如果研究者与研究对象来自不同的文化,使用的是不同的语言,他们之间很容易产生"误解"。如安徽北部的人说什么东西"烂"了,其实指的只是东西破了,而在安徽南部人看来,"烂"是非常严重的破、破得不成样子了。④ 间接资料来源。导致效度失真的另外一个原因是研究对象提供的资料来自间接来源,他们自己并不知道这些信息,而是从别人那里获得的二手资料。为了向研究者表示自己消息灵通,这些信息提供者并没有说明信息的来源,只是根据自己的理解对信息进行传播或加工。由于研究对象本人不在现场,有些信息在传递中可能"以讹传讹",到达研究对象时已经是"面目全非"了。在网络上,由于绝大多数信息

---

① 陈向明. 质的研究方法与社会科学研究[M]. 北京:教育科学出版社,2000:397-399.

缺乏有效的审核，因此这一问题尤其严重。当研究者的语言与研究对象的语言不一致、双方之间的交流需要借助于翻译时，也可能发生此类效度失真的情况。

为了能够尽可能地保障研究的效度，我们需要采取一些方法对质的研究的效度进行检验。一般来说，对效度进行检验并设法排除"效度威胁"的具体手段一般有以下几种：①

1. 侦探法

这一方法类似侦探人员在侦破案件时所采用的方法，一步一步地对可疑现象进行侦查，找到解决案子的有关线索，然后将线索放到一起进行对比，制定最佳处理方案，最后对"罪犯"采取行动。这是一个开放渐进的过程，研究者按照研究问题的性质、目的和所依据的理论不断地对研究的各个层面和环节进行搜寻，找出有可能影响效度的"威胁"，对其进行检验，然后想办法将其排除。

2. 证伪法

质的研究的证伪法指的是在建立了一个假设之后，想尽一切办法证明这个假设是不真实的或不完全真实的，然后修改或排除这一假设，直至找到在现存条件下最为合理的假设。为了证明某一个假设是目前最合理的，我们必须在已经收集到的资料中有意识地寻找那些有可能使该假设不能成立的依据。证伪的另外一个方法是：在建立初步假设的同时，根据已掌握的材料建立"另类假设"，将其与原有假设进行对比以后做出最为合理的选择。

3. 相关检验法

相关检验法又称三角检验法，指的是将同一结论用不同的方法、在不同的情境和时间里，对样本中不同的人进行检验，目的是通过尽可能多的渠道对目前已经建立的结论进行检验，以求获得结论的最大真实度。例如，如果我们使用访谈的方法对某一研究现象有所发现，可以使用观察或收集实物的方法对同一现象进行研究。如果我们在某时某地对某研究现象进行研究以后有所发现，可以选择在不同的时间和地点对同一现象进行研究。访谈了主张某个观点的人，还要访谈持不同观点的人，用不同访谈对象的谈话内容互相证伪。

4. 反馈法

反馈法指的是：研究者得出初步结论以后广泛地与自己的同行、同事、朋友和家人交换看法，听取他们的意见。无论是对研究现象熟悉还是不熟悉的人，他们都有可能

---

① 陈向明. 质的研究方法与社会科学研究［M］. 北京：教育科学出版社，2000：401－405.

对研究的结果提出有用的看法和建议。熟悉的人对研究的现象往往有自己的看法，可以根据自己的经验提出参考意见；而不熟悉的人由于是外行，往往有一些内行始料不及的新角度，提出的看法可能使研究者耳目一新。

5. 参与者检验法

"参与者"指的是那些参与研究的研究对象，"参与者检验法"指的是：研究者将研究的结果反馈给研究对象，看他们有什么反应。这个工作应该尽可能早做，在研究的初步结论出来以后便将结论返回给研究对象。如果研究对象对研究者所做的结论有不同的看法，或者认为研究者误解了他们所做的事和所说的话，研究者应该尊重他们的意见，对结论进行修改。研究报告中应该有专门的篇幅报告研究者是如何将研究结果反馈给研究对象的，后者对研究结果（特别是研究者的解释）有什么反应。

6. 收集丰富的原始资料

质的研究十分讲究收集尽可能丰富的原始资料，通过这些资料的丰富性来对研究结论的效度进行检验。丰富的原始资料可以为研究的结论提供充分的论证依据，进而提高结论的效度。

二、代表性分析

代表性不同于典型性，典型性主要指研究是否有特色，而代表性涉及研究结果的推广问题。质的研究结果主要靠读者的认同推广。如果研究结果具有可迁移性，则表明研究结果反映了一种理论或类型。而对于研究结果是否具有可迁移性，这需要读者去做判断，研究者本身不抱这种期待。

不过对于一项研究来说，质的研究也希望能得到更多的人的认同和肯定。为了保障质的研究的"代表性"，一般要求研究者做以下几个方面的工作：①

第一，一般来说，质的研究特别强调在自然情境下进行体验型研究。一个"好"的研究报告不仅应该对研究的结果进行介绍，而且应该对研究的过程以及研究对象所处的文化背景本身进行"深描"。细致、具体的描述不仅可以使现象显得"真实"，而且可以提高事件所代表的意义的可转换性。

第二，读者对研究结果的判断还与研究者暴露自己的方式和程度有关。研究者在研究报告中应该详细、坦诚地交代自己的立场和做法。这种高度透明的研究报告可以

① 陈向明. 质的研究方法与社会科学研究［M］. 北京：教育科学出版社，2000：421－422.

使读者了解研究者本人,借助研究者的眼睛去了解研究结论产生的源头和过程。只有这样,读者才能把研究的结果与从事研究的人结合起来,帮助自己对研究的"可靠性"作出判断。而当读者认为研究的结果是"可靠的"时候,"推论"便自然而然地发生了。

第三,尽可能采用与读者平等对话的第一人称的叙述方式,使读者能够有参与到与作者和文本对话的感受。研究者在呈现研究结果时,也要尽可能采用能让读者比较能进行心理认同的叙事方式,尽量少用冷冰冰的表格、图表等。如果有可能的话,研究者要尽可能多呈现一些原始资料,可以留给读者自己做判断。

三、伦理性分析

质的研究的伦理问题是个争议比较大的问题。某些研究可能会给研究对象造成直接的损失,如影响工作时间、侵害隐私权、污损名誉等。它们还可能造成隐性的伤害,如某些质的研究能够破坏研究对象一贯的自我认同,使他们陷入自我认同危机,但研究者又没有能力帮助研究对象建立新的自我认同。例如,研究者在进行青少年恶搞文化研究时,研究者为未接触过此种另类文化的初中生提供相关信息并请他们发表评论,这可能会引起家长与教师的抗议,认为研究者在教初中生"学坏"。因此,美国大学一般都设有"伦理审查委员会"以对研究者的研究设计进行伦理审查,甚至对于某些敏感性的研究,委员会会要求研究者为每位研究对象提供一名心理治疗师。

有些研究者出于最大限度地接近事实的真相的目的,可能会在研究过程中采取一些不符合伦理手段的研究方法,如研究一些敏感问题时(教师虐待学生),采用"间谍"式的方法进行研究。这些研究者可能认为最大限度地揭示真相,可能对这么一小部分研究对象不利,但从长远和整体来看,对于更多的类似处境的人有利(如教师虐待学生问题引起社会关注,很多老师不再敢虐待学生,保护了更多学生的利益),因此,研究就不能说是不道德的。这主要是从功利主义的角度对研究伦理问题进行分析,而道义论则强调行为本身的善,不建议从行为的后果权衡伦理问题。

案例 5-14　让更多的人知道真相还是刻板地遵循伦理?

凯文·卡特拍摄的《饥饿的小女孩》获得了美国新闻界最高奖普利策奖,照片的内容是:一个非洲小孩因疾病和饥饿使得命在旦夕时,旁边就有一只秃鹫虎视眈眈地盯着小孩,秃鹫在耐心等待小孩的生命终结。因为小孩的生命一结束,其尸体立刻就会成为秃鹫的一顿美餐。这张照片之所以能获得如此大奖,正是由于它揭示了非洲的饥饿问题，让世界上更多的人关注非洲在生死线上挣扎的人们。就此来说，凯文·卡特无疑是有贡献的，就长远来说，他的这张照片有益于非洲人民。但是他受到了人们的指责：这位记者为什么不丢下相机而给那个快饿死的孩子一壶水、一块面包？为什么不救那个孩子于死神的镰刀与秃鹫的喙爪之下？一个孩子生命的价值难道不敌一幅新闻照片或一个新闻奖项？凯文·卡特最后因为舆论的谴责而自杀。

分析：对于凯文·卡特的行为的伦理评价从道义论的角度来看，无疑是非常不道德的；而从功利主义的角度来看，他的行为又是道德的。这是一个困惑。

在质的研究中，伦理道德原则主要包括自愿原则、保密原则、公正合理原则、公平回报原则等。① 自愿原则主要指要保证研究对象是自愿参与研究的，研究结果也要反馈给研究对象，并征求其意见。保密原则主要指研究者要保护研究对象的个人信息和隐私，不与其他人员讨论研究对象的情况（如果是出于研究的目的不得不讨论，也要隐去可以辨认研究对象的信息），研究者在呈现研究结果时要隐去研究对象的个人信息和隐私，以防对研究对象产生不利影响。公正合理原则指的是研究者按照一定的道德原则公正地对待被研究者以及收集的资料，“合理地”处理自己与被研究者的关系以及自己的研究结果。② 公平回报原则指研究者要避免对研究对象进行掠夺式研究，在获得了自己所需的研究资料后就将研究对象弃之一旁，而要尽可能地通过直接或间接的方式回报研究对象的帮助。例如，结构式访谈不太提倡研究者回答研究对象的提问，但是从研究伦理的角度来看，研究者应当坦诚、热情地回答研究对象的问题。对于一些研究者或某些研究来说，研究者缺乏能力给予研究对象回报。但是研究者相对研究对象而言毕竟具有一些对方不具有的知识，如大学老师相对于小学老师，研究生相对于中小学生，研究者可以提供一些对方需要的知识或信息。某研究者（知名大学的博士研究生）在对某高中学生进行学校德育课程的访谈时，就先让对方问自己一些问题（高中生主要问的是关于考大学的问题，而研究者对此有些心得），再开始对对方进行访谈。该研究者这么做主要是出于研究伦理的考虑，希望自己在给别人添麻烦的同时，也最好能给对方提供一些直接的帮助。

案例 5-15　质的研究的伦理反思示例

刚进入J小学这个陌生的环境时，我感觉很拘束。刘老师和尹老师开始时对

① 陈向明. 质的研究方法与社会科学研究［M］. 北京：教育科学出版社，2000：101.

② 陈向明. 质的研究方法与社会科学研究［M］. 北京：教育科学出版社，2000：435.

我也有些戒备心理，在我申请听课时表现得很犹豫，也很不情愿。开始时，我也并没有强求，只是在课下尽可能地多去班上走走。在尹老师问我是学什么的，来J小学是为了调查什么时，我告诉她我是学德育的，但又不了解小学的实际情况，写出来的东西干巴巴的，也没什么价值，所以就想过来多了解了解。我之所以没有直接告诉尹老师我的论文研究题目，是担心这个题目会吓到她，会让她觉得我的研究对她很不利，从而拒绝与我合作。实际上，我的研究不只是为了说明学校中存在的道德暴力问题，为维护学生的道德成长服务，更是为了探讨教师实施道德暴力的苦衷，为教师自身改善提高自己、获得专业幸福服务。我没有直接告诉尹老师和刘老师我的研究设想，也是担心她们会有意识地按我的研究设想去刻意表现或避免某些言行，从而使我的观察结果失真，导致研究结果不可信。因此，我虽然没有向尹老师和盘托出我的研究计划，我也并没有做贼心虚似的内疚感，因为我觉得自己的研究如果能做好的话，是对学生、小学老师和自己都有利的一件事。

第八节　质的研究的报告

一、报告的内容

一般来说，不论研究者采取什么样的写作风格，研究报告通常包括如下六个部分① 问题的提出，包括研究的现象和问题；② 研究的目的和意义，包括个人的目的和公众的目的、理论意义和现实意义等；③ 背景知识，包括文献综述、研究者个人对研究问题的了解和看法、有关研究问题的社会文化背景等；④ 研究方法的选择和运用，包括抽样标准、进入现场以及与研究对象建立和保持关系的方式、收集资料和分析资料的方式、写作的方式等；⑤ 研究的结果，包括研究的最终结论、初步的理论假设等；⑥ 对研究结果的检验，讨论研究的效度、推广度和伦理道德问题等。①

① 陈向明. 质的研究方法与社会科学研究［M］. 北京：教育科学出版社，2000：344.

二、报告的风格

质的研究的报告风格可以分为很多种，以质的研究中常用的民族志为例，报告风格可以分为以下几种：① 现实主义的故事；② 忏悔的故事；③ 印象的故事；④ 批判的故事；⑤规范的故事；⑥文学的故事；⑦联合讲述的故事。[①]

"现实主义的故事"的写作风格是纪实性的，作者对一些典型事例、文化模式或社区成员的行为进行详细的描述。使用这种文体讲故事的人是现实主义者，他们力求尽可能"真实地"再现当事人的观点，从当事人的角度来描述研究的结果，对当事人的所作所为以及作者自己认为的当事人的所思所想进行报道。作者通常采取一种冷静、客观的态度，直接引用当事人所说的话以及他们对事情的解释。"忏悔的故事"要求研究者真诚、坦率，"如实交代"自己在研究中使用的方法以及在研究过程中所作的思考，再现研究的具体情境以及自己与被研究者的互动关系。"忏悔的故事"非常重视研究者的自我反思。"印象的故事"通常将事件发生时的情境以及当事人的反应和表情详细地记录下来，对具体的过程和细节进行生动、形象的描绘。"印象的故事"的主要特点是将研究者个人实地工作的经验用第一人称的叙述角度讲述出来，故事中有密集的焦点，文体生动活泼，用词具体、形象，大量使用比喻和想像的手法。

"批判的故事"的写作风格遵循的是批判理论的指导思想，主要从历史、社会、文化的大环境对研究结果进行探讨。通常，这类故事通过那些在资本主义社会中处于不利地位的弱小人群的眼睛来呈现社会现实，作者希望通过自己的写作来揭示社会现实中存在的不公，对丑陋的现象进行攻击。与"批判的故事"的作者一样，"规范的故事"的作者也希望通过自己的研究来建立、检验、概括和展示理论。但是，不同的是，他们对研究实地的政治、经济和文化背景不是非常关心，而最关心的是建立规范的形式理论。在这种叙事文体中，作者的"主观性"比较强，观点比较明确，具有明显的理论导向。由于作者的目的是建立理论，因此行文的风格也比较正规、严肃，逻辑性很强。文学的故事指的是研究者借用文学的手法讲述自己在实地进行研究的经历，其写作风格与新闻体类似，将那些被新闻记者们认为"值得说的"、"有新闻价值的"的故事情节与小说家的叙事感觉和讲故事的技巧有机地结合起来。这类故事的特点是：深刻的人物刻画、富有戏剧性的情节、回想或伏笔的运用、多元的叙事角度、不同文体的对照、透明的和

① 陈向明. 质的研究方法与社会科学研究［M］. 北京：教育科学出版社，2000：352－363.

即兴的写作风格。这种故事将戏剧性的和日常的事件按照时序重新进行建构，围绕一些作者认为重要的主题编织成一条明显的故事线，同时使用大量的对话和独白直接表现人物的内心活动和情感反应。联合讲述的故事是由研究者和被研究者一起讲述的故事，双方同时拥有作品的创作权。在联合讲述的故事中，研究者引进了对位法，即让不同的声音和不同的观点在文本中同时展开，特别是那些在传统的文本中被迫沉默的声音。它保留了文化现实中的不同视野，将文本转换成不同视野的展示和互动。

三、论文的写作

论文的写作一般包括以下几个步骤：[1] ① 进入状态；② 开始写作；③ 继续写作；④ 整理初稿；⑤ 收尾。

训练自己进入写作状态的方法有：① 反复阅读自己收集的资料和分析大纲；② 运用自己的想象力和直觉对资料进行“头脑风暴”；③ 使用不同的概念将资料的内容串为一个整体；④ 将各种概念之间的联系用图画出来；⑤ 设想使用不同的方式进行写作；⑥ 假设不同的读者群对自己的作品会做出什么反应。我们可以从很小的一点（如一个想法、一个概念、一个事件）开始写，然后逐步扩大开来。在实地收集资料时我们就应该开始写作，不必等到所有的资料都收集好了、所有的问题都想清楚了才开始写作。这种前期的写作也是研究者思考、整理自己的研究思路的过程，研究者在写作的过程中可以对研究的问题进一步聚焦，在以后的质的研究中可以更有针对性地搜集资料。

很多成名的质的研究者写作的一个诀窍是，不必总是从第一章写起。他们大都是从自己认为最容易的那一部分开始，然后再按照难易程度逐个“攻破堡垒”。通常，他们从对方法的反思开始，因为这一部分比较直接，前后程序比较清楚；然后再开始撰写研究结果，最后才写第一章的概论。之所以将第一章放到写作的最后，是因为通常到了这个时候他们才知道自己到底想写什么、已经写了什么，才真正了解自己的意图。因此，第一次写作时他们通常尽快地把草稿写出来，然后再对内容进行修改。至于写作的风格和修辞，可以等到较后阶段再考虑。

在投入写作阶段，保持不断的兴趣和热情是最重要的任务。要保持写作的持续性，一个比较有效的办法是阅读自己前面已经完成的部分。这一部分通常与后面计划要写的内容之间存在相关关系，可以为我们继续写作提供兴奋点和内容生发处。此

① 陈向明．质的研究方法与社会科学研究［M］．北京：教育科学出版社，2000：369－374．

外，阅读自己已经完成的部分通常可以给自己一种成就感，使我们又一次看到自己已经取得的成果，可以增强信心。

在写作的修改阶段，研究者要特别注意行文清楚、简练、质朴、细密。虽然质的研究要求对结果进行“深描”，但是文风要简洁、干练，不要拖泥带水，更不要矫揉造作，卖弄“知识”。

初稿经过反复的整理和修改之后，我们就可以考虑结束写作了。在结束写作之前，我们需要提醒自己是否已经说了自己所有想说的事情。比如，我们可以问自己：“我到底想要说什么？我是如何说的？我说的效果如何？我原来的设想与现在的成文之间有什么不同？现在的写作形式保留了什么？失去了什么？文章中的论点是否还存在问题？我如何使自己的论点更加有说服力？文章中的引言对说明我的观点是否有用？文章各个部分之间的联系是否清楚？它们表达的是一些什么关系？我是否可以用不同的方式对所收集的资料进行解释？我是否可以对这些解释进行批判？我是否沉醉于某些我个人的偏见？”等。

一般来说，在研究报告的结尾处，作者习惯于对自己的研究结果做出一些结论性的陈述。质的研究报告一般也是如此，但是特别强调不要使用过于绝对化的语言。文章应该留有一定的余地，让读者(以及作者自己)对文章中提出的问题继续进行思考。

一般的学术论文要求作者在文章收尾时就研究的结论提出有关政策性建议。但是，质的研究特别强调不要过分强调自己研究结果的意义和作用。研究者可以在结语部分总结研究的目的是否达到，也可以对该研究的效度和信度进行反思，也可以陈述本研究的后续探索空间。

案例 5－16　质的研究写作“结语”示例

结　　语

这是我第一次尝试用田野研究的方法做论文，肯定有很多地方做得不够好。首先我做得不够好的是没能够自始至终使用来自田野的案例，也引用了一些来自网络上的新闻进行佐证。这主要是因为有我们这些实习生身份的外人在场的情境毕竟不再是彻底的自然情境，J小学的老师的行为会有所伪饰，不可能随心所欲，因此有些案例很难观察到，只得借助于文献。其次，这次田野研究我只是和大四的学生一起在J小学呆了四十来天。四十来天的时间对于田野研究来说，会不会有点短？我仔细想想，虽然很多田野研究持续时间很长，但研究者并没有天天呆在田野里，真正呆在田野的时间加起来并不长。尽管我的田野研究只是从10月9日持续到11月20日，但是这段时间除了周末，我们每天早上8:00到下午4:15都一直呆在J小学。所以我可以很肯定地说我的观察绝非走马观花。再次，论文中不少案例可能会受到关于普遍性问题的质疑。个别极端案例确实不具有普遍性，但其他案例却很容易在学校中发生。有些问题优秀教师在理智的情况下确实能够处理得比较好，但J小学已经是个优秀教师云集的名校，在这样的学校中都仍然会出现的问题，定然在很多其他学校中更具有普遍性。有些案例直接使用了发生在我自己身上的例子，可能有人会认为我毕竟不同于正式老师，发生在我身上的例子不一定具有代表性。虽然我不同于正式教师，但我和正式教师一样都是常人。我对学生的某些表现的反应是人之常情，所以我的反应，正式教师也很可能会有。最后，有人可能会提出这样的疑问，论文中不少案例可以作另外一些角度的诠释，不一定就会得出我所做出的结论。质的研究确实存在一个研究结果的推广问题，它会掺杂很多研究者的主观感受，效度问题是无法避免的。但正是因为各种主体性的存在，这个不再客观的客观世界才更加丰富多彩。

田野研究相对而言属于具体研究，研究结果能揭示一些琐碎的问题，却基本与宏大的理论建构无缘。我的论文也正是如此，虽然揭示了一些问题，但总感觉不够全面、不够系统。因而，就理论逻辑的层面来看，我的论文的后续研究空间很大。第一，论文主要分析的是教师对后进生的道德暴力，无法反映教师对优秀生的道德教育现状。教师对优秀生是否也有道德暴力？这是一个很值得研究的问题。教师对优秀生也进行道德暴力的话，有关的原因分析肯定很有价值。第二，在“间接道德暴力”的论述中，我只分析了教师以其他学生为中介的道德暴力，实践中也许还存在教师以家长或其他教师为中介的道德暴力，而论文中并没有提及。第三，论文的第二章“学生：你的用心我不太懂”在分析学生对教师的道德暴力的应对时，间接分析了教师的道德暴力对学生带来的伤害。论文只分析了道德暴力对学生的伤害，不够全面，也可以从对老师自身和对社会的消极影响角度进行分析。

总的来说，这篇论文基本完成了我最初的研究设想。论文的创新之处在于从教师的立场出发，分析了教师对学生实施道德暴力的无奈之处。我想只有我们明晰了教师明知故犯的表面推动力和深层缘由，才有可能找到避免教师的道德教育沦落为道德暴力的对策，才可能为改进学校德育的状况做出一丝贡献。尽管我目前的水平让我没有能力开出相应的药方，但是确诊病症也算成绩。如果我还有机会继续做德育研究的话，我一定会为找出治病的药方而努力。

总的来说,质的研究的写作需要遵循一些基本的原则:①

(一)"深　描"

质的研究报告特别强调对研究的现象进行整体性的、情境化的、动态的"深描"。通常,研究报告在讨论研究结果之前有一定的篇幅介绍研究的地点、时间、社区、任务、事件、活动等。即使在对研究结果本身进行报道时,研究者也十分注意事情的具体细节、有关事件之间的联系、当时当地的具体情境以及事情发生和变化的过程。质的研究的写作有一个很大的特点就是描述详尽、细密,力图把读者带到现场,使其产生"身临其境"之感。

(二)注意作者自己的态度和语言

在写研究报告时,研究者应特别注意自己的态度和语言。由于质的研究强调对研究现象进行细致的描述性分析,因此质的研究者一般不太习惯(或者说"不敢")提出十分明确、肯定的政策性建议。如果一定要对某些现实问题提出改进意见的话,他们通常采用比较弱化的方式,如提出本研究结果可能产生的引申意义,分享自己对某些问题的思考,对今后的工作提出推荐性意见等。即便如此,他们也十分小心,不超出资料的范围而空谈。有时候,研究者自己对研究的现象有一些感觉、印象或猜测,但是却没有原始资料作为依据,此时他们可能与读者分享自己的这些感觉,但同时说明这只是自己的感觉而已,并解释自己为什么会产生这种感觉。如果研究者提供一些线索作为论证的依据,读者可以根据这些线索自己判断该感觉是否合理。

研究者自己的语言一般可以分成描述性语言(即研究者对研究现象的描述)和分析性语言(即研究者对研究现象的分析)两类。在写研究报告时,我们应该注意不要把这两者混淆在一起。如果将两者混在一起,很容易造成对读者的误导。另外,无论是使用描述性语言还是分析性语言,研究者都应该避免使用对研究对象直接进行价值评价的语言。

案例 5 - 17　写作研究报告时的语言问题示例

田野研究内容节选:

J 小学是市区一类小学,获得过市教育统计先进单位、区德育工作先进学校

① 陈向明. 质的研究方法与社会科学研究[M]. 北京:教育科学出版社,2000:347 - 351.

等荣誉称号，是当地一所很有名气的小学。J小学的校本教研工作进行得很好，教师参与教研的积极性比较高，对接纳研究人员进入学校调查也持比较积极、开放的态度。因此，综合以上种种考虑，我在导师的帮助下获得了进入J小学进行调查研究的机会，J小学也同意我以实习生的身份参与调查。

我在J小学主要观察六(四)班的学生，之所以选择这个班是因为这个班的学生个性突出，调皮的学生也很多。这个班的班主任刘老师是数学老师，刘老师在数学教学上成果丰硕。自新课改以来，刘老师多次承担市区公开教学任务和教师培训授课任务，表现出色；在各项课堂教学评比中获区一等奖，市二、三等奖，全国二等奖。多篇教学设计方案分获省、市一、二等奖，并有一篇教学设计被评为全国优秀教学设计，并在国家级刊物上发表，多篇现代教育技术论文获市、区级一、二等奖。除教学上成果突出外，刘老师作为班主任也是尽心尽力，她对班上每个学生的情况都非常清楚，在班级管理和教学时刘老师一般也能做到对症下药。刘老师是位不轻易对学生发火的老师，对学生比较宽容，实行民主式的管理。

分析：在对田野进行介绍时，作者对研究对象使用了过多的价值评价的语言，如“J小学的校本教研工作进行得很好，教师参与教研的积极性比较高，对接纳研究人员进入学校调查也持比较积极、开放的态度。”“刘老师对学生比较宽容，实行民主式的管理”等。

(三) 考虑写作的对象——读者

不同的读者群对作品有不同的要求，因此需要根据读者的特点使用不同的写作风格和写作规范。当面对不同的读者时，我们要考虑到他们的知识水平和认知方式，用他们听得懂的语言与他们交流。一般来说，如果我们的读者是学者，他们对研究的结论和论证过程会十分注意，特别是建立理论的逻辑步骤和理论的丰富性。因此，我们在报告中需要为结论提供足够的资料证据，而且对推论过程加以详细的说明。如果对资料的分析可能导致不同的结论，我们还应该在研究报告中对这种可能性进行探讨。如果我们的读者是技术人员，他们可能对研究结果的可行性十分注意，因此他们可能希望了解研究问题的证明过程和严谨程度，如使用资料的可靠性、使用的证明方法是否合适、每一步证明的逻辑性是否强、研究的设计是否可行等。因此，我们在写作的时候需要把重点放在论证的严谨性方面。

至于那些出钱请我们从事研究的“案主”，如企业、公司或国家机构，他们一般最希望知道我们对那些他们视为是“问题”的现象有何看法、我们认为可以如何改进。此时，我们的写作需要明确、简洁，列出问题所在，提出解决问题的方案。如果研究涉及敏感性话题，我们还需要事先与案主商量，寻求调和的办法。

如果读者是一般大众，他们的主要兴趣是了解内情，对研究的过程和结果的真实性一般不太关心。这样的研究报告不要使用过于生僻的专业术语，以适应一般读者的阅读水平。对于那些过于理论性的观点和方法论方面的问题，作者应该使用通俗易懂的语言对其进行解释，使读者明白作者的确切意思。为了使读者把握研究的整体情况，作者在写作研究报告的中途应该不时提供阶段性总结，不要把所有的总结都放到最后。总之，这类研究报告的内容应该丰富多彩，文风生动活泼，分析层次清楚，具有较强的可读性。

有时候，我们的研究报告需要同时满足以上读者群的要求，如学术界和一般民众。在这种情况下，我们不仅应该注意文笔的生动和内容的丰富，还要注意自己论证的严谨性和结论的可靠性。这样，我们才有可能照顾到两类不同读者群的要求，做到雅俗共赏。

写作需要遵循一套规范。我们通常所说的规范是指国家的相关标准，或为阅读的方便所约定俗成的相关规范。当然，我们也注意到一些刊物对国家的标准有自己的少许改动。建议大家在投稿时，要根据杂志的特点进行格式的调整。

第六章　论文写作与答辩

第一节　标　　题

标题对一篇文章来说非常重要，它是一篇文章的眉目，就好像一个人的名字是一个人的最基本标识一样。在现在这种传媒社会当中，我们往往是先接触到这个人的名字，然后再见到他这个人。相类似的，对于一篇文章来说，标题的重要性也是如此。

一般来说，标题可以进行这样的分类：总标题与分标题。一篇文章最大的一个题目叫总标题，而一篇字数比较多的文章（一般来说是在 2 000 字以上），通常就必须要分级设标题，这些分级的标题就是分标题。

总标题可分为单标题与双标题，所谓"单标题"就是一个单独的题目，比如说××同学的一篇文章的题目：《由道德教育的目的走向有目的的道德教育》，这就是单标题；而双标题，比如，在前一个题目后面标明"——读杜威的《民主主义与教育》有感"，这就叫双标题，即有副标题的存在。

一、单标题

无论是何种形式，标题总要体现作者的写作意图、文章的主旨。总体来说，可以分为观点式和内容式。下面以顾明远教授发表的论文为例：

1. 观点式

所谓的观点式标题就是该标题直接呈现了作者的观点和主张。读者只要看到标题,就能明白其主要观点,如:

公平而差异是基础教育的必然选择;

大学文化的本质是求真育人;

教育体制改革是一项系统工程;

教育现代化不是“西化”;

公平与质量:教育改革与发展的时代主题;

教师要努力成为教育家;

实现教育公平需要政府远见。

2. 内容式

所谓内容式标题就是标题只交代论文内容的主要范围,而不直接呈现观点。拟定这种标题,主要是因为论文观点比较多,难以在总标题中用一句话概括出来。如:

弘扬传统文化需要走出一些误区;

学习和解读《国家中长期教育改革和发展规划纲要(2010~2020)》;

论教育家书院对教育家成长的意义;

中国民办高等教育的基本特征及发展趋势;

教育质量与学校特色;

教育公平与和谐教育;

教育硕士专业学位十年的思考与建议;

中小学校长应具备的基本品质。

在平时写作中,主张多用观点式的论文标题,少用内容式的论文标题。也就是说,平时写作应更注重观点的凝练,而毕业论文等则可能由于观点较为分散而宜采用内容式标题。还有一种情况是在写会议综述的时候,由于会议综述中所涉及的观点比较分散,所以,在确定标题时,用内容式的标题就比用观点式的标题更为贴切。

同时,值得注意的是,内容式的标题是有其具体目标的,内容式标题的目标是信息揭示,如:

揭示理论支撑:《基于建构主义学习理论的教学过程设计模式研究》;

揭示解决问题的具体方法与研究目标:《运用纲要启示法优化课堂结构的研究》;

直接揭示研究目标:《提高高中数学课堂效益的实验研究》;

揭示研究对象:《中国台湾高中国文现行教科书研究》;

揭示研究的主要内容:《美国闲暇教育的发展及其启示》;

突出研究方法:《当代美、日、中幼儿教育法与政策的比较研究》。

从语法形式说,可以分为提要式、祈使式、疑问式、述评商榷式、比喻式。

1. 提要式

是用标题来反映主要内容和主旨,如《课堂观察方法之研究》、《教育均衡问题是政治问题》。学位论文中用提要式标题居多。

2. 祈使式

主要特点是利于作者观点、看法的直接表达。经常使用"应该"、"必须"、"让"、"提倡"等词汇,如《让课堂焕发生命的活力》。

3. 疑问式

包括一般疑问、反问、选择疑问。作者的看法或论述的内容已经包含在标题当中。常用"怎样"、"如何"、"为什么"、"是……还是"等词汇帮助表达。如《初中生为什么对政治课不感兴趣》、《教师如何走进新课程》、《"爱国"能否作为道德评价的直接指标》。

4. 述评商榷式

表达的语意是对客体的评价或与某人就某一客体而展开讨论。常用"评"、"评介"、"质疑"、"对话"。如《"生命・实践"教育学派的课程篇章》、《质疑非典时期的特殊招生政策》。

5. 比喻式

用比喻的手法表现作者的观点,一般需要加副标题。如:

发霉的奶酪——《认真对待"轻视知识"的教育思潮》读后感

穿越"活力课堂"的迷雾森林——《赤壁之战》观课有感

"插秧"还是"抛秧"——看小学低年级养成教育有感

让德育成为美丽的风景——欣赏型德育模式的理念与操作

二、副标题

(1) 有些副标题是为了点明论文的研究对象、研究内容、研究目的,对总标题加以补充、解说,如:

由冲突到分享:素质教育政策新视角;

基于和谐:国际初等教育政策的价值取向及对中国的启示;

与综合实践活动课程共同成长:教师反思日记;

综合实践活动:为何难以走向常态实施;

“三维三性”资源包:综合实践活动资源开发策略的新探索。

(2) 有些副标题是为了说明研究的起因,特别是一些商榷性的论文,一般都有一个副标题,如在总标题下方,添上“与××商榷”之类的副标题。

“生命·实践”教育学派的课程篇章——评叶澜教授主编的《教育学原理》

也谈“教育理论指导实践”——兼与彭泽平同志商榷

从孔子到蔡元培——读《中国大教育家》有感

构建创新模式 促进常态实施——创造性使用《综合实践活动》课程资源包实施有感

(3) 有些副标题是为了强调论文所研究的某个侧重面。

数学教师培养现状分析——兼论基于新课程的数学教师的培养

论高校学生工作体系的生成与发展——兼论学校社会工作的介入空间

书院起源问题的再认识——兼论书院分类的一种方法

主副标题的内容是不应该重复的,主、副标题所要表达的内容应该体现出区别,以如下两个标题为例:

教育均衡问题是政治问题——对教育均衡问题的经济政治分析

巢湖市农村中小学教师继续教育存在的问题与对策研究——基于巢湖市农村中小学教师继续教育的思考

从上面两个例子中不难看出,其副标题在某种程度上不仅给主标题添了乱(如将观点等同于分析视角),还显得过于重复累赘,所以,以上两个题目的主副标题存在重复,可以考虑去掉副标题。

主标题和副标题之间一般可以使用冒号“:”或破折号“——”隔开。两个符号在标题中所起的作用是一样的,可以通用。但是,两者在使用时还是存在一些细节上的区别:如果使用“:”,意味着文章的主标题和副标题能在一行内显示完全;如果用“——”,意味着由“——”开始的副标题应该与主标题分为两行。

三、分标题

设置分标题的主要目的是为了清晰地显示文章的层次。分标题一般由两个部分构成:一是数字,标明“一、二、三”等序号;二是文字,把本层次的中心内容昭然其上。文字要紧扣所属层次的内容,以及注意观点的明确性。

分标题到底要设置多少才合适呢？一般而言，我们论文每一级的分标题出现3～6个是比较合适的，但并不是说这就是一个绝对标准。但分标题如果设置的过多，就会显得归纳不足；设置的过少，又会显得分析不够。

分标题主要有四个级别，四级标题序号的标法如下：

第一级标题：大写中文数字（中文数字即是“一”、“二”、“三”，“1”、“2”、“3”是阿拉伯数字，下同）加顿号，如：“一、”；

第二级标题：小括号中间加大写中文数字，如“（一）”。括号后无需加任何标点符号；

第三级标题：小写的阿拉伯数字后跟实心小圆点，如：“1.”。实心小圆点“.”；

第四级标题：小括号中加阿拉伯数字，如：“（1）”。小括号后也不需要加任何标点符号。

上面所列的四级标题中，不允许下级标题出现在更高级标题的上方。但如果不需要四级标题，只需要两级和三级，那中间省去任意一级都是可以的。但出于习惯，一般我们更愿意保留相近的两级标题，如保留“一、”与“（一）”或保留“（一）”与“1.”而不习惯出现类似“一、”与“（1）”这样的表达。

在日常写作中，应在标题序号后以一句话来明确展现该标题下的主要观点，但这句话结束后不应加任何标点符号。如果需要在标题文字中加标点符号，加入的标点符号不能是使前后两句成为独立句子的符号，如“。”、“；”等，而只能加“，”或者空格。

在研究报告、毕业论文或著作等长篇写作中，一般都会出现“绪论”与“结论”。“绪论”或者“结论”在某种意义上来说相当于文章的一级标题，所以，“绪论”和“结论”应是与一级标题并列存在的，在“绪论”和“结论”前是不需要加序号的。

第二节　摘　　要

摘要在国家标准《GB6447－1986文摘编写规则》中的定义是“以提供文摘内容梗概为目的，不加评论和补充解释，简明、确切地记述文献重要内容的短文。”可见，摘要起着把论文的核心部分、重点部分向别人披露，简明扼要地向别人呈现你的文章的作用。

一、摘要的作用

一是使答辩委员会或读者尽快地了解论文的精华。读者阅读论文正文前一般先读摘要，摘要中若无十分引人之处读者就会不再读论文。摘要中若披露令人感兴趣的结果，读者转而读论文正文，以对科研结果做出评估。答辩委员通常的阅读步骤是：先读“标题”后读“目录”、“摘要”，再读“结语”、“结论”，然后返回读正文。

二是为计算机检索方便。由于大多数检索系统只收录论文的摘要部分，有些数据库中只有摘要部分是免费提供的，并且现代编辑通过阅读摘要来迅速了解学科最新研究动态，进而判断作者的论文是否有创新性、学术性，从而可以决定该文是否有可刊性，为编辑的审稿也提供了很大的便捷。

二、三种类型的摘要

摘要既然是一篇浓缩的研究论文，其结构就应当与论文的结构是相对应的，通常有四个组成部分：① 研究的目的；② 研究的过程和采用的方法；③ 主要结果或发现；④ 主要结论和推论。

（一）指示性摘要

这类摘要适用于泛述、综述及创新内容少而冗长的文章。凡技术含量不高，但又有一定价值的文章，或由于它涉及面广（如：综述、图书、会议记录、标准、译文、评述、手册、数据汇编、纯理论文章、动态报道等），宜作指示性摘要。

指示性摘要即介绍性摘要，也称陈述性摘要。它主要介绍论文的论题，或者概括表述研究的目的，不需要介绍方法、结果、结论的具体内容，也不需要用数据进行定量描述。对于指示性文摘，目的宜详，其余则宜简。

指示性摘要的优点是篇幅短小，言简意赅，容易写作，但是突出的缺点是信息量较少，替代不了正文阅读。一篇论文学术价值很高，创新内容较多，但是摘要写成指示性的，就可能会失去为数可观的读者。

案例 6－1　指示性摘要

摘　要：

高中生群体具有一定的公民道德意识，也在学习的道德内涵、亲子关系和道德理据上呈现道德困惑。此外,高中生的道德认知还因年级、性别和地区的不同而表现出很多典型的差异。推进高中学校道德教育需要提升道德教育的实效性:做好学生道德发展现状的调研工作,有针对性地开展道德教育,把促进学生道德理性的发展作为道德教育的根本目标。

论文提纲:

一、调查结果与初步分析

(一)高中生群体的公民道德意识

(二)高中生群体的主要道德困惑

二、高中生道德发展的差异性特征

(一)不同年级的道德差异性特征

(二)不同性别的道德差异性特征

(三)不同地区的道德差异性特征

三、推进高中学校道德教育的相关建议

(一)做好学生道德发展现状的调研工作

(二)有针对性地开展道德教育

(三)把促进学生道德理性的发展作为道德教育的根本目标

来源:辛治洋. 安徽省普通高中学生道德状况调查报告[J]. 课程·教材·教法,2009(6):63-69.

(二)报道性摘要

报道性摘要主要报道论文的研究目的、研究方法、研究结果与结论。实际上,报道性摘要是论文全文的高度浓缩,揭示了论文的主要观点,相当于论文的简介或概要。凡是在内容上具有独创性和前沿性的科技文章(如:新理论探讨、科研成果、调查报告、学位论文、会议论文、技术报告、工作总结、学术报告、专利文献等)宜作报道性摘要或报道/指示性摘要。

一般来说,对于报道性文摘,方法、结果、结论宜详,目的、其他有价值的信息宜简,有时还可以省略。

案例 6-2 报道性摘要

摘要 1:

在对"什么知识最有价值"的追问中,出现了偏差心态,把具有不同专业类型知识的人才在社会上的贡献大小变成了不同专业知识的价值大小,完全忽略了知识的经验的、内在的、个人的性质；出现了离题行为，把一个情境性质的和偶发性质的经验问题变成了一个一般性质、普遍意义上的先验问题。实际上，知识的价值排序完全是一种个人行为，虽然它受到了公众意识和社会风尚的影响。这也正是该追问对于教育改革的价值所在。

论文提纲：

一、追问中的偏差心态

二、追问中的离题行为

三、追问应该属于个人行为

四、追问中的教育启示

来源：辛治洋.什么知识最有价值：追问中的问题与教育启示[J].西南大学学报：人文社会科学版，2008(5)：121－125.

分析：若写成指示性摘要，则成了：在对“什么知识最有价值”的追问中，出现了偏差心态和离题行为，追问是一种个人行为而不是一种集体行为，追问对教育有启示意义。这样的摘要起不到摘要的作用，读者看不到信息。

摘要 2：

“爱国”不仅是民众道德心理的主要尺度，也是党、政府和教育部门一再推崇的公民道德建设的标杆。但“爱国”不能成为道德评价的直接指标。因为“国”的丰富内涵、“爱国”作为行为道德规范的复杂性，都说明了学生“爱国”与否并不一定值得进行道德问责。即便问责，学生可能已经用具体的情境性的行为表达了抽象的“爱国”需要。人的心理有一种机制，它会隐藏它所拥有的却反映它所需要的，“爱国”的事实就这样被虚空地表达了。只有考虑到这些因素，爱国等道德教育和评价才是更富有信心与魅力的道德行动。

论文提纲：

一、“爱国”的抽象性与行为的情境性

二、“爱国”的事实与表达的虚空

三、作为规范的“爱国”与作为道德的隐身

四、结论

来源：辛治洋，刘娟.“爱国”能否作为道德评价的直接指标[J].中国德育，2008(5)：9－12.

报道性摘要并不是把文章的各个标题凑到一起，应该要有顺畅的逻辑衔接，有过渡和起承转接。

(三) 报道/指示性摘要

报道/指示性摘要是指以报道性摘要的方式概述某一文献主题内容中的若干重要成分，其余成分简短地指明。

报道/指示性摘要是融两者为一体的综合性摘要，适用于或因摘要的篇幅受限制或因文献的类型与体裁的限制，有必要对论文的基本组成作报道性介绍，而对其次要内容则以指示性语句表述的情况，适用于既有主题偏于单一的专题性部分，又有某一领域的综述性内容的文章。

三、摘要的写法与问题

有两种不同写法。第一种方法是重写论文，越简练越合适，在改写基础上再不断修改，最终符合规定的长度；第二种方法是以主题句开始，再列出提纲中的要点，最后以“结论”部分中主要段的标题句收尾。建议使用第一种写法。

在摘要的撰写过程中通常容易出现的问题有：

(一) 摘要的内容问题

1. 内容缺乏独立性

摘要，实为正文的评论性(引导性)短文。摘要也是一篇独立的文章，可独立于正文。摘要虽出自作者之手，但编写时必须按文摘编写规则中规定的以“第三人称”来编写，不应该使用“本文”、“作者”等作为主语。

案例 6-3　摘要的内容问题 1

进城农民工子女家庭社会资本对子女学业成就影响研究

20 世纪 90 年代以后，我国的进城农民工出现了“家庭化”过程，关注和解决进城农民工子女教育问题不仅是加快现代化进程的客观要求，也是促进义务教育均衡发展，不断提高义务教育质量与水平的现实需要。进城农民工子女由于随其父母从农村流入城市导致生活和学习环境差、设施简陋，而社会主流文化往往为了维持本身的文化特权地位，总会排斥或者歧视某种不同于主流文化的环境，并设法使这种环境形象人格固定成为某种带有歧视性的群体形象，致使进城农民工子女的学业成就和个人发展也受到影响。由于进城农民工自身拥有的社会资本匮乏，因而对其子女的教育会产生巨大的影响。进城农民工家庭在社会关系、经济能力等方面的弱势致使其子女在学业成就上与流入地学生之间形成差距。本文通过对进城农民工家长、子女以及教师开展问卷调查与访谈，结合进城农民工子女的学业成就现状，研究进城农民工家庭内外的社会资本特点与农民工子女学业成就之间的联系，从社会资本的角度出发，研究如何提高进城农民工子女的学业成就的途径。

修改为：

20世纪90年代以后，我国的进城农民工出现了"家庭化"趋势，农民工子女随其父母从农村流入城市的数量也愈来愈庞大。进城农民工子女的教育问题也日益成为义务教育均衡发展关注的焦点。进城农民工子女由于家庭社会资源、经济条件的限制，其学业成就与流入地学生之间形成一定差距。然而，学业成就是衡量进城农民工子女学习成败的重要标准。进城农民工子女的学业成就与一般学生的学业成就相比，表现有：在学习成绩及获奖情况方面，农民工子女在积极参与学校文体活动以及获得荣誉奖励等方面与城市学生存在一定差距。在社会交往方面，进城农民工子女的同伴接纳困难，与人交往的技巧有待提高。在心理素质方面，进城农民工子女独立生活的能力较强，但内心世界较为封闭。在流入地升学方面，顺利的升学是进城农民工家庭面临的重要问题。

家庭中父母掌握的社会资本影响着子女的学业成就。进城农民工家庭所拥有的社会资本分为家庭外拥有的社会资本和家庭内拥有的社会资本。进城农民工家庭外关系支持网络主体是家人和亲戚、同事以及老乡，因而进城农民工子女占有的信息共享渠道狭窄，所处的社区文化难以为农民工子女提供优质的教育资源。这使得进城农民工子女信息获取量、教育资源缺乏，从而影响着其学业成就。进城农民工家庭内的社会资本内容为亲子关系和家庭互动。一方面，父母对子女的期望影响其学业成绩；另一方面，父母忙于工作，往往忽视了子女的成长，如：缺乏对子女学习的监督和辅导，缺乏家庭互动和家庭沟通，因而进城农民工子女的学业成绩会遭受影响。

进城农民工家庭社会资源的匮乏是影响子女学业成就问题的一个重要因素。因而，拓展农民工家庭的社会资源，形成广泛的社会支持网络、构建信任支持系统和形成合作交流是提高进城农民工子女学业成就的有效途径。

内容摘要不是论文内容的补充，不要对论文内容作诠释和评论（尤其是自我评价)，也不可加进文摘编写者的主观见解、解释或评论。

案例6-4　摘要的内容问题2

德育是中国教育的尴尬领域，学校德育总体效率不高众所周知，而时代的发展、素质教育的深化及课程改革的全面实施又对学校德育提出了新的要求，作为中小学校长和教师，只有全面而深入地了解我国中小学德育发展现状，正视德育存在的问题及原因，努力克服现有的德育弊端，才能真正走向富有实效的德育创新。

笔者从教十六载，一直战斗在基础教育一线，教书之余一直兼任着与学校德育密切相关的工作岗位：六年的班主任、两年团委书记、六年政教主任，至今担任学校分管德育的副校长。十六年在学校教育实践中的摸索，深明德育之重，深感德育之难，但社会发展，时代进步赋予教育的特殊使命和教师的神圣职责从未阻挡笔者探寻德育之路的步伐。

如何结合时代精神，走出德育的误区，摆脱德育的困境，探索一条更具实效的德育政策和创新之路，为基础教育一线的教育工作提供可以借鉴的德育理论和实践对策是本研究之价值所在。

本文主要分四个部分阐述：第一部分从中外德育理论发展及当代学校德育的本质去追溯德育的本色特征：提出德育作为一种价值引导，其意义在于引导学生个人道德的自主发展和价值观形成的自主建构，它反对任何形式的道德灌输。德育应该是主体发展的德育，是生活的德育而非知性德育；第二部分从实践层面系统地论述、反现和审视学校德育的低效现状；第三部分深层探究德育低效的症结所在。通过透析当前学校德育面临的困境的致因，笔者认为：学校德育脱离了本色是德育难为的最根本原因；第四部分从总结学校成功的德育实践案例去探索回归本色的德育新路。笔者提出了我国中小学德育要摆脱困境、取得实效的对策关键在于德育要回归教育目的、要回归教育规律、要回归主体、要回归生活、要回归教师的言传身教、要回归校本。

本研究创新之处有三：其一是结合实践比较系统地反思了当前学校德育存在的问题并深层挖掘问题的根源；其二是以行动探索总结出行之有效的德育创新的实践案例；其三是为促进基础教育一线的教育工作者转变德育观念，创新德育方法提供了一定的理论和实践的借鉴。

本文所探讨和思考的问题，因笔者水平的有限，缺点和错误在所难免。恳请各位导师和专家批评指正。

修改为：

德育作为一种价值引导，其意义在于引导学生个人道德的自主发展和价值观形成的自主建构，而不是道德灌输。然而，我国当前学校德育是低效的，学校德育脱离了本色是其低效的根本原因。××中学的德育实践的基本经验在于德育回归本色，德育回归本色的具体表现是回归其教育目的、回归教育规律、回归主体、回归生活、回归教师的言传身教和回归学校本体之中。

2. 内容与正文偏差

摘要的内容应包含与论文等量的主要信息，即不阅读全文，就能获得必要的信息，以供读者确定有无必要阅读全文。摘要就是对论文内容的高度提炼和浓缩，切忌把应在引言或结束语中出现的内容写入摘要。

在初学者的写作中，通常出现的问题有：一是缺乏对正文内容的全覆盖；二是大段摘录引言和背景介绍。

案例 6－5　摘要的内容问题 3

学校美育：现实处境、何以可能与如何运作

——教育科学范式下的中国学校美育论

摘　要

教育的最高境界是全面发展、和谐发展。“没有美育的教育是不完全的教育。”进入新世纪以来，随着社会发展和教育改革的深入，美育逐渐成为各方面关注的焦点。

美育追求完美。然而，面对目前我国学校“美育不美”的现实，我们何去何从？应为能为什么？本文旨在对我国学校美育的现状和历史深入剖析的基础上，借用现代教育科学范式研究方法，对其进行批判和反思，进而提出一种解决问题的思路，同时也是进行学科研究的一种尝试。

本文近七万字。除了缘起、结语外，主体部分由六章构成，从逻辑上分为三部分。

第一部分，即第一章，交待美育之境。主要探讨研究背景，同时，明确本课题研究的意义与方法。

第二部分，包括第二、三章，回眸我国学校美育的前世今生。主要论述了我国学校美育的两个重要时期，一是现当代学校美育，二是 20 世纪初我国学校美育的引入。通过对学校美育现状的分析和历史的考察，旨在厘清我国学校美育的理论嬗变和实践发展脉络。此中引入了“审美幻象”的概念，它既是贯穿全文的一条主线，也代表了笔者对学校美育的整体感悟。

第三部分，包括第四、五、六章，论述我国学校美育的应然追求。力求在把握学校美育理论嬗变与实践发展的基础之上，借助现代教育科学范式分析学校美育的本质、功能、利益诉求和实际操作等。即把教育科学范式与学校美育的核心问题融合起来，反思美育之本质、分析美育实践过程中各方利益诉求、质疑学校美育课程何为，为学校美育的改革发展建言献策。

修改为：

当前我国学校美育整体状况不佳，学生不愿意上美育课程，从内心抵制美术考试，艺术能力也处于待合格的水平。之所以出现这些状况，其根本症结是我国学校美育名不副实、学校艺术教育不讲“艺术”。同时，校园的审美环境的日趋恶化也是其重要原因。

我国近代学校美育是在民族处于危亡之时，西学东渐之际，伴随着教育制度的巨大变革下产生和发展的。其时，不同的学者赋予了美育不同的功能，形成了感性启蒙说、审美无利害、美育德性化等各种学校审美幻象。

当前，不同的学者对美育的本质有不同的看法。其中，美育即情感教育、美育包含于德育、美育即艺术教育是最具代表性的观点。本质问题是个哲学问题，美育本质问题是教育哲学的问题。从教育哲学的视角看，上述观点各有偏颇。因为审美问题不只有情感问题，审美活动不一定是正义活动，艺术教育也只是美育的重要途径和内容，而不是美育的全部。

……

3．无信息

这类“内容摘要”的特点一般有：① 摘要很简短，难以反映全文内容；② 只有论文背景信息的介绍，而没有全文内容的概括；③ 形式上泛泛而谈研究了哪些问题，但具体研究了什么，从摘要中看不出来。

案例 6-6　摘要的内容问题 4

当前我国多元文化教育研究存在的问题及思考

摘　要：

本文分析了我国在多元文化教育研究上存在的不足，并指出了这些不足所反映的问题。在批判吸收的基础上，针对这些问题作者提出了对多元文化教育的含义和目的的一些思考。

分析：是指示性摘要，没有信息。应改为"多元文化教育研究上有……的不足，这些不足反映了……问题。为了克服这些不足，多元文化教育研究需要对含义和目的做出……的思考。"

（二）摘要的形式问题

1. 无主语

摘要是独立成篇的短文，应符合语法的基本要求。但有些论文摘要却不恰当地省略了主语，使摘要难以独立成篇。

案例6-7　摘要的形式问题1

符号塑造：学校场域下进城农民工子女学困生学业不良因素之研究

摘　要：

人是符号的动物，符号塑造着人。学校场域中的语言符号与来自不同家庭背景的学生的语言符号不匹配，文化移入过程中出现了诸多问题，导致弱势群体的学业成绩不良。在力图借鉴研究国外学者研究视角的基础上，结合中国文化背景，通过对语言符号和非语言符号这两个层面的分析发现，学校要求的符号控制的类型与进城农民工子女来自他们初始教育的对语言的实际控制之间存在着很大的差异性，进城农民工子女同时面对外来的文化移入和来自内心深处的抵触这两种经验。

通过对资料的类属和情境分析，发现导致进城农民工子女学业成绩不良的语言符号扮演重要的角色，非语言符号对进城农民工子女学业成绩造成了很大的隐性影响。造成此现象的原因是农村和城市不同场域下形成的惯习、性情倾向不同，导致进城农民工子女进入城市后存在着诸多的不适应性；融入城市时因城乡语言编码的相异性导致融入城市文化时的挣扎和自我效能感的丧失。

针对研究过程中发现的新问题，同时提出进一步深化研究的路径：正确对待教材编制的价值取向和发挥教材的内容选择兼容性，提高学校文化与学生家庭文化、本土文化的适切性及教师讲授策略的灵活性与学生编码系统的耦合度，推进进城农民工子女惯习的转换和使父母教育期望与子女学业要求相称。

修改为：

人是符号的动物，符号塑造人。在文化移入过程中，学校场域的文化符号与来自不同家庭背景的学生的文化符号，二者会因不相匹配的问题导致弱势群体的学业成绩不良现象的出现，我国的进城农民工子女会遭遇同样的情况。具体来说，学校所要求的符号控制的类型与进城农民工子女来自其初始教育的对语言的实际控制之间的差异性，它们都易造成进城农民工子女具有同时面对外来的文化移入与来自内心深处的抵触两种经验。

语言符号在进城农民工子女学业成绩不良的成因中扮演着重要的角色，非语言符号也会产生很大的隐性影响。进城农民工子女学困生学业不良的原因主要有两点：一是农村和城市不同场域下形成的惯习、性情倾向不同使得其在进入城市后存在着诸多的不适应性，二是该群体因城乡语言编码的相异性所导致的融入城市文化时的挣扎和自我效能感的丧失。

在中国文化背景之下，语言符号和非语言符号是对进城农民工子女学困生学业不良因素进行研究的不同层面。正确对待教材编制的价值取向和发挥教材的内容选择兼容性，提高学校文化与学生家庭文化、本土文化的适切性及教师讲授策略的灵活性与学生编码系统的耦合度，推进进城农民工子女惯习的转换和使父母教育期望与子女学业要求相称，这些则可作为深化研究的重要途径。

2. 不连贯

摘要中有数据、有结论，是一篇完整的短文，可以独立使用，可以引用，可以推广所谓一篇完整的短文，在形式上表现为一个自然段。这个自然段可能是一个句子，可能是句群，或者是句子与句群的组合。但不管是哪一种情形，其要求都是结构完整逻辑严密、准确精炼地表达出论文的主要信息。有的摘要往往把文内的大小标题抄来放在一起，有的把文章的前言和结语机械合并，有的甚至每段摘一句，这是简单的砌，而不是一篇短文。既然是一篇短文，就必须层次清楚，有一定逻辑性，让读者就能明白其主要内容和内在联系。

案例 6-8　摘要的形式问题 2

日照小学教师运用信息技术的现状调查与对策研究

摘　要：

本文从实际出发，紧紧围绕“日照市小学教师运用信息技术教学的现状、问题与对策思考”这一主题，理论联系实际，采用问卷调查法为主，辅之以实地观察法、访谈法、统计法和文献法等多种形式，对日照市小学教师运用信息技术教学的基本现状进行了调查，并对结果进行了详细的分析，在此基础上围绕出现的问题提出了相应的对策建议，全文共分为四个部分，内容摘要如下：

第一部分：绪论：阐述了该文研究的背景、意义和目的，以及教育信息化的重要性和紧迫性。

第二部分：研究思路、方法与实施。主要说明了本文研究的思路以及研究法和实施步骤。

第三部分：调查结果与分析。从小学教师对信息技术的认识程度、信息技术能力状况、在教学实践中运用技术的情况、对信息技术的主客观条件的反映以及培训状况等方面进行了问卷调查，通过有关座谈和访谈情况摸底，经数据处理，用图标、表格方法直观地显示了调查结果。

第四部分：研究结论。从主观和客观两个方面，对调查结果进行了综合分析，从而得出了结论。

第五部分：对策建议。针对影响教师使用信息技术教学的因素，提出了三条解决问题的对策和建议。

教师实践性知识生成机制与发展策略研究

摘　要：

关于教师实践性知识的研究可以追溯到20世纪80年代初，在发展过程中国内外学者对此做了不同阶段性的研究。通过以文献综述的形式和质的研究方法总结他们的研究成果，从实然的角度发现教师实践性知识具有三种存在状态和六个主要方面内容，它们是一个综合的、连贯的整体；同时，教师实践性知识的生成是通过主体建构的方式形成的，不具有唯一正确性。因此，为了更好发展教师的实践性知识，加强教师的教育培训，加快教师专业发展，提出了一些促进教师实践性知识的发展策略。

修改为：

教师实践性知识存在于教学实践中，具有动态生成性。大部分学者对于教师实践性知识的内涵很难做出一个明确的、系统的界定，然而对于不同的内涵界定都有共同之处，那就是教师实践知识是教师内心真正信奉的并在教育教学实践中实际使用和表现出来的知识。而这种教师实践知识存在着三种状态，即可言传的、可意识但无法言传的与无意识内隐的。因此它的特性也就容纳了这三种状态，具备了实践性、情景性、动态性、整合性、可反思性和个体性。

教师实践知识实质上是一个综合的和连贯的整体。这种整体是相对它各个构成要素即教师教育信念、学科内容知识、教学法知识、教学情景知识、教师自身知识、教育对象知识这主要的六个方面来说的，而且这六个构成因素应是一个有机的整体，各个因素应有机融合于教学实践活动当中。因此，教师在实践教学中应该用系统的方法和动态的思维对待它。包含这些内容的教师实践知识并非从天而降，而是教师在特定的教学情境中和个人原有知识经验、心理结构等基础上，利用必要的学习资源，通过主体主动建构的方式生成的。教师作为教学中主体之一，其实践性知识是自己主动建构的，是教师对发生在教学实践中的问题，结合自己的各种经验、学科知识等以自己的方式去解决和处理时形成的。然而，在现实教学中，很多教师忽视了自己身上所拥有的实践性知识，没能及时地更新和建构，使得自己的专业发展止步不前。因此，及时唤醒教师自我发展意识、进行教师个人生活史分析、反思教师教学实践经验、构建教师学习共同体、实施多种形式的教师教育可以有效地让教师发展实践性知识。

3. 不简洁

论文摘要虽然具有独立性、自明性，但篇幅有限，要求语言精练，容不得赘述非紧要的信息，如有关研究课题的背景性材料等。不要简单地重复题名中已有的信息，成为“文题扩写性”摘要，不要交待研究背景材料，不要写学科内常识性内容。摘要慎用长句，句型应力求简单。

毕业论文的摘要多少字为宜？一般学术论文多少字为好？

应该遵循以下原则：第一，要表达出正文的内容，不能仅考虑到形式的需要。第二，形式美观。若是一篇小的学术论文，如五六千字的，内容摘要不要超过五行，三到四行最好，即150～200字。若是硕士毕业论文或博士毕业论文，内容摘要是要分段的，同正文内容相一致，摘要的篇幅以一页为宜。

案例6-9　摘要的形式问题3

危机意识下的20世纪美国基础教育改革及启示

摘　要：

遥望大洋彼岸，美国，作为世界上最发达的资本主义国家，自建国以来，根据不同时代背景的客观需要和国内外各种危机意识的加剧，其教育领域也展开了多米诺骨牌式的持续变革。尤其进入了20世纪，其改革步伐更是紧随社会发展的脚步，甚至成为了美国社会经济和政治发展的先头兵，而危机意识则一直伴随着整个世纪的教育改革。近观东方巨龙，中国，作为世界上最大的发展中国家，为了深化教育改革，全面推进素质教育，更好地实施科教兴国战略，在国际基础教育改革的大背景下，我国新一轮的基础教育改革也在轰轰烈烈地进行，毫无疑问，当前基础教育改革是我国21世纪教育改革与发展中的关键所在。新一轮基础教育改革，必将对我国未来的基础教育改革带来深远影响，对推动我国基础教育领域素质教育的实施，为培养新一代创新人才发挥重大作用。

他山之石，可以攻玉。研究外国的基础教育改革，尤其是世界上最发达国家的基础教育改革，将为我国的基础教育改革提供参考和借鉴作用。目前，我国的基础教育改革已经如火如荼地展开，不难看出，我国的教育改革者们不由自主地借鉴了美国上世纪的教育改革理念，而实际上也已经走上了美国上世纪的教育改革之路。正因为如此，笔者希望通过对整个20世纪美国的教育改革进行梳理和分析，寻求其教育改革的连贯性与特殊性，以期对我国的基础教育改革提供可鉴之处。

本文首先在文献综述中对美国20世纪基础教育的研究现状及相关概念作了分析，而后分四部分对美国20世纪基础教育改革的历程、发展趋势及其对我国的启示进行了论述。

第一部分：工业化时代的危机——美国进步主义教育改革，是以杜威的实用主义教育哲学为主要理论基础，批判传统教育的主智主义倾向，遵从儿童的心理发展规律，以儿童为中心，强调教育与社会、教育与生活、教育与实践的关系。它关注普通民众的教育，关注学校的民主化问题，采用以经验、活动为核心的课程设置和教学方式，重视"从做中学"，以适应工业化、城市化、民主化的现代社会的发展需要。

第二部分：国防竞争时代的危机——国防教育法及其基础教育改革。国防竞争时代，需要大批的科技人才，美国人一直引以为豪的科学技术在前苏联人造地球卫星上天之后，被彻底的击溃，美国人感到他们自己的生存受到了威胁。《国防教育法》呼之欲出，旨在使美国教育摆脱那种一味迁就学生的进步主义的影响，开始重视统一、规范和标准，意识到必须对学生提出一些必要的要求，而不是让学生随意地"个性"发展，教育要从关注"生活适应"转向基础科学知识的教育。

第三部分：知识经济竞争时代的危机——美国20世纪80～90年代的教育改革。随着知识经济时代的到来，美国的危机处境更加明显，意识也更加强烈。日本、德国相继在汽车制造和机床制造业赶超了美国，人才危机成为此时期美国教育界迫切需要解决的问题，1983年《国家在危险之中：教育改革势在必行》的报告，既作为向联邦教育部长呈交的汇报书，也是给美国人民的一封公开信。报告惊呼美国公共学校普遍存在着的失败现象已使美国“处于危险之中”，美国社会的教育基础正在被越来越严重的成绩平庸的状况所侵蚀，它威胁着国家的前途和民族的未来，报告呼吁进行一场全面而深刻的教育改革。

第四部分：美国20世纪基础教育改革对我国基础教育改革的启示。首先简要论述了我国基础教育改革的发展历程，以及目前基础教育改革的现状。借鉴美国基础教育改革的经验，给我们的启示是：① 加强教育改革与国家危机意识的联系。② 巩固政府在教育改革的决策者地位，适当放权，为学校改革提供自由空间。③ 传授知识与传授技能并举，不能顾此失彼。④ 基础教育改革要注重道德教育，培养学生的健全人格。⑤ 增强社会各界力量的参与教育改革的意识。⑥ 学校改革多元化，适应当前社会各阶层群体的教育需求。

修改为：

19世纪末20世纪初，美国的教育体制已经不能适应社会发展的需要。国际竞争的压力和1929～1933年的经济危机进一步深化了美国的教育危机。美国人开始对自己的教育体制进行反思，在杜威等教育名家的指导下进行了进步主义教育改革。进步主义教育运动对于促进美国教育的转型、美国学校教育特征的形成和教育理论研究的“美国化”起了重要的作用。但由于进步主义教育在30年代政治和经济危机面前的软弱无力，受到了新传统教育的批判。

二战后科技迅速发展，美国的教育体制和学校教学已经落后于时代的发展。1957年，前苏联人造卫星的上天更是深深地刺激了美国政府。美国对自身的教育制度进行了深刻的反思，并决定进行改革。这次改革的基本纲领《国防教育法》的主要内容包括加强新三艺的学习、加强职业教育和天才教育、为贫困儿童的教育提供援助等。《国防教育法》是美国基础教育改革的里程碑，使教育从注重“生活适应”转向“基础科学知识的教育”。但根据《国防教育法》所进行的改革并没有使美国教育走出困境。在此情况下“回归基础”教育运动兴起。其主要主张是加强基础知识的学习、重新恢复教师的课堂中心地位和考试测评方式。

20世纪八九十年代，随着知识经济时代的到来，人才成为竞争的核心。此时德国、日本等国发展迅猛，使美国感到了巨大的威胁。经过对自身教育的反思，美国再次对基础教育进行改革。其大的纲领主要为：里根政府时期——《国家处于危机之中：教育改革势在必行》、布什政府时期——《美国2000年教育战略》和克林顿政府时期——《2000年目标：美国教育法》。这次改革以多元文化为背景，以提高教育质量为中心，取得了一定的成就。

美国20世纪的改革对于我国的基础教育改革具有重要的启示与借鉴意义。

在我国的基础教育改革中，政府要加强指导，同时广泛吸收社会各界的力量；坚持理论联系实际，知识与技能并举；注重道德教育，培养健全人格；坚持学校改革的多元化，以适应社会各阶层的教育需要。

第三节　关　键　词

一、关键词的涵义和作用

何谓关键词？《科学技术报告、学位论文和学术论文的编写格式》定义为：“关键词是为了文献标引工作从报告、论文中选取出来用以表示全文主题内容信息款目的单词或术语。”这个概括至少说明两层意思：

一是关键词用于文献标引。文献标引是根据文献的特征，赋予某种检索标识的过程。关键词即能揭示和反映文献主题的文献标引。所以，关键词的选定，实际上是文献标引的一个过程。关键词的作用主要有两个方面，即归类和检索。选择何种词语作为关键词，实际上就是把文献定位于某一特定的类别，所以，选取和标引关键词，其实质是做文献的归类工作。如选择“素质教育”这一词语作为关键词，就是把文章归入了“素质教育”类，而归类的目的就在于检索，所以关键词是检索文献的入口之一。如要查找有关“素质教育”的文章，只要通过关键词“素质教育”，就可检索到一批与素质教育相关的文章了。

二是关键词要反映文献主题。关键词是从文献的题名、摘要和正文中选取的对表达文献主题内容具有实质意义的词语。选取和标引关键词，目的是帮助读者理解和掌握文献的中心和主题，有利于读者查阅、检索和利用文献。这就说明，关键词之所以“关键”，就在于它所选择的词语必须是能反映文献的中心或主题的，不能揭示文献核心内容的词语，不能被选作关键词。

关键词虽然是一种自然语言（它是直接从文献中选取的著者的自然用语），它不要求在词义、词形上做严格的规范化处理，但所选用的词应是能揭示文献主题内容的实词，包括名词、名词性词组等。选作关键词的词语，应是单词（只包含一个词素的词）或术语（某一学科的专业用语）。术语必须是名词术语，具有学科性、专业性，如市场经济、信息高速公路、和谐社会等。人名、地名、事物名称等名词，也可选为关键词，如毛泽东、延安、解放日报、西安事变等都可选取为关键词。冠词、介词、连词、感叹词、代词和某些动词不能选取作为关键词。

一些不具有学科性质的通用词语，如理论、报告、方法、问题、对策、措施、特点、发展、研究、思考等运用于不同学科、不同领域，所指示的对象往往千差万别，缺乏专指度和惟一性，所以不能选为关键词。如：

案例 6-10　关键词的选取问题

当前我国多元文化教育研究存在的问题及思考

[关键词]多元文化教育;研究现状;含义;目的;实施

“多元文化教育研究”是关键词，“多元文化教育”、“研究现状”、“含义”、“目的”、“实施”都不是正确的关键词。再如：

部分硕士毕业论文价值不高:表现与原因浅析——以西南师范大学教育系2001年的部分硕士毕业论文为例

[关键词]硕士毕业论文;价值;假;空;原因

其中只有“硕士毕业论文”可做关键词，“价值”可以变为“学术价值”做关键词。

还有一些表示时间性的词，如建国初期、新时期、转型期、20世纪等，也不宜被选为关键词，要避免使用。

二、关键词选取的范围和数量

许多作者以为，关键词只能从文章的标题中选取，这显然是对关键词选取的范围不甚了解。其实，关键词的选取不能限于文献题名(即篇名)，还需要从文献的摘要和正文中选取。《略论学习型社会》这个标题，所表达的主题虽然很明确，但关键词的选取就很有限，它只能选“学习型社会”一个关键词。其他关键词应从摘要、正文中再行选取。

关键词选取的数量按照《学术论文的编写格式 GB7713-87》要求，一篇论文应选取3～8个关键词。也就是说，最低不要少于3个，最多也不要超过8个。从笔者看到的大多数文章来说，选取的关键词一般在3～5个。当然，有的文章主题比较单一，关键词就可少于3个;而有的论文是多元主题，关键词就需要多选几个，但也不要超过8个。

需要指出的是，关键词选取的数量，在一定程度上与反映、揭示文献主题的深度等切相关，也就是说，选取的关键词越多，揭示文献主题就越深，可供检索、利用的概率也就越高。由此可见，关键词的选取，关系到文章的查检率和引用率，关系到成果的检索和利用。

三、关键词的选取和排列

关键词虽然是一种无需作规范化处理的自然语言，但绝不是说，随便从文章中摘取几个词语，都可作为关键词，实际上关键词的用词是非常讲究的，需要遵循一定的规则。

（一）专指性规则

一个词只能表达一个关键概念为专指性。只要能找到相应的专指性词汇，就不允许用该词的上位词或下位词。如果“校本课程”、“综合实践活动”、“进城农民工子女”可以直接作为关键词，就没必要把“课程”、“实践活动”、“农民工子女”作为关键词，选取关键词时要准确把握。

（二）切分规则

在选取关键词的过程中，常常会碰到一些词组，如农业产业化、资源共享等，有的需要切分（分成两个关键词），而有的则不能切分。需要掌握的原则是：当构成一个词组的两个单词处于整体与部分关系时，这个词组应切分为两个关键词，如“党校函授”，就应切分为“党校”、“函授”两个词。当一个词组由概念交叉的两个词组成时，这个词组需要均分成两个关键词。如“哲学教学改革”，可切分为“哲学教学”、“教学改革”两个词。再如“计算机控制系统”也要切分为“计算机控制”、“计算机系统”两个关键词。如果一个词组切分为两个关键词后，其含义发生变化，甚至词义模糊时，应以原词组为关键词，如“素质教育”，就不能切分为“素质”和“教育”两个词。特别是一些固定搭配又具有特定含义，且已被普遍认同的词组就不能切分。如“信息高速公路”，就不能切分为“信息”和“高速公路”两个关键词。还有像“科学发展观”、“学习型社会”、“现代企业制度”等，也无需再作切分。专业术语、专用名词也不能切分，如“法兰克福学派”、“南昌起义”，就不能切分为“法兰克福”和“学派”，“南昌”和“起义”。

（三）关键词的选取方法

关键词的选取方法主要有：一是直选法，即直接从文献的题名、摘要和正文中选取作者的用语作为关键词。二是提炼法。有的文章的某些主题在题名、摘要，甚至在正文中表达并不是很明确，但又隐含着某一主题内容，这时，就要通过对文献题名、摘要和全文作主题分析并经提炼后才能赋予某个关键词。如《试论党校函授哲学教学的改革》，从文献标题中直接可选取的关键词有“党校”、“函授”、“哲学教学”、“教学改革”，同时在文章中还讲到了为什么要开设哲学课程，怎样讲好哲学课程，等等，这就隐含着“课程设置”、“教学方法”这样的内容，所以，又赋予“课程设置”、“教学方法”两个关键词。这两个关键词并不是从文章中直接选取的，而是经主题分析后提炼出来的。如“内在改变”和“外在支持”不应该作为《论教师发展的内在改变与外在支持》的关键词，需从文中另外找关键词。

（四）关键词的排列

关键词的排列要反映出各词之间的逻辑关系和层次性要求，所以在排列时要遵循一定规则。这些规则包括：反映同一范畴又具有属种关系的关键词在排列时，要“属”在前，“种”在后。大概念放在前面，小概念放在后面。如《略论党校函授教育的课程设置》，其关键词应是“党校”、“函授教育”、“课程设置”。党校教育包括干部教育、函授教育，这两者有属种关系，所以应把“党校”置前，“函授教育”置后。一般的研究性论文可以按研究目的、研究类别、研究方法、研究结果的顺序来排列关键词。总之，关键词的排列要体现一定的层次性和逻辑顺序，一方面有利于计算机存储；另一方面，也有利于读者的检索和利用。

关键词之间用分号（；）分隔。如：

Key words：education；happiness；creativity；moral；freedom；healthy；body

第四节　导　　论

导论又称前言、绪论、导言、引言，是学位论文的开场白，标志着一篇学位论文的真正开始，是读者首先接触到的主要信息，重点是介绍研究工作的背景并引入自己论文的主题。

一、导论的内容

根据《科学技术报告、学位论文和学术论文的编写格式》，前言（或绪论）的内容包括“说明研究工作的目的、范围、相关领域的前人工作和知识空白、理论基础和分析、研究设想、研究方法和实验设计、预期结果和意义等”。

具体来说，导论的内容包括：

（1）开展本研究的目的、背景，通过本研究希望解决的问题。

案例6-11　导论的内容1

为促进普通高中新课程实验的科学化进程，提升未成年人道德教育的针对性和有效性，受相关部门的委托，我们以安徽省普通高中学生为调查对象，试图探访新时期普通高中学生的道德发展现状，以增强道德教育的针对性和实效性。本次调查试图了解：① 在构建社会主义和谐社会，提升公民素养的时代背景中，普通高中学生的公民道德意识如何？其主要面临的道德困惑是什么？② 高中生的道德表现和道德思维是否存在地区、年龄和性别的差异？针对调查结果，我们将提出推进普通高中学校道德教育的相关建议。

来源：辛治洋．安徽省普通高中学生道德状况调查报告［J］．课程·教材·教法，2009(6):63-69.

（2）前人做了哪些工作，现在的知识空白；本研究的理论依据和实验基础，预期结果及其在相关领域中的地位、作用和意义。

如果“开展本研究的目的、背景，通过本研究希望解决的问题”反映的是该研究的现实意义，那么此处能反映的就是研究的理论意义。

案例6-12　导论的内容2

农村小学教师是我国教师队伍的重要力量，在农村普及九年义务教育、扫除青壮年文盲、提高全民族科学文化素质的工作中，发挥着基础性与关键性的作用。实现农村小学教师队伍的可持续发展，保持教师队伍的年龄平衡和专业平衡，直接关系到农村经济以至整个社会发展的全局。然而，种种数据显示，我国现有农村小学教师存在年龄结构老化，专业结构失衡等严峻问题。可以说，按部就班地吸收年轻专业人才、更新教师队伍是解决此问题的关键。但是，农村教师特别是农村小学教师超编现象严重，使得补充年轻和急缺专业教师的工作举步维艰。

来源：辛治洋．超编：制约农村小学教师队伍可持续发展的瓶颈及其突破：基于对安徽省太湖县农村小学教师相关数据的分析［J］．教师教育研究，2010，22(1)：35－39．

（3）本研究的思路方法等。

案例 6－13　导论的内容 3

为实现调查目的，课题组设计制作了"安徽省普通高中学生道德现状的调查问卷"，采取分层整群抽样的方法，在安徽省普通高中共发放和回收问卷 1 158 份，有效问卷 957 份。问卷结果全部采用 SPSS11.5 软件进行管理和处理。

来源：辛治洋．安徽省普通高中学生道德状况调查报告［J］．课程·教材·教法，2009(6)：63－69．

以上三个部分既可以单独成导论，也可以组合起来成为导论。是否组合，取决于论述的需要。实际上，学位论文的导论内容就是开题报告（课题申请书）中需要论证的主体部分：即选题的意义、研究现状和准备采取什么样的研究思路来完成它。

二、导论的写作手法

从写作手法来说，有以下几种方式。

（一）交代式

开头交代论文的写作背景、缘由和目的意义。

案例 6－14　导论的写作手法 1

在各种机会面前，某个或某些人比其他人具有更大的竞争优势。在衡量了种种自然和社会的不同条件后，在排除了个人不同的选择和努力程度后，大家的目光积聚到他们不同的学习经历（特别是专业背景）上来了。习惯上，大家把这些不同的学习经历或专业背景区分为不同的（专业或科学）知识。既然某种知识能让主体具有更大的竞争优势，那么，是不是这种知识就是最有价值的知识呢？于是，毫不奇怪地，我们再一次听到了关于知识价值的追问。

来源：辛治洋．什么知识最有价值：追问中的问题与教育启示［J］．西南大学学报：人文社会科学版，2008(5)：121－125．

(二) 提问式

一开头就提出问题,或在简要交代写作背景之后随即提出论文所要解决的问题。

案例 6-15　导论的写作手法 2

为增强道德教育的实效性,教育部门有必要经常调查和评价学生的道德发展现状。由中国青少年研究中心、共青团中央宣传部课题组共同组织的"中国青年思想道德状况"调查发现:完全同意"作为一个人,当然要爱自己的祖国"的占 83.2%;比较同意的占 13.3%。类似的调查结果被多次发表。然而,一次针对普通高中学生的问卷调查结果却让参与者有些困惑。事情的大致情形是:受安徽省教育厅的委托,"普通高中新课程道德教育的研究"课题组在安徽省范围内选择了六所普通高中发放调查问卷,进行抽样调查。问卷采用开放式设计,请求学生描述出他心目中"有道德"的同学的道德特征,见表 6-1。在回收的 912 份有效问卷中,"有道德"特征共有 2 276 人次的描述,高居前 10 位的特征和人次如下表所示。应该说,这些特征符合大众对中学生道德认知的基本要求,基本上与《中小学生守则》上的要求相当。但"爱国"作为"有道德"特征居然只有 12 人次被描述到,0.52%的低比例让人吃惊。

表 6-1　排名前十位的道德特征

道德特征	乐于助人	认真学习	尊重他人	团结同学	礼貌待人	为人友善	热爱集体	遵纪守法	有责任心	诚实守信
人次	327	189	128	127	116	115	93	83	65	62

两次迥然相反的调查结果让人寻味。同样是"爱国",为什么前后会有如此巨大的反差?是不是调查问卷的设计出了问题?在考虑到第一次调查问卷自身附带的情境性和提示性原因外,笔者认为,对"'爱国'能够作为道德评价的直接指标"的疑惑可能更接近问题的本质。或许,"爱国"作为一种道德存在,是一个可以拥有但却不能直接问出来的道德品质。

来源:辛治洋,刘娟."爱国"能否作为道德评价的直接指标[J].中国德育,2008(5):9-12.

(三) 出示观点式

前言开宗明义,将论文的基本观点或主要内容揭示出来。

案例 6－16　导论的写作手法 3

经过近三十年的发展，批判教育学成了“教育领域中最具活力且雄心勃勃的竞争者”。批判教育理论者大都著作等身，讲座频频，获得了广泛的国际声誉。但欣欣向荣景象的背后也潜藏着随时可能引发危机的深层困境。这些困境突出地表现在三个方面：为谁批判的立场困境，如何批判的风格困境和批判必要性的价值困境。按照事物的矛盾运动规律，困境只是就原状提出来的。它是事物发展到下一个状态的必然阶段。从这个意义上讲，困境本身就是出路。那么，如何克服困境带来的负面影响，从而走向新的发展里程，这是教育者特别是批判教育者们不得不思考的重大课题。

来源：辛治洋．批判教育学的困境与出路［J］．比较教育研究，2004(9)：6－10.

（四）提示范围式

前言部分提示论文的论述范围。

案例 6－17　导论的写作手法 4

教学作为一种人类活动，它有三个必要的组成部分：教师、学生和教学材料。教师在教学活动中扮演何种角色？如何处理与学生和教学材料的关系？在某种意义上，这不只是个策略和技巧的问题，更是一个世界观的问题。如果我们把整个教学活动规定为一个完整的世界，那么这种世界观就突出地体现在教师主观世界与外在客观世界的关系上。在客观世界里，又有作为物质世界的教学材料和作为社会世界中的学生这两个不同的组成部分。

不同的世界观赋予了三个世界不同的关系形式：第一，教师的主观世界与客观世界的关系；第二，教师的主观世界与社会世界的关系；第三，教师的主观世界与物质世界和社会世界三者的关系。参与者是处于关系中的，“参与者借助这个关系体系确定了，从根本上说，只有通过关系体系，我们才能理解事物。”在这个意义上，我们也可以说，教师之所以能参与教学活动，根本原因是他参与了一种世界关系。反之，不同的参与方式也阐释了教师不同的世界观。

来源：辛治洋．从操纵到交往：论教师参与教学的三种方式［J］．教育理论与实践，2004，24(11)：43－46.

(五) 阐释概念式

前言先释题，阐释题目中和论文中出现的基本概念。

案例 6 - 18　导论的写作手法 5

排斥的意思是“不相容、使离开或不使进入”。排斥行为在社会上处处存在，问题是我们有没有发现它的眼睛。课堂排斥是指老师(或学生群体)在课堂中排斥某个或某些学生的言语、动作等行为，它是社会排斥在课堂领域的具体化。课堂排斥的种类很多，常见的有言语排斥，如“你要回答问题很好，但你想清楚了吗”；动作排斥，如“谁的坐姿端正谁发言”；态度排斥，如“你想回答先举手，请不要插话发言”以及性别排斥，如“今天男生的优点是发言积极，但坐不住”等等。

来源：辛治洋. 课堂排斥的意识形态含义 [J]. 教育参考，2003(12)：35 - 36.

第五节　结论或结语

结论是在文章结尾时对文章的论点、结果进行的归纳与总结。

结语则是在文章结尾时对文章已解决和有待研究的问题的交待。

结论或结语应准确、简明、完整、有条理。

在结论或结语中可以提出建议、设想、改进的意见或有待解决的问题。

如“进城农民工子女受教育问题的研究尽管可以得出全国范围的一般性结论，但憾的是本研究的样本选择不太全面，我主要考虑的是北京、广州、上海及中部的一些城市的农民工子女的受教育问题，至于重庆、贵州等一些西部地区的农民工子女受育问题因为本研究能力、财力的限制没有涉及，期待在后续研究中对这一部分进行充。”像这种话就属于解释有待进一步解决的问题，即结语部分。

文章结尾时如果不能导出条理性结论，则可写成结语进行必要的讨论。文中已有步结论的可不再在文章结尾处写出结论。

一、结语的内容

结语应该包含以下内容：

(1) 研究结果说明了什么问题，得出了什么规律，解决了什么理论和实践问题，突出自己的创造性。

(2) 对前人或他人的相关研究作了哪些检验，与自己的结果相比，哪些一致，哪些不一致。

(3) 对前人的理论、研究与实践作了哪些修改、补充、发展、证实或否定。

(4) 自己的研究还有哪些不足之处，遗留了哪些未解决的问题，以及设想今后对解决这些问题有哪些研究方向。

二、结语的写作手法

就写作手法而言，结论或结语的写法有多种，如：

(一) 分析综合型

对正文内容进行重点分析，并进行概括，突出作者的观点。

案例 6-19　结语的写作手法 1

调查发现，高中阶段学生的道德教育通常是按照两条思路展开：一是形式化的道德教育。如利用班会课、国旗下的讲话、请校外人士讲演等形式开展。二是根据主管部门的要求开展专门化的道德教育，如诚信教育、荣辱观教育等。这两条思路具有随意性和应景性的特点，很难从学生的道德发展现状出发，实效性难免大打折扣。调查表明，推进高中道德教育既需要针对高中生群体的普遍性道德表现，如比较全面的公民道德意识和亟待解决的道德困惑，又需要根据不同地区、年龄、性别等表现的道德差异，开展富有针对性的道德教育工作。

(一) 做好学生道德发展现状的调研工作

不做调查就没有发言权，学校应自主地开展学生道德发展现状的调研工作。不做正确的调查同样没有发言权，调查需要多方面多角度展开，不同的调研可能会反映出不同的道德差异和道德困惑。总体来说，调研的重点应该有三块：首先是调查了解学生最近大多关心什么，具有什么样的生活环境和社会环境，这些又可能对学生的道德成长产生什么样的影响？其次是学会区分道德表现多样性与非道德之间的区别，调查了解学生的个别行为表现和思想动态的道德意义。再次是调查了解学生道德表现与教育目标之间的差距。既要充分肯定学生积极的道德觉悟，又要正视学生可能存在的道德困难。

（二）紧密围绕学生的道德困惑和道德差异开展道德教育工作

调研的目的就是为了促进道德教育的针对性。道德教育工作者应该认识到，道德困惑和道德差异是学生已有道德认知水平和道德表现与预期道德成长目标之间的差距，帮助学生解决道德困惑、明了相互之间的道德表现差异，是学校道德教育的重要任务。学校道德教育如果笼统地从成人世界的话题出发，虽然能部分地关注到学生道德发展的状况，但很难了解到学生的真实道德需求，更难接触和直面学生的道德困惑。道德教育需要在调研的基础上，围绕学生的道德发展困境，特别是一些与高中生生活最贴近的问题——如何正确地赋予学习的道德内涵，与传统文化最相关的问题——如何增强亲子交流的道德合理性，与讲道德最根本的问题上——如何形成科学的道德理据等，加强交流、讨论和引导，促使学生发现自己的道德冲突，帮助其形成正确的价值取向和道德倾向。

（三）把促进学生道德理性的发展作为道德教育的根本目标

正如报告所示，学生发展不仅会有共时性的道德困境，也会有不同情境下的道德差异。“道者，人之所共由；德者，己之所独得”，朱熹的这句话通俗的解读就是：道是人人所共同遵循的规律，德就是按规律的操作实践。正因为如此，我们的“德”除了因为我们都是人，都是中国人，都是中国的高中生，而共同拥有一些行为特征和道德倾向外，我们还具有作为个体操作实践的情境性、随机性和独特性。这种独特性不仅体现在个人身上，也体现在不同的家庭、地区、性别等方面。我们可以肯定的是，这些“德”的差异除了对“道”的多元理解差异和实践差异外，还有对“道”的理解错误和行动背离。这些都是学生道德发展所面临的真实世界。因此，单纯的道德知识灌输和行为规范解决不了学生成长道路上的所有问题，唯有向学生揭示生活中的道德冲突，帮助学生进行正确的道德判断，促进学生道德理性的发展，才是道德教育的根本使命。

来源：辛治洋．安徽省普通高中学生道德状况调查报告[J]．课程·教材·教法，2009(6)：63－69．

（二）预示展望型

在正文论证的理论、观点基础上，预见其生命力。

案例 6－20　结语的写作手法 2

虽然“三化”是地域性学校德育的功能使然，不可避免，但对于“三化”所带来的问题，教育也并非束手无策。教师可以运用“平衡术”来辩证地看待地域文化，发展学生的道德理性，尽量削减“三化”所带来的副作用。所谓“平衡术”，就是教师要引导学生从简化中看到复杂面，从净化中看到糟粕面，从局部中看到多元面，理性地辩证地思考问题，看待社会和习得道德。如果教师利用“平衡”术，抓住这些类似“简单”、“精华”、“地区”的局限，带领学生看到社会世界的“复杂”、“糟粕”、“多元”面，学生就能够多层面地看待地区文化背后的道德意蕴，多纬度地思考地方文化的道德内涵，多视角地看待文化的相依相存关系。这种多层面、多纬度、多视角的“平衡”能力实际上就是道德理性的功能性内涵，它是道德判断的基本条件，也是道德教育的最终目标。

可见，道德理性的发展应是道德教育的重中之重，但对于创建地域性学校德育模式而言，学生道德理性的培养却需要克服下述困难。

第一，在教育条件和技术手段上。……

第二，在教师的道德教育能力上。……

第三，在“三化”及其克服的尺度把握上。……

以上这些困难的存在，可能会延缓和阻碍相关学校进一步挖掘传统道德资源，构建有区域特色的学校德育模式的步伐。然而，困难的提出也意味着突破口被发现，只要相关学校正视模式构建中的困难，创造条件提高教师的道德水平和教育能力，就一定能取得模式建构的新成功。

来源：辛治洋. 地域性学校德育模式的“三化”困境［J］. 中国教育学刊，2010(2)：42－44.

（三）事实对比型

对正文阐述的理论、观点，以事实做比较，最后形成结论。

案例 6－21　结语的写作手法 3

我们可以从党和国家一系列的政策文件中发现“爱国”的地位和分量。如由中共中央总书记胡锦涛倡导的“社会主义荣辱观”之首就是“以热爱祖国为荣，以危害祖国为耻”；《中共中央国务院关于进一步加强和改进未成年人思想道德建设的若干意见》（中发［2004］8 号）认为未成年人思想道德建设的主要任务之首是

“从增强爱国情感做起，弘扬和培育以爱国主义为核心的伟大民族精神”。《公民道德建设实施纲要》也将“爱国”置于公民基本的道德规范之首。具体到学校教育中，《中小学生守则》的第一条就是“热爱祖国，热爱人民，热爱中国共产党”；《普通高中课程方案（实验）》也特别强调使学生“热爱社会主义祖国，热爱中国共产党……”。由此可见，“爱国”不仅是民众道德心理的主要尺度，也是党、政府和教育部门一再推崇的公民道德建设的标杆。

但同时我们也注意到，简单地将“爱国”作为道德调查和评价指标的虚妄性。因为，“国”内涵的丰富性、爱国作为行为规范的复杂性，都说明了学生回答“爱国”与否并不一定值得进行道德问责。即便问责，学生可能已经用具体的情境性的行为表达了抽象的“爱国”需要。因为，人的心理有一种机制，它会隐藏它所拥有的但却反映它所需要的，“爱国”的实事就这样被虚空地表达了。

所以，对于教育工作者而言，不是不需要进行爱国教育和道德评价，重要的是该怎样进行爱国教育和道德评价。明了国家的复杂性外延，认真地对待“爱国”的抽象性与行为的情境性之间的差距，思考自我表现和自我掩饰等心理机制对道德回答的影响，这样的爱国道德教育和评价将是更富有信心与魅力的道德行动。

来源：辛治洋，刘娟. “爱国”能否作为道德评价的直接指标［J］. 中国德育，2008(5)：9－12.

（四）解释说明型

对正文阐述的理论、观点做进一步说明，使作者阐发的理论、观点更加明朗。

案例6－22　结语的写作手法4

可见，顾明远先生“素质教育”理论的提出是基于对世界政治、经济、科技和教育的发展趋势，特别是我国当代教育发展新特点和新趋势的把握，把对教育的本质认识上升到一个新高度，展示了我国教育改革和发展的新要求，体现了非常丰富的时代精神和理论内涵。顾先生关于素质教育论述凸现出其理论的先进性、视角的科学性和视野的开拓性，该理论对素质教育的顺利开展具有重要的指导意义。

正如顾明远先生指出的，“素质教育是一个巨大的工程，同时也是一个重大的科研课题。”这项工程或课题需要后学者的齐心协力。顾先生素质教育理论所体现的三大特征，理论的先进性是后学者学习的前提，视角的科学性是后学者学习的保障，而视野的开拓性则是后学者学习的目标。顾明远素质教育理论能够让我们在推进素质教育的旅程中起到事半功倍之功效。我们需要好好学习，认真体会。

来源：辛治洋．先进性 科学性 开拓性：学习顾明远先生素质教育理论有感［J］．宁波大学学报：教育科学版，2009，31(3)：12－15．

（五）提出问题型

在对正文论证的理论、观点进行分析的基础上，提出与本研究结果有关的有待进一步解决的关键性问题。

案例6－23　结语的写作手法5

一方面是教师队伍的可持续发展对年轻和专业教师的迫切需要，另一方面又是农村小学教师持续的严重超编状态。可见，在农村改革发展和新农村建设的新背景下，我国农村中小学教师编制紧缺、数量严重不足的问题已经成为制约我国广大农村儿童"学有所教"和教育质量提高的瓶颈之一。这个瓶颈一天不突破，农村儿童"有学上"特别是"上好学"的目标就一天得不到真正实现。笔者认为，只有牢固树立"教育是国家发展的基石，教育公平是重要的社会公平"的基本理念，着力解决人民群众在教育领域中最关心、最直接、最现实的利益问题，把农村教育办成民生工程，才是促进农村教师队伍可持续发展的根本办法。

把农村教育办成民生工程，意味着农村小学教师编制应以公平、均衡和弱势补偿为基本价值取向。……

把农村教育办成民生工程，意味着农村小学教师编制应以提高农村小学教育质量为根本出发点，以适合农村特点的"班师比"为编制依据。……

把农村教育办成民生工程，意味着要对农村小学教师队伍要采取非常规的更新方式。……

来源：辛治洋．超编：制约农村小学教师队伍可持续发展的瓶颈及其突破：基于对安徽省太湖县农村小学教师相关数据的分析［J］．教师教育研究，2010，22(1)：35－39．

三、结论的问题

目前结论写作中有三个突出的问题，一是研究者自觉不自觉地放大了自己所研的问题以及所得结果的重要性，或是过分高估了具体个案的普遍意义，或是将所用究方法放到前所未有的高度，或是过分夸大论文的创新性。二是寥寥数语，简单重复。在这样的结论中，作者往往是简单重复论证过程中已经提出的观点，使结论成为简单的总结，没有将其提高到一个新的高度，无法引起读者更深刻的思考。三是无限放大，任意提出“策略”，缺乏对策略的效度检验。

四、撰写结论的要求

（1）结论不是正文各段小结的简单重复，要求准确、完整、明确、精炼。

（2）如果不可能导出应有的结论，也可以没有结论而进行必要的讨论。

（3）结论里的每一项内容可以分条写出序号，每条单成一段。

（4）结论要一分为二，要尊重前人的成果，实事求是地评价自己的成果，切勿言过其实，在无充分把握时，应该留有余地。

（5）结论应反映自己从事的工作，属于前人或他人已有的结论，应不提或尽量少提。

（6）前言中提出了论文的主旨和目的，谈到了历史背景与前人的工作，结论部分应与前言相呼应。

（7）从文字上说，结论的措辞必须严谨，要有严密的逻辑性，文字必须鲜明具体。

第六节　学术引用(注释与参考文献)

一、学术引用的规范要求

学术研究的过程不是一个白手起家、闭门造车的过程，而是一个在既有研究基础上创新发展的过程，在此过程中必然要借用到他人的观点、资料和方法，而这就涉及一个学术引用的问题，这也是当前学术界十分关注的一个问题。

（一）学术引用的重要性

学术活动是一个在继承中发展的过程，每个人在实际的写作过程中或多或少地要借鉴别人的研究成果，即便是像人类学的田野工作报告、社会学的抽样调查等，是不需要文献的，但是作为一篇科学论文，也要说明自己的研究方法和材料的来源。因此，学术引用是任何学术活动不可避免的过程。学术引用的意义是多重的。

首先，对某项成果的引用率是判断其创新程度和学术价值的主要指标。纵观整个学术史，可以发现那些划时代的经典著作无一不是被学者频繁引用的，即便是那些在当时可能不曾为人们所推崇的著作，在几个世纪之后，还是会发出耀眼的光芒。通过引用，读者可以判断该项成果在学术史上的位置和意义，而对于每一代学术工作者而言，判断每一项研究成果的创新价值是正确地分配荣誉乃至利益的重要前提。在世界范围内，人们普遍把一个学者的作品被引证的频度作为衡量该学者地位与价值的一个重要尺度。

其次，学术引用的伦理状况反应了一个国家学术职业化所达到的程度。学术引用的问题不仅仅是一个技术问题，一个法律的问题，有时候更是一个伦理的问题。一个成熟的学术界不仅要有一个严格的职业技术标准，还要有严格执行的相关伦理规则学术职业化的一个重要标志就是学术界能够形成广泛认可和自觉执行的学者职业伦理，而引用伦理正是这种职业伦理的有机组成部分。

最后，学术引用可以促进学术活动的规范化。当前出现的抄袭、剽窃、伪注等现象，一方面是由于学者自身学术道德修养的不足，自我作古、无视前贤，缺乏一种诚实严谨的学术态度。另一方面也是由于对引用规范了解得不够，特别对于青年研究者来说，很多时候，失范行为的发生往往是由于不知道规范。因此强调引证规范，无论对于形成良性的学术生态环境，还是促进研究者自身的规范意识，都具有十分重要的意义

(二) 学术引用的要求

学术引用要遵循一定的学术规范，结合《高等学校哲学社会科学研究学术规范（试行）》和有关法规，学术引用要遵循以下规范：

(1) 引用的目的仅限于介绍评论某一作品或说明某一问题。所引用的部分不能构成引用人作品的主要部分或者实质部分。引用的时候还要注意，公开发表的直接注明出处，对于非正式发表的观点的引用，需征求当事人的同意。

(2) 引文要适当引用。根据文化部《图书、期刊版权保护试行条例实施细则》的规定："适当引用"指作者在一部作品中引用他人作品的片段。引用非诗词类作品不得超过 2 500 字或被引用的作品的 1/10，如果多次引用同一部长篇非诗词类作品，总字数不得超过一万字；引用诗词类作品不得超过 40 行或全诗的 1/4，但古体诗词除外。

(3) 学术论著应合理使用引文。对已有学术成果的介绍、评论、引用和注释，应力求客观、公允、准确，伪著、伪造、篡改文献和数据等，均属学术不端行为。

(4) 引文应以原始文献和第一手资料为原则。凡引用他人观点、方案、资料和数据等，无论曾否发表，无论纸质还是电子版，均应详加注释。凡转引文献资料，应如实说明。

(5) 引用要精炼，过长的资料要将其要点抽取出来，另注出处以供读者检索思考。要注意引文前后的连贯性，引用前应有词句过渡，或在引完后再回头论述，避免使引文显得过于唐突或孤立。

(三) 注释与参考文献之间的关系

1. 参考文献

参考文献是指那些可能作者没有对其进行引用，但确实对作者“写作该文有某些参考价值，或潜在的影响或启发，为了便于读者对作者的思路有所了解，或满足进一步研究的需要，而列于文末，便于检索”的一次文献。零次文献只能作为附录列出。因此参考文献未必是正文中引述的对象。

2. 注　释

注释兼有“注”与“释”的功能。“注”的功能在于指明引文(直接、间接)的出处，“释”的功能则是对正文中相关内容的深入阐发和解释。当然现在也存在一种倾向，即将注释的“注”的功能从注释中分离出来，划归给参考文献，从而使注释变得相对简略，甚至没有注释。

二、参考文献

参考文献是对研究或论文写作有直接帮助和启示作用的文献材料。任何科学研究都是在继承和借鉴前人研究成果基础上进行的。作者在撰写学位论文时要参考大量的文献资料，从别人的文章、数据、图表、材料，甚至观点中形成自己的观点，开拓思路，充实数据，合理论证。因此，为对他人表示尊重，体现作者严谨的科学态度，就要把所有参考过的文献列出来。

(一) 参考文献的类型

根据 GB3469－1983 规定，以单字母方式标识参考文献类型(表 6－2)。

表 6-2　参考文献类型

参考文献类型	期刊文章	专著	论文集	学位论文	专利	标准	报纸文章	报告	材料汇编	析出文献	其他文献
类型标志	J	M	C	D	P	S	N	R	G	A	Z

对于数据库(Database)、计算机程序(Computer Program)及电子公告(Electronic Bulletin Board)等电子类文献的类型,以双字母作为标识(表 6-3)。

表 6-3　电子文献类型

电子参考文献类型	数据库	计算机程序	电子公告
电子文献类型标识	DB	CP	EB

对于非纸张载体的电子文献,当被引用为参考文献时,需在参考文献类型标志中同时标明其载体类型,采用双字母表示电子文献载体类型(表 6-4,表 6-5)。

表 6-4　文献载体类型

文献载体类型	磁带	磁盘	光盘	联机网络
文献载体类型标识	MT	DK	CD	OL

表 6-5　文献载体类型的参考文献类型

文献载体类型的参考文献	联机网上数据库	磁带数据库	光盘图书	磁盘软件	网上期刊	网上电子公告
类型标识	OB/OL	DB/MT	M/CD	CP/DK	J/OL	EB/OL

(二) 参考文献的著录方式

参考文献的著录方式一般原则见表 6-6。

表 6-6　常见参考文献的著录方式

序号	文献类型	格　　式
1	学术期刊	[序号]作者.题名[J].刊名,出版年份,卷号(期号):起页—止页.
		[5]何龄修.读顾城《南明史》[J].中国史研究,1998(3):167-173. [6]金显贺,王昌长,王忠东,等.一种用于在线检测局部放电的数字滤波技术[J].清华大学学报:自然科学版,1993,33(4):62-67.
2	学术著作	[序号]作者.书名[M].出版地:出版者,出版年:起页—止页(任选).
		[1]刘国钧,陈绍业,王凤翥.图书馆目录[M].北京:高等教育出版社,1957:15-18.
3	学位论文	[序号]作者.题名[D].保存地点:保存单位,年份:起页-止页.
		[3]赵烁.美国基础教育课程改革及借鉴[D].保定:河北大学,1983.
4	论文集	[序号]析出文献主要责任者.析出文献题名[C].原文献主要责任者(任选).原文献题名.出版地:出版者,出版年:起页—止页.
		[7]钟文发.非线性规划在可燃毒物配置中的应用[C].赵炜.运筹学的理论与应用:中国运筹学会第五届大会论文集.西安:西安电子科技大学出版社,1996:468-471.
5	研究报告	[序号]作者.题名[R].出版地:出版者,出版年:起页—止页(任选).
		[4]冯西桥.核反应堆压力管道与压力容器的 LBB 分析[R].北京:清华大学核能技术设计研究院,1997.
6	专利文献	[序号]专利所有者.专利题名:专利国别,专利号[P].分布日期.
		[10]姜锡洲.一种温热外敷药制备方案:中国:881056073[P].1989-07-26.
7	技术标准	[序号]起草责任人.标准代号标准顺序号—发布年标准名称[S].出版地:出版社,出版年.
		[8]全国文献工作标准技术委员会第六分委员会.GB6447-1986-文摘编写规则[S].北京:中国标准出版社,1986.
8	报纸文献	[序号]作者.文献题名[N].报纸名,出版日期(版次).
		[8]谢希德.创造学习的新思路[N].人民日报,1998-12-25(10).

续表 6-6

序号	文献类型	格　　式
9	电子文献	[序号]作者.电子文献题名[电子文献及载体类型标识].电子文献的出处或可获得地址,更新日期/引用日期.
		[11]王明亮.关于中国学术期刊标准化数据库系统工程的进展[EB/OL]. http://www.cajcd.edu.cn/pub/wml.txt/980810-2.html, 1998-08-16/1998-10-04.
10	各种未定类型的文献	[序号]作者.题名[Z].出版地:出版者,出版年.
		[11]张永禄.唐代长安词典[Z].西安:陕西人民出版社,1980.

(三) 参考文献的排序

参考文献放到论文的最后,采用著者姓氏首字母顺序编码制,而不需要理会该文献在文中出现的先后顺序。但是需要注意的是外国文献习惯上把名放前,姓放后。排序的时候也需要调整为用姓排序。

不要人为地将参考文献分割为中文参考文献、英文参考文献、著作类、期刊类、学位论文类。这样的分类既不科学,也违背了参考文献的真实用意。因为每篇文献自身已经表明了文献类型,如J、M等,所以就没有必要再分为期刊类、著作类单独罗列。

三、注　释

(一) 注释的种类与范围

根据注释说明的对象和功能的不同,可以把注释大体分为题目注释、作者注释、引文注释和释义注释四大类。学位论文中通常使用的有引文注释和释义注释,前者是交代引文的出处,后者是对有关内容、词汇所进行的解释说明。同时引文注释又有直接引文注释和间接引文注释之分。

注释的范围通常包括:

(1) 所有直接引证的引文都要加注释,注释应详尽地注明作者、书名、出版单位、出版时间、版次、篇名、卷数、页码。这里主要分两种情况,若是引用完整的句子或完整的段落,则一般在“某某说”之类的后面标冒号,并将引用部分用前后引号引起来,引文的最后一个标点符号放在引号内。若引用的是不完整的句子或虽为完整的句子,但只完成了引用者所写句子的一部分，则在引文的前后加引号，至于句子的标点符号，随整句意思确定。

（2）所引用的数字和事实材料都要加注，说明材料的来源。

（3）没有直接引用，而用自己的话转述别人的观点，不可能径直注出原书（文），也应加注交代其出处，不必加引号。

（4）其他需要补充说明，又不便在正文中说的，也可以加注释说明。包括：更正史料原文，应注明版本根据；直接吸收他人观点融入文章之中的地方，注明借鉴之处；对与所引史料相冲突的史料，注明取舍的理由；对某一问题争论较多而引用一种观点，注明学术界对此问题的不同看法，并说明采纳某种观点的理由。

（二）注释方式

注释按其位置有三种，即夹注、脚注和尾注。夹注也称文内注、随文注，即在需要注释的地方，在括号内写明注释的内容。但是夹注这种注释形式，除非其比较简洁，否则会影响阅读。现在，基本上这种注释方式已被抛弃。脚注称页下注，即将注释的内容置于本页下端。尾注即将注释集中起来放在全文或全书的末尾一章的后面。在word文档中，脚注与尾注可以互换。

出于写作、查找和编辑的方便，建议写作时，注释采用自动生成的页下注方式。由于学位论文的注释往往较多，有的注释较长，所以一般采用脚注，即页下注的形式，若为排版和印刷的原因也可采取尾注。标注尾注、脚注的方法如下：在正文中需要加注处的右上角，按其先后以上标的形式标出注释符号①②③……一般一页纸上的注释不宜超过10处，注释的内容不宜超过一页纸版面的1/4。每条注文直接与注释符号①②③……相呼应。

写论文的时候还有两个更重要的页下注：标题的注释和作者个人身份的注释。标题的注释比如本标题或本论文是属于哪个课题的前期研究成果或者写作时得到某人的帮助，这些标题与文本相关的都放到标题注释中去。一般的杂志期刊或者论文，首页的底下会有两个“*”，其中一个注释这篇文章是哪个课题的前期研究成果，另一个是作者的注释，包括姓名、性别、出生年月、出生地、工作地点和研究特长。

此外，无论采用哪种注释方式，都要在同一篇论文中一以贯之。有人在做学位论文中文文献综述的时候，喜欢用夹注的形式，比如有“学者指出……”（人名＋日期），在论文的其他地方却采用页下注的方式，比如“学者指出……”①，这样做是不规范的。

四、投稿的考虑

关于学术引用的格式，不同的学术刊物有自己不同的规定。这里将教育学学科中最近几年来的重要学术刊物的学术引用方式做了归类，见表 6－7。投稿时，作者可以在写作方式（注释归注释，参考文献归参考文献）的基础上，根据刊物的要求进行修改。

表 6－7　刊物与引用方式归类表

序号	引用方式	刊物与图例
1	1. 注释的“注”置于文尾，称为参考文献；注释的“释”置于页脚，无称谓。 2. 来源于同一篇文献的合并参考文献。 3. 作者信息论文信息均采用脚注方式。 4. 正文中，“注”按引用出现的先后，分别上标为［1］；［2］等。“释”按（每页）出现的先后顺序上标为①；②等。	刊物名称：比较教育研究 作品 1 名称：德国大学教育的日常文化与创造力培养：一项在德国波鸿大学的案例研究 作者：孙进 ———————— ①“重视”在本文中合并了“非常重视”和“比较重视”两个问卷中的回答选项 ②“不重视”在本文中合并了“比较不重视”和“非常不重视”两个问卷中的回答选项 作品 2 名称：应对教师质量危机：世纪之初美国的经验及其启示 作者：查啸虎 参考文献： ［1］　Quality Counts，2003. If I Can’t Leam From you［EB/OL］.［2005－08－21］. http://counts ed-week. org/areports/QCO3/index. cfm. ［2］［3］［4］［5］［11］［12］周南照，等. 教师教育改革与教师专业发展：国际视野与本土实践［M］. 上海：华东师范大学出版社，2007：114，116，120. 类似刊物有：北京大学教育评论；教师教育研究；教育研究；教育与经济；课程・教材・教法；全球教育展望；外国教育研究

续表 6 - 7

<table>
<tr><th>序号</th><th>引用方式</th><th>刊物与图例</th></tr>
<tr><td>2</td><td>1. 注释的“注”置于文尾,称为参考文献;注释的“释”置于页脚,无称谓。
2. 来源于同一篇文献的合并参考文献。
3. 作者信息论文信息均采用脚注方式,但文末仍有作者信息。
4. 正文中,“注”按引用出现的先后,分别上标为[1];[2]等。同一篇文献按第一次出现的序号编写。在参考文献中用页码区分。“释”按(每页)出现的先后顺序上标为①;②等。</td><td>刊物名称:教育理论与实践
作品名称:权位的象征:开学典礼的社会逻辑
————————
*本文系国家社科基金“十一五”规划国家青年基金课题“社会转型与政治教育变革的社会学研究”,……“十一五”规划立项课题“社会转型时期青少年思想政治教育的社会学研究”(D2008/01/099)
①此概念借用于特纳.见[英]维克多·特纳.仪式过程:结构与反结构[M].黄剑波.柳博赟,译.北京.
作者简介:程天君(1972—),河南信阳人,南京师范大学教育社会学研究中心副教授、博士。……
参考文献:
[1][英]维克多·特纳.模棱两可:过关礼仪的阈限时期[C]//史宗.20世纪西方宗教人类学文选:下卷.上海:上海三联书店,1994:5 - 15.
[2][法]皮埃尔·布尔迪厄.言语意味着什么:语言交换的经济[M].楮思真,刘晖,译.北京:商务印书馆,2005:101 - 104,97,106,106 - 107.</td></tr>
<tr><td>3</td><td>1. 注释的“注”置于文尾,称为参考文献;注释的“释”置于文尾,称为“注释”。
2. 来源于同一篇文献的合并参考文献。
3. 作者信息采用脚注方式。
4. 正文中,“注”按引用出现的先后,分别上标为[1];[2]等。“释”按出现的先后顺序上标为①;②等。</td><td>刊物名称:高等教育研究
作品名称:从分析与综合思维的整合中碰撞出博士论文的火花
作者:林曾
注释:
① 王国维在《人间词话》中描述了做学问的三重境界。第一重境界:“昨夜西风凋碧树,独上高楼,望尽天涯路。”第二重境界:“衣带渐宽终不悔,为伊消得人憔悴。”第……
参考文献:
[1] 艾哈迈德.博士就读指南[M].北京:电子工业出版社……
[4][5] KAMLER B, THOMSON P. The failure of dissertation advice books: Toward alternative pedagoies
类似刊物有:教育发展研究</td></tr>
</table>

续表 6-7

序号	引用方式	刊物与图例
4	1. 按文中出现的顺序，注释的“注”与“释”都置于页下，无称谓。无参考文献。 2. 作者信息采用脚注方式。 3. 正文中，“注释”按出现的先后顺序上标为①；②等。	刊物名称：清华大学教育研究 作品名称：中国近代公立大学董事会制度：一次失败的美国大学制度借鉴 作者：张正峰 收稿日期：2009-09-08 作者简介：张正峰，山东泰安人，陕西师范大学教育学院讲师，研究方向为高等教育发展理论…… ①陈学恂.中国近代教育史教学参考资料(上)[C].北京：人民教育出版社，1986：232. ②复旦大学校史编写组.复旦大学志第一卷(1905～1949)[C].上海：复旦大学出版社，1985：92. ③舒新城.近代中国教育思想史[M].福州：福建教育出版社，2007：184. ④同上.184. 刊物名称：中国社会科学 作品名称：中国义务教育经费体制改革：变化与效果 作者：赵力涛 ①编写组.中国教育经费统计年鉴：1997～2005[G].北京：中国统计出版社，1997-2006. ②编写组.中国教育年鉴：1996[G].北京：人民教育出版社，1997：133-134. ③编写组.中国教育统计年鉴：1998～2005[G].北京：人民教育出版社，2006.
5	1. 注释的“注”置于文尾，称为参考文献；无“释”。 2. 来源于同一篇文献的合并参考文献。 3. 作者信息随着作者出现；论文信息采用脚注方式。 4. 正文中，“注”按引用出现的先后，分别上标为[1]；[2]等。	刊物名称：电化教育研究 作品名称：基础教育信息化可持续发展的问题与策略探析 作者：林君芬 参考文献 [1]钟茂初.可持续发展思想的理论阐释与实证分析[D].天津：南开大学，2004. [2][3]马德四.教育信息化本质研究：教育学视角[D].上海：华东师范大学，2007. 类似刊物有：教育科学；中国教育学刊

续表 6 - 7

序号	引用方式	刊物与图例
6	1. 注释的"注"与"释"置于文尾,称为注释;无参考文献。 2. 来源于同一篇文献的合并注释。 3. 作者信息在文末。 4. 正文中,"注"按引用出现的先后,分别上标为[1];[2]等。	刊物名称:教育科学研究 作品名称:让班主任的"批评权"更具针对性 作者:辛治洋,张志华 [注释] [1]李燕.论教育交往中的"伪对话"[J].教育发展研究.2005(6). [2]学生互殴致死当堂老师旁观续:老师判赔 10 万[EB/OL]. http://news. qq. com/a/20080/14/000003. htm. 2008 - 07 - 14.
7	1. 注释的"注"与"释"置于文尾,称为注;无参考文献。 2. 来源于同一篇文献的合并注释。 3. 作者信息在文末。 4. 正文中,"注"按引用不同文献出现的先后,分别上标为[1];[2]等。来源于同一篇文献的注分别在上边列上具体页码。如[1]23;[2];[1]24 等。	刊物名称:教育研究与实验 作品名称:论杜威的教育实验观及其启示 作者:林德全 注: [1][美]约翰·杜威.学校与社会:明日之学校[M].赵祥麟,等,译.北京:人民教育出版社,2005. [2][美]凯瑟琳·坎普·梅休.杜威学校[M].王承绪,等,译.北京:教育科学出版社,2007.
8	1. 注释的"注"置于文尾,称为参考文献;注释的"释"置于页下,称为"注释"。 2. 来源于同一篇文献的合并参考文献。没有序号。 3. 作者信息和论文信息在论文最后出现。 4. 正文中,"释"按出现的先后顺序上标为①;②等。"注"按引用不同文献出现的先后,分别上标。	刊物名称:哲学研究 作品名称:试论艺术与审美的差异 作者:董志强 —————— ①审美原则在科学认知的广泛体现和应用已经是现代科学中的一个常识。科学真理的理论表述应该提供美感的方式,也是为科学家们所广泛认同的,这一事实体现出美学对于自然科学学科的奠基性。 参考文献 杜夫海纳.美学与哲学[M].孙非,译.北京:中国社会科学出版社,1985. 海德格尔.从一次关于语言的对话而来[M]//.海德格尔选集:下卷.上海:上海三联书店,1996.

续表 6-7

序号	引用方式	刊物与图例
9	两种方式并存 第一种: 1. 注释的"注"置于文尾,称为参考文献;注释的"释"置于文尾,称为"注释"。 2. 来源于同一篇文献的合并参考文献。 3. 作者信息和论文信息在论文最后出现。 4. 正文中,"注"按引用不同文献出现的先后,分别上标为[1];[2]等。来源于同一篇文献的注分别在上边后面列上具体页码。如[1]23;[2];[1]24 等。"释"按出现的先后顺序上标为①;②等。 第二种: 1. 与第一种的区别在于,前者参考文献就只是参考文献,没有正文中的相应的注"序号"。 2. 正文中,没有"注"的序号,只有"释"的依次序号。	第一种方式 刊物名称:复旦教育论坛 作品名称:大学基层学术组织制度建设的内在逻辑 作者:史秋衡,吴雪 注释 ①需要强调的是,在英国大学中,大量在中心工作的教授同样有…… 类似刊物有:教育学报 第二种方式 刊物名称:复旦教育论坛 作品名称:海外留学高等教育专业选择问题研究 作者:刘扬,孔繁盛 参考文献 [1]伯顿·R·克拉克,等.高等教育新论:多学科的研究[M].杭州:杭州大学出版社,1994. [2]向东春,大学基层学术组织的属性透视[J].高等工程教育研究,2006(3). [3]郑晓齐,王绽蕊.我国研究型大学基层学术组织的逻辑基础[J].教育研究,2008(3). [4]杨晓民,周翼虎.中国单位制度[M].北京:中国经济出版社,2002:59. —————— 收稿日期:2009-09-02 基金项目:国家社会科学基金(教育学科)国家重点课题《高等教育大众化阶段质量保障与评价体系研究》资助,首席专家史秋衡,项目编号 AIA060009-2. 作者简介:史秋衡,1960 年生,男,上海人,厦门大学高等教育发展研究中心

续表 6-7

序号	引用方式	刊物与图例
10	两种方式并存 第一种： 1. 只有注释，处于文尾。没有参考文献。 2. 来源于同一篇文献的合并注释。 3. 作者信息和论文信息在脚注出现。 4. 正文中，“注”按引用文献出现的先后，分别上标为①；②等。 第二种： 1. 只有参考文献。按[1][2]分别列出。 2. 正文中，没有与参考文献对应的引文序号。	第一种方式 刊物名称1：国家教育行政学院学报 作品名称：德国“双元制”职业教育模式的特点及启示 作者：魏晓锋，张敏珠，顾月琴 注释： ①⑥石伟平. 比较职业技术教育[M]. 上海：华东师范大学出版社. 2001. 刊物名称2：教育评论 作品名称：论课程与学生幸福：基于知识意义的视角 作者：吴支奎 注释： ①沙洪泽. 教育为了人的幸福[M]. 北京：教育科学出版社，2005：34. ②洪成文. 现代教育知识论[M]. 太原：山西教育出版社，2001：189. ③郭晓明. 知识的意义性与“知识获得”的新标准[J]. 华东师范大学学报：教科版，2004(6). ④⑧埃德蒙特·胡塞尔. 欧洲科学危机和超验现象学[M]. 张庆熊，译，上海：上海译文出版社. 2001：16，185. 第二种方式 刊物名称1：国家教育行政学院学报 作品名称：大学生诚信缺失的心理类型及其对策探析 作者：吴小林，林静 参考文献： [1]洪跃雄. 大学生诚信缺失的心理、原因及对策[J]. 山西高等学校社会科学学报，2005(1)：85-87. 刊物名称2：教育评论 作品名称：学术还会是一种志业吗？ 作者：陈嘉 主要参考文献： 1. 马克斯·韦伯. 学术与政治[M]. 钱永祥，等，译，桂林：广西师范大学出版社，2004. 2. 卡尔·雅斯贝尔斯. 大学的理念[M]. 邱立波，译，上海：上海人民出版社，2007.

续表 6-7

序号	引用方式	刊物与图例
11	两种方式并存 第一种： 1. 只有注释，处于文尾。没有参考文献。 2. 来源于同一篇文献的合并注释。 3. 作者信息随作者出现。 4. 正文中，“注”按引用文献出现的先后，分别上标为①;②等。 第二种： 1. 只有参考文献。按[1][2]分别列出。 2. 来源于同一篇文献的合并参考文献。 3. 作者信息和论文信息在脚注出现。 4. 正文中，“注”按引用文献出现的先后，分别上标为[1]；[2]等。	刊物名称：华东师范大学学报(教育科学版) 第一种方式 作品名称：读经之史　读经之实　读经之死：对 1904 年至 1949 年历次读经争议的考察 作者：张礼永 注释： ①③陈学恂.中国近代教育史教学参考资料：上册[M].北京：人民教育出版社，1986：535，565-566. ②舒新城.中国近代教育史资料：中册[M].北京：人民教育出版社，1981：414. 第二种方式 作品名称：魏晋南北朝博士职责、考选及其变异论略 作者：孙德玉，裘士京 [1]裘士京. 论秦汉博士的职责和考选方式的演变 [J] 华东师范大学学报：教育科学版，2002(4). [9][10](晋)陈寿. 三国志·魏书·明帝纪[M]北京：中华书局，1982.

第七节　致　　谢

在中文习惯中，致谢一般称为“后记”。论文的最后可写一段致谢，以及对那些在学位论文的研究和写作过程中给予过帮助的人和组织的感谢，以表示对他们劳动的尊重。

致谢内容要实在，要有特点和个性，不要千篇一律或随意抄袭。语言要诚恳、恰当、简短。可以直书其名，也可以尊称代之，如某某教授、指导老师、某某博士等，既要避免仰慕虚荣，把与本论文毫无关系的名人抬出来，提升论文的身价，或对导师胡乱吹捧，也不要对别人的帮助只字不提。

案例 6－24　致谢的内容问题

下列来自不同毕业论文的致谢就让人感觉到千篇一律，或不诚恳。

“他严肃的科学态度、严谨的治学精神、精益求精的工作作风，深深地感染和激励着我。”

“先生广博的学识，敏捷的思维，严谨的治学态度，宽厚的为人都深深地感染、激励着我。”

“×教授渊博的学识、严谨的学风、踏实的做人态度，将使我终生受益。”

“导师敏锐缜密的思维、深邃独到的见解、严谨细致的态度、儒雅淡定的风范，已深深地烙在我这段求学经历的回忆中。”

下面的写法一方面让人怀疑论文是否是作者独立完成的，另一方面也让人对导师的学术水平产生怀疑(如果论文写得比较差的话)。

“我的毕业论文从选题、拟定框架到资料收集、修改、定稿无不凝结着先生的心血，在论文的一次次修改中大到框架调整、小到标点符号，都有先生的圈圈点点。”

致谢的文字字号和字体通常与论文的正文有所区别，并编排在注释和参考文献之后。

致谢的排名，以对论文贡献的大小、年龄的长幼、职称的高低排序。一般为：导师、其他对论文有直接贡献的人、对论文有间接帮助的人、技术帮助的人，以及生活帮助者等。

第八节　附　　录

附录是报告、论文主体部分的补充项目，并不是必需的。但在写教育硕士专业学位论文时，却经常要用到。

一、使用附录的情况

根据《科学技术报告、学位论文和学术论文的编写格式》，下列内容可以作为附录编于报告、论文后，也可以另编成册。

(1) 为了整篇报告、论文材料的完整，但编入正文又有损于编排的条理和逻辑性，这一类材料包括比正文更为详尽的信息、研究方法和技术更深入的叙述，建议可以阅读的参考文献题录，对了解正文内容有用的补充信息等。

(2) 由于篇幅过大或取材于复制品而不便于编入正文的材料。

(3) 不便于编入正文的罕见珍贵资料。

(4) 对于一般读者并非必要阅读，但对本专业同行有参考价值的资料。

(5) 某些重要的原始数据、数学推导、计算程序、框图、结构图、注释、统计表、计算机打印输出件等。

二、使用附录的要求

(1) 附录与正文连续编页码，每一附录均应另页起始。如报告、论文分装几册，则凡属于某一册的附录应置于各册正文之后。

(2) 附录有几个项目时，用大写正体 ABC 区分，如附录 A。

(3) "附录"二字居中书写，单独占一行。

第九节　教育类论文的一般格式

一、论述型论文的一般格式

论述型论文是一种以抽象的概念，运用议论、说明等表达方式和概括性的语言，通过概念、判断、推理等逻辑形式来分析事物、推论事理，从而阐明作者在某一学术领域中的新的观点或重要见解的一种文体。论述型论文的内容要点有：

(1) 研究对象，即明确研究的论题。

(2) 研究方法，论述型论文的方法主要是理论思维的方法。

(3) 论证，论点的推理，观点的展开。

(4) 结论，指基本观点的概括说明。

(5) 讨论，对存在的问题进行一定的研讨。

论述型论文从头到尾会大致体现出这样的顺序，第一是阐明研究对象和研究方法，即论文的开篇要让别人了解你是在研究，你采用什么样的研究方法来研究。比如：对这篇文章有三条思路，第一……第二……第三。这样结构就会让别人很明了。第二是要有论证，即上述所说的思路需要展开。第三是后面要有结论和讨论。

二、验证型论文的一般格式

验证型论文的内容要点主要有：

(1) 理论前提介绍，具体地说也就是理论的解说。

(2) 实验目的，指理论与实验的关联、结合。

(3) 实验方法、操作程序，即确立方法、建立设想、实验设计。

以上三点是验证型论文的第一个部分。

(4) 实验过程，包括顺序、经过，从研究出发或从实验出发，运用已有的公认的理论(包括概念、定义、定理、公理等)、实物(包括图、表、照片、数据等)对所研究的课题经过严密的逻辑推理、理论分析或者提出新的假说或做推测性解释、猜想，或者建立新的模型得出合乎科学的结论。

(5) 数据的分析，包括观测结果的分析、误差情况、反应的规律。

(6) 同理论的吻合程度，尚存在的问题。

(7) 讨论与结论。

三、调研型论文的一般格式

正文部分是调查报告的主体，它的篇幅较大，内容也最多，是体现调查报告质量的关键部分。正文部分的写作应考虑三个因素，即要表现的主题、调查材料的占有情况和谋篇布局。主题是调查报告的灵魂，材料是调查报告的血肉，而谋篇布局则是骨架。只有三方面有机结合，才能成就一篇好的调查报告。

调研型论文的内容要点主要有：

(1) 问题的提出。

(2) 研究方法。包括研究对象(抽样)和研究方法(研究工具)。

(3) 研究结果与分析。

(4) 讨论与建议。

第十节　论文的答辩

一、答辩的意义

(1) 全面考察研究生素质。

(2) 为进一步研究做好准备。

(3) 审查论文的一种补充形式。

二、答辩的准备

最好要有预答辩。答辩人应准备 5～8 分钟的发言内容,大致包括：

(1) 选题的背景和意义。

(2) 研究的历史与现状、存在的主要问题。

(3) 本研究的论证过程、主要观点和主要方法。

(4) 结论(创新与不足)。

技术准备:投影的文字、表、图等,根据需要而定。

三、答辩的程序与注意的问题

(1) 答辩工作组组长介绍答辩委员会主席。答辩委员会主席宣布答辩开始,介绍答辩委员会人员构成和答辩程序。

（2）答辩者的报告（礼貌用语符合常情）。

（3）答辩委员会提出问题（一般会留出时间和地点让答辩者做准备）。

（4）回答问题（清楚对方身份）。

（5）答辩委员会讨论、投票。

（6）宣布答辩决议。

四、如何回答问题

（1）学会归纳问题，讲究逻辑思路的清晰。答辩委员在提问阶段可能会问到很多问题，这些问题有重叠和交叉之处，甚至有些只是同一个问题的不同提问角度。这要求答辩者学会总结归纳答辩委员的各类问题，比如按论文的写作规范、论文的研究价值、论文的论证效度、论文的相关资料的信度等角度进行分类。好的分类不仅能节约答辩时间，以利于集中精力阐述关键问题。同时，答辩过程本身也是答辩委员考察答辩者的逻辑思维能力的过程。如果答辩者能够很好地归纳问题，将是赢得答辩委员好感的最好机会。

（2）知识性问题。知道就正面回答，不知道就承认，或者请求回答相关问题。

（3）技术性问题。说明缘由，不推卸责任，立即改正。

（4）观点性问题、逻辑性问题。理解委员的逻辑思路，阐明自己的逻辑思路，比较双方观点，明了自己的不足。

（5）辩论。表明论文或答辩的价值（引起关注），勇敢而有礼貌地申明自己的主张，但也要勇于承认自己有待进一步研讨的问题。

参考书目

［1］ 白芸.质的研究指导［M］.北京:教育科学出版社,2002.

［2］ 蔡铁权.教育硕士专业学位论文写作指导［M］.杭州:浙江大学出版社,2005.

［3］ 陈波.逻辑学是什么［M］.北京:北京大学出版社,2007.

［4］ 陈桂生.到中小学去研究教育［M］.上海:华东师范大学出版社,2000.

［5］ 陈向明,林小英.如何成为质的研究者:质的研究方法的教与学［M］.北京:教育科学出版社,2004.

［6］ 陈向明.教师如何做质的研究［M］.北京:教育科学出版社,2001.

［7］ 陈向明.在行动中学作质的研究［M］.北京:教育科学出版社,2003.

［8］ 陈向明.质的研究方法与社会科学研究［M］.北京:教育科学出版社,2002.

［9］ 陈瑶.课堂观察指导［M］.北京:教育科学出版社,2002.

［10］ 丁念金.研究方法的新进展［M］.北京:教育科学出版社,2004.

［11］ 董奇,申继亮.心理与教育研究法［M］.杭州:浙江教育出版社,2005.

［12］ 风笑天.社会学研究方法［M］.北京:中国人民大学出版社,2005.

［13］ 华国栋.教育科研方法［M］.南京:南京大学出版社,2000.

［14］ 黄光扬.教育测量与评价［M］.上海:华东师范大学出版社,2002.

［15］ 李秉德.教育科学研究方法［M］.北京:人民教育出版社,2001.

［16］ 李伟胜.实验研究指导［M］.北京:教育科学出版社,2002.

［17］ 李文玲,张后粲,舒华.教育与心理定量研究方法与统计分析:SPSS 实用指导［M］.北京:北京师范大学出版社,2008.

［18］ 梁庆寅.传统与现代逻辑概论［M］.广州:中山大学出版社,1998.

[19] 刘电芝.教育与心理研究方法[M].重庆:西南师范大学出版社,1997.
[20] 刘良华.教育研究方法:专题与案例[M].上海:华东师范大学出版社,2007.
[21] 潘慧玲.教育研究的取径:概念与应用[M].上海:华东师范大学出版社,2005.
[22] 裴娣娜.教育研究方法导论[M].合肥:安徽教育出版社,1997.
[23] 陶保平.研究设计指导[M].北京:教育科学出版社,2004.
[24] 佟庆伟.教育科研中的量化方法[M].北京:中国科学技术出版社,1997.
[25] 王君,赵世明.问卷编制指导[M].北京:教育科学出版社,2006.
[26] 王守恒.教育科学研究方法[M].合肥:安徽大学出版社,2005.
[27] 威廉·维尔斯曼.教育研究方法导论[M].6版.袁振国,译.北京:教育科学出版社,1997.
[28] 吴亚萍.统计分析指导[M].北京:教育科学出版社,2003.
[29] 杨钋,林小英.聆听与倾诉:质的研究方法应用论文集[C].北京:教育科学出版社,2001.
[30] 杨小微.教育研究的原理与方法[M].上海:华东师范大学出版社,2002.
[31] 叶继元.学术规范通论[M].上海:华东师范大学出版社,2005.
[32] 叶澜.教育研究方法论初探[M].上海:上海教育出版社,1999.
[33] 袁振国.教育研究方法[M].北京:高等教育出版社,2000.
[34] 张建.研究报告撰写指导[M].北京:教育科学出版社,2003.
[35] 郑金洲,陶保平,孔企平.学校教育研究方法[M].北京:教育科学出版社,2003.
[36] 郑金洲.校本研究指导[M].北京:教育科学出版社,2002.

后　记

经过六年的磨合与修改,《教育科学研究:方法与案例》终于问世了。

这本教材的推出,有着前后十多年的故事。在我的本科学习阶段,"教育研究方法"课程是1998年由西南师范大学赵伶俐教授承担的。赵老师严密的逻辑思路和丰富的科研经验给我们留下了深刻的印象。遗憾的是,赵老师只是用提纲授课,没有编写教材。2003年,我在南京师范大学读博期间,第一次担任了教育硕士的科研方法课程教师。当时就是借用赵老师的授课提纲,结合自身的读书和写作体验进行课堂教学的,很少对教材本身进行思考。2005年,我来安徽师范大学兼职,当时的院长朱家存教授和分管成教工作的张其芳副院长安排我承担了研究生课程班的科研方法教学工作。2006年到安徽师范大学正式报到后,分管研究生工作的副院长王守恒教授又安排我承担全日制研究生的科研方法教学工作。

从此,我开始系统学习和研究同类教材。在发现各教材优势的同时,又觉得这些教材难以解答初步进入教育研究领域的学生所苦恼的几个问题:① 人们常说,实践是检验真理的唯一标准。既然如此,我们还要理论研究干什么?理论研究与实践工作之间到底是什么关系?这一点,以往的教材很少回答。② 以往的教材往往一般性地介绍选题和设计的原则和方法,却很少结合课题申报与论证的具体环节进行分析。这让很多学习者依然找不到课题设计和论证的感觉。③ 以往的教材比较集中地分析了资料收集的具体方法,却很少对资料收集前后的逻辑加工和研究论证展开说明。这让很多学习者虽了解了如何收集资料,却不知道为什么要收集这些资料。④ 以往的教材尽管提供了很多规范,却很少介绍这些规范的来历。特别是有些规范来源于不同著作者本人的研究偏好,学生就纳闷:我该听谁的?针对学习者的这些苦恼和问题,我有针对性地进行课堂教学工作。这样,就慢慢地形成了自己的独特教学体系。

2008年，安徽省省级重点学科“教育学原理”的“十一五”建设规划将《教育研究方法》列为专业建设教材，并将此任务委托给我。2011年，安徽省省级重点学科“课程与教学论”计划推出《课程与教学论》教材，并商定与《教育研究方法》一起作为系列教材建设的排头兵先期出版。同时，该教材获得了2011年度“安徽师范大学教材建设基金”资助。于是，编写一本科研方法教材，不仅是个人的研究兴趣，更成为学科和专业建设的需要。

教材出版之际，衷心地对各位提供帮助的同志致以感谢。首先，我要感谢各位听课的研究生和本科生同学，是你们为我提供了教材的编写思路、丰富的点评案例和中肯的修改意见。其中部分研究生和本科生还参与了听课录音的整理工作。书中案例除特别注明外，均来自我本人及学生的作业。其次，我要感谢安徽师范大学教务处处长朱家存教授、教育科学学院的领导和两门省级重点学科负责人王守恒教授与周兴国教授，是他们给我提供了担任此门课程的授课机会，并赞助了教材的编写。再次，我要感谢各位我曾经的授课教师和相关教材的著作者，本书借鉴、引用和节选了一些非常经典的研究成果，教材创新并非易事，何况对于已经形成成熟学科体系的科研方法。没有你们的前期训练和熏陶，我也难以形成自己的教材体系。最后，中国科学技术大学出版社的编辑同志非常细心和热情地为本教材的出版提供了很多帮助，特此感谢。

除第五章由我的研究生张志华同学负责编写外，其他章节由我本人完成。教材出版之际，我和她依然对教材的质量心存忐忑。我们只能自我安慰，可能这个世界上没有最好的教材，但有更好的教材。希望以此教材出版为契机，多多听取各位专家学者的评阅意见和同学们的使用意见，能够修订出更好的教材出来。

此为后记。

辛治洋

2012年6月